全国“八五”普法
普法知识题集系列 4

企业

QIYE

普法知识题集

PUFA ZHISHI TIJI

中国法制出版社
CHINA LEGAL PUBLISHING HOUSE

图书在版编目（CIP）数据

企业普法知识题集／中国法制出版社编．—北京：
中国法制出版社，2021．6
（普法知识题集系列）
ISBN 978－7－5216－1749－8

Ⅰ．①企…　Ⅱ．①中…　Ⅲ．①法律－中国－习题集
Ⅳ．①D92－44

中国版本图书馆 CIP 数据核字（2021）第 049389 号

策划统筹　胡　斌　唐　鸥
责任编辑　唐　鸥　成知博　　　　封面设计　李　宁

企业普法知识题集
QIYE PUFA ZHISHI TIJI

编者/中国法制出版社
经销/新华书店
印刷/三河市紫恒印装有限公司
开本/880 毫米×1230 毫米　32 开　　　　印张/9　字数/211 千
版次/2021 年 6 月第 1 版　　　　2021 年 6 月第 1 次印刷

中国法制出版社出版
书号 ISBN 978－7－5216－1749－8　　　　定价：36.00 元

北京西单横二条 2 号
邮政编码 100031　　　　传真：010－66031119
网址：http：//www.zgfzs.com　　　　**编辑部电话：010－66066820**
市场营销部电话：010－66033393　　　　**邮购部电话：010－66033288**

（如有印装质量问题，请与本社印务部联系调换。电话：010－66032926）

编辑说明

当前，我国已开启全面建设社会主义现代化国家新征程，进入新发展阶段。通过开展“八五”普法，使公民法治素养和社会治理法治化水平显著提升，形成全社会尊法学法守法用法的良好氛围。多层次多领域依法治理深入推进，全社会办事依法、遇事找法、解决问题用法、化解矛盾靠法的法治环境显著改善。

提升公民法治素养是全民普法的主要目标，也是全面依法治国的迫切要求，要突出重点对象，分层分类指导。实行公民终身法治教育制度，把法治教育纳入干部教育体系、国民教育体系、社会教育体系，不断提升全体公民法治意识和法治素养。坚持学用结合、普治并举。注重在立法、执法、司法和法律服务过程中开展实时普法，把普法深度融入立法、执法、司法和法律服务全过程，把普法融入法治实践、基层治理和日常生活。

为配合“八五”普法工作需要，我们组织编写了“普法知识题集系列丛书”。定位普法，覆盖公民、国家工作人员、领导干部、青少年、企业人员等，题型丰富、解析精准、难度适中，从试题角度为普法工作学习提供检验测试工具。丛书具有以下特点：

一、题型丰富。题型涵盖判断题、单选题、多选题、填空题、简答题，完备系统。

二、解析精准。习题均附有参考答案，解析有法律条文做依据，精准可靠。部分判断题、填空题的解析出于节省篇幅考虑，只列出答案和条文序号。

三、难度适中。习题设置避免难题、偏题、怪题，以突出应知应会和重点条文为出发点设置。

本丛书既适合机关、团体、学校、企业、事业单位等组织相关培训配套使用，也适合有学习需求的广大读者阅读。希望本丛书的出版能够有助于引导广大读者养成自觉守法的意识，形成遇事找法的习惯，培养解决问题靠法的意识和能力。为建设信仰法治、公平正义、保障权利、守法诚信、充满活力、和谐有序的社会主义法治社会贡献一份力量。

由于时间和水平有限，不足之处在所难免，敬请广大读者批评指正。

中国法制出版社

2021 年 6 月

目录

壹 综　合

贰 企业形式

叁 生产经营一般规定

捌 环境保护

玖 劳动用工与安全生产

壹 综 合

一、民法典

（一）判断题

1. 民事主体从事民事活动，应当遵循诚信原则，秉持诚实，恪守承诺。（　　）
2. 法人是具有民事权利能力和民事行为能力，依法独立享有民事权利和承担民事义务的组织。（　　）
3. 违反法律、行政法规的强制性规定的民事法律行为一律无效。（　　）
4. 当事人约定同一债务分期履行的，诉讼时效期间自第一期履行期限届满之日起计算。（　　）
5. 船舶、航空器和机动车等的物权的设立、变更、转让和消灭，未经登记，可以对抗善意第三人。（　　）

（二）单项选择题

1. 处理民事纠纷，应当依照法律；法律没有规定的，可以适用（　　），但是不得违背公序良俗。

   A. 判例　　B. 习惯

   C. 习俗　　D. 学理

2. 设立法人，法律、行政法规规定须经有关机关（　　）的，依照其规定。

   A. 批准　　B. 特许

   C. 登记　　D. 核准

3. 行为人没有代理权、超越代理权或者代理权终止后，仍然实施代理行为，相对人有理由相信行为人有代理权的，代理行为（　　）。

   A. 无效　　B. 效力待定

   C. 有效　　D. 经追认后有效

4. 关于动产物权的设立和转让，以下说法正确的是：（　　）
   A. 动产物权的设立和转让，自登记时发生效力，但是法律另有规定的除外
   B. 动产物权的设立和转让，自合同成立时发生效力，但是法律另有规定的除外
   C. 动产物权的设立和转让，自合同生效时发生效力，但是法律另有规定的除外
   D. 动产物权的设立和转让，自交付时发生效力，但是法律另有规定的除外

5. 关于营利法人的权利，以下说法错误的是：（　　）
   A. 营利法人对其不动产和动产依照法律享有占有的权利
   B. 营利法人对其不动产和动产依照行政法规享有使用的权利
   C. 营利法人对其不动产和动产依照章程享有收益的权利
   D. 营利法人对其不动产和动产依照规章享有处分的权利

（三）多项选择题

1. 关于出资人滥用权利的责任承担，下列说法正确的是：（　　）
   A. 营利法人的出资人不得滥用出资人权利损害法人的利益
   B. 滥用出资人权利造成法人损失的，应当依法承担民事责任
   C. 营利法人的出资人不得滥用法人独立地位和出资人有限责任损害法人债权人的利益
   D. 滥用法人独立地位和出资人有限责任，逃避债务，严重损害法人债权人的利益的，应当对法人债务承担连带责任

2. 以下哪些民事法律行为可以请求人民法院或者仲裁机构予以撤销？（　　）
   A. 一方利用对方处于危困状态、缺乏判断能力等情形，致使民事法律行为成立时显失公平的
   B. 第三人实施欺诈行为，使一方在违背真实意思的情况下实施的民事法律行为，对方知道或者应当知道该欺诈行为的
   C. 一方或者第三人以胁迫手段，使对方在违背真实意思的情况下实施的

民事法律行为

D. 一方以欺诈手段，使对方在违背真实意思的情况下实施的民事法律行为

3. 下列属于承担民事责任的方式的是：(　　)

A. 返还财产　　B. 恢复原状

C. 继续履行　　D. 修理、重作、更换

4. 行为人为公共利益实施新闻报道、舆论监督等行为，影响他人名誉的，需要承担民事责任的情形包括：(　　)

A. 捏造、歪曲事实

B. 对他人提供的失实内容未尽到全面审查义务

C. 使用侮辱性言辞等贬损他人名誉

D. 对他人提供的严重失实内容未尽到合理核实义务

5. 劳务派遣期间，被派遣的工作人员因执行工作任务造成他人损害的，关于侵权责任的承担，下列哪些说法是错误的：(　　)

A. 由劳务派遣单位承担侵权责任

B. 劳务派遣单位无过错的，由接受劳务派遣的用工单位承担侵权责任

C. 由劳务派遣单位承担侵权责任，接受劳务派遣的用工单位承担补充责任

D. 由接受劳务派遣的用工单位承担侵权责任，劳务派遣单位有过错的，承担相应的责任

(四) 填空题

1. 为了____的需要，依照法律规定的权限和程序____、____不动产或者动产的，应当给予公平、合理的____。

2. ____的意思表示的解释，____拘泥于所使用的词句，而应当结合相关条款、行为的____、____以及诚信原则，确定行为人的真实意思。

3. 下列请求权不适用诉讼时效的规定：(1) 请求停止侵害、____、消除危险；(2) 不动产物权和登记的动产物权的权利人请求____；(3) 请求支付抚养费、____或者扶养费；(4) 依法不适用诉讼时效的其他请求权。

4. 营利法人对其不动产和动产依照法律、行政法规以及章程享有____、

____、____和____的权利。营利法人以外的法人，对其不动产和动产的权利，适用有关法律、行政法规以及章程的规定。

5. 因产品缺陷危及他人人身、财产安全的，被侵权人有权请求生产者、销售者承担____、____、____侵权责任。

（五）简答题

简述物权的保护。

参考答案

（一）判断题

1. √，解析：根据《民法典》第 7 条规定。
2. √，解析：根据《民法典》第 57 条规定。
3. ×，解析：根据《民法典》第 153 条规定，违反法律、行政法规的强制性规定的民事法律行为无效。但是，该强制性规定不导致该民事法律行为无效的除外。违背公序良俗的民事法律行为无效。
4. ×，解析：根据《民法典》第 189 条规定，当事人约定同一债务分期履行的，诉讼时效期间自最后一期履行期限届满之日起计算。
5. ×，解析：根据《民法典》第 225 条规定，船舶、航空器和机动车等的物权的设立、变更、转让和消灭，未经登记，不得对抗善意第三人。

（二）单项选择题

1. B，解析：根据《民法典》第 10 条规定，处理民事纠纷，应当依照法律；法律没有规定的，可以适用习惯，但是不得违背公序良俗。B 项正确。
2. A，解析：根据《民法典》第 58 条第 3 款规定，设立法人，法律、行政法规规定须经有关机关批准的，依照其规定。A 项正确。
3. C，解析：根据《民法典》第 172 条规定，行为人没有代理权、超越代理权或者代理权终止后，仍然实施代理行为，相对人有理由相信行为人有代理权的，代理行为有效。C 项正确。
4. D，解析：根据《民法典》第 224 条规定，动产物权的设立和转让，自交付时发生效力，但是法律另有规定的除外。D 项正确。
5. D，解析：根据《民法典》第 269 条规定，营利法人对其不动产和动产依照法律、行政法规以及章程享有占有、使用、收益和处分的权利。营利法人以外的法人，对其不动产和动产的权利，适用有关法律、行政法规以及章程的规定。D 项错误，当选。

（三）多项选择题

1. ABCD，解析：根据《民法典》第 83 条规定，营利法人的出资人不得滥用出资人权利损害法人或者其他出资人的利益；滥用出资人权利造成法人或者其他出资人损失的，应当依法承担民事责任。营利法人的出资人不得滥用法人独立地位和出资人有限责任损害法人债权人的利益；滥用法人独立地位和出资人有限责任，逃避债务，严重损害法人债权人的利益的，应当对法人债务承担连带责任。故 A、B、C、D 项正确。
2. ABCD，解析：根据《民法典》第 148 条规定，一方以欺诈手段，使对方在违背真实意思的情况下实施的民事法律行为，受欺诈方有权请求人民法院或者仲裁机构予以撤销。根据《民法典》第 149 条规定，第三人实施欺诈行为，使一方在违背真实意思的情况下实施的民事法律行为，对方知道或者应当知道该欺诈行为的，受欺诈方有权请求人民法院或者仲裁机构予以撤销。根据《民法典》第 150 条规定，一方或者第三人以胁迫手段，使对方在违背真实意思的情况下实施的民事法律行为，受胁迫方有权请求人民法院或者仲裁机构予以撤销。根据《民法典》第 151 条规定，一方利用对方处于危困状态、缺乏判断能力等情形，致使民事法律行为成立时显失公平的，受损害方有权请求人民法院或者仲裁机构予以撤销。故 A、B、C、D 项正确。
3. ABCD，解析：根据《民法典》第 179 条第 1 款规定，承担民事责任的方式主要有：（1）停止侵害；（2）排除妨碍；（3）消除危险；（4）返还财产；（5）恢复原状；（6）修理、重作、更换；（7）继续履行；（8）赔偿损失；（9）支付违约金；（10）消除影响、恢复名誉；（11）赔礼道歉。故 A、B、C、D 项正确。
4. ACD，解析：根据《民法典》第 1025 条规定，行为人为公共利益实施新闻报道、舆论监督等行为，影响他人名誉的，不承担民事责任，但是有下列情形之一的除外：（1）捏造、歪曲事实；（2）对他人提供的严重失实内容未尽到合理核实义务；（3）使用侮辱性言辞等贬损他人名誉。据此，A、C、D 项正确，B 项错误。

5. ABC，解析：《民法典》第 1191 条第 2 款规定，劳务派遣期间，被派遣的工作人员因执行工作任务造成他人损害的，由接受劳务派遣的用工单位承担侵权责任；劳务派遣单位有过错的，承担相应的责任。故 A、B、C 项当选。

（四）填空题

1. 公共利益；征收；征用；补偿。（《民法典》第 117 条）
2. 无相对人；不能完全；性质和目的；习惯。（《民法典》第 142 条第 2 款）
3. 排除妨碍；返还财产；赡养费。（《民法典》第 196 条）
4. 占有；使用；收益；处分。（《民法典》第 269 条）
5. 停止侵害；排除妨碍；消除危险。（《民法典》第 1205 条）

（五）简答题

答：根据《民法典》物权编的规定，物权的保护方式可以大致分为三类，详述如下：

（1）物权确认请求权。因物权的归属、内容发生争议的，利害关系人可以请求确认权利。此种请求可以通过向行政机关、法院或者仲裁机构提起。在确认之前，物权是否存在尚处于不确定状态，因此，此项权利不是物权请求权的内容。

（2）通过物权请求权的保护。此种请求权是基于物权而产生的一种请求权，旨在排除对于物权现实的或者潜在的损害，恢复物权圆满之支配状态。主要包括三种具体类型：返还原物请求权、妨害排除请求权和消除危险请求权。前两项旨在恢复已经造成的损害，后一项旨在排除对于物权潜在的侵害。

（3）通过债权请求权的保护。债权请求权是基于特定原因引起的，在特定当事人之间发生请求相对人为或不为一定行为的权利。根据《民法典》物权编的规定，进行物权保护的债权请求权主要包括恢复原状请求权和赔偿损失请求权。

二、招标投标法

（一）判断题

1. 任何单位和个人不得将依法必须进行招标的项目化整为零或者以其他任何方式规避招标。（　　）
2. 依法必须进行招标的项目，其招标投标活动可以排斥外地企业的参与。（　　）
3. 招标项目按照国家有关规定需要履行项目审批手续的，应当先履行审批手续，取得批准。（　　）
4. 在招标文件要求提交投标文件的截止时间后送达的投标文件，招标人可以拒收。（　　）
5. 招标文件不得要求或者标明特定的生产供应者以及含有倾向或者排斥潜在投标人的其他内容。（　　）

（二）单项选择题

1. 关于招投标活动的参与人，下列说法错误的是：（　　）
   A. 招标人是依照《招标投标法》规定提出招标项目、进行招标的法人或者其他组织
   B. 招标代理机构是依法设立、从事招标代理业务并提供相关服务的社会中介组织
   C. 投标人是响应招标、参加投标竞争的法人或者其他组织
   D. 两个以上法人或者其他组织不得组成一个联合体，以一个投标人的身份共同投标
2. 招标人采用邀请招标方式的，应当向（　　）个以上具备承担招标项目的能力、资信良好的特定的法人或者其他组织发出投标邀请书。
   A. 2　　B. 3
   C. 5　　D. 7

3. 关于招投标中的履约保证金，下列说法正确的是：(　　)

A. 招标文件要求中标人提交履约保证金的，中标人应当提交

B. 中标人不履行与招标人订立的合同的，履约保证金应当部分退还

C. 中标人不履行合同，给招标人造成的损失超过履约保证金数额的，仅以履约保证金为限承担责任

D. 中标人不履行合同，没有提交履约保证金的，不再对招标人的损失承担赔偿责任

4. 招标人和中标人应当自中标通知书发出之日起(　　)内，按照招标文件和中标人的投标文件订立书面合同。

A. 15 日　　B. 20 日

C. 30 日　　D. 45 日

5. 关于开标、评标和中标的流程，下列说法错误的是：(　　)

A. 开标应当在招标文件确定的提交投标文件截止时间的同一时间公开进行

B. 评标由招标人依法组建的评标委员会负责

C. 评标委员会要求投标人对投标文件澄清或者说明的内容，不得超出投标文件的范围或者改变投标文件的实质性内容

D. 中标人确定后，招标人无需将中标结果通知所有未中标的投标人

（三）多项选择题

1. 招标投标活动应当遵循下列的原则有：(　　)

A. 公开　　B. 公平

C. 公正　　D. 诚实信用

2. 在中华人民共和国境内进行下列哪些工程建设项目包括项目的勘察、设计、施工、监理以及与工程建设有关的重要设备、材料等的采购，必须进行招标：(　　)

A. 大型基础设施、公用事业等关系社会公共利益、公众安全的项目

B. 涉及国家安全、国家秘密、抢险救灾，不适宜进行招标的项目

C. 使用国际组织或者外国政府贷款、援助资金的项目

D. 全部或者部分使用国有资金投资或者国家融资的项目

3. 关于公开招标，下列说法正确的是：（　　）
   A. 公开招标是指招标人以投标邀请书的方式邀请特定的法人或者其他组织投标
   B. 公开招标应当发布招标公告
   C. 公开招标应当委托招标代理机构
   D. 依法必须进行招标的项目的招标公告，应当通过国家指定的报刊、信息网络或者其他媒介发布
4. 根据《招标投标法》，投标人不得从事下列哪些行为：（　　）
   A. 相互串通投标报价
   B. 排挤其他投标人的公平竞争
   C. 与招标人串通投标，损害国家利益、社会公共利益或者他人的合法权益
   D. 以向招标人或者评标委员会成员行贿的手段谋取中标
5. 根据《招标投标法》，下列哪些是中标人的义务：（　　）
   A. 按照合同约定履行义务，完成中标项目
   B. 不得向他人转让中标项目
   C. 不得将中标项目肢解后分别向他人转让
   D. 依法必须进行招标的项目，确定中标人后向有关行政监督部门提交招标投标情况的书面报告

（四）填空题

1. 招标人不得以____的条件限制或者排斥潜在投标人，不得对潜在投标人实行____。
2. 投标人应当在招标文件要求提交投标文件的截止时间前，将投标文件送达投标地点。招标人收到投标文件后，应当签收保存，____。投标人少于____个的，招标人应当依照《招标投标法》重新招标。
3. 投标人不得以____的报价竞标，也不得以____投标或者以其他方式弄虚作假，骗取中标。
4. 在确定中标人前，招标人不得与投标人就____、____等实质性内容进行谈判。

5. 投标人和其他利害关系人认为招标投标活动不符合《招标投标法》有关规定的，有权向____或者依法向有关行政监督部门____。

（五）简答题

简述投标人相互串通投标或者与招标人串通投标，以及投标人以向招标人或者评标委员会成员行贿的手段谋取中标的法律后果。

参考答案

（一）判断题

1. √，解析：根据《招标投标法》第 4 条规定。
2. ×，解析：根据《招标投标法》第 6 条规定，依法必须进行招标的项目，其招标投标活动不受地区或者部门的限制。任何单位和个人不得违法限制或者排斥本地区、本系统以外的法人或者其他组织参加投标，不得以任何方式非法干涉招标投标活动。
3. √，解析：根据《招标投标法》第 9 条第 1 款规定。
4. ×，解析：根据《招标投标法》第 28 条第 2 款规定，在招标文件要求提交投标文件的截止时间后送达的投标文件，招标人应当拒收。
5. √，解析：根据《招标投标法》第 20 条规定。

（二）单项选择题

1. D，解析：根据《招标投标法》第 8、13、25 条规定，A、B、C 项正确。根据《招标投标法》第 31 条第 1 款规定，两个以上法人或者其他组织可以组成一个联合体，以一个投标人的身份共同投标。故 D 项错误。
2. B，解析：根据《招标投标法》第 17 条第 1 款规定，招标人采用邀请招标方式的，应当向 3 个以上具备承担招标项目的能力、资信良好的特定的法人或者其他组织发出投标邀请书。故 B 项正确。
3. A，解析：根据《招标投标法》第 46 条第 2 款规定，招标文件要求中标人提交履约保证金的，中标人应当提交。故 A 项正确。根据《招标投标法》第 60 条第 1 款规定，中标人不履行与招标人订立的合同的，履约保证金不予退还，给招标人造成的损失超过履约保证金数额的，还应当对超过部分予以赔偿；没有提交履约保证金的，应当对招标人的损失承担赔偿责任。故 B、C、D 项错误。

4. C，解析：根据《招标投标法》第 46 条第 1 款规定，招标人和中标人应当自中标通知书发出之日起 30 日内，按照招标文件和中标人的投标文件订立书面合同。招标人和中标人不得再行订立背离合同实质性内容的其他协议。故 C 项正确。

5. D，解析：根据《招标投标法》第 34、37、39 条规定，A、B、C 项正确。根据《招标投标法》第 45 条第 1 款规定，中标人确定后，招标人应当向中标人发出中标通知书，并同时将中标结果通知所有未中标的投标人。故 D 项错误。

（三）多项选择题

1. ABCD，解析：根据《招标投标法》第 5 条规定，招标投标活动应当遵循公开、公平、公正和诚实信用的原则。故 A、B、C、D 项正确。

2. ACD，解析：根据《招标投标法》第 3 条规定，在中华人民共和国境内进行下列工程建设项目包括项目的勘察、设计、施工、监理以及与工程建设有关的重要设备、材料等的采购，必须进行招标：（1）大型基础设施、公用事业等关系社会公共利益、公众安全的项目；（2）全部或者部分使用国有资金投资或者国家融资的项目；（3）使用国际组织或者外国政府贷款、援助资金的项目。前款所列项目的具体范围和规模标准，由国务院发展计划部门会同国务院有关部门制订，报国务院批准。法律或者国务院对必须进行招标的其他项目的范围有规定的，依照其规定。故 A、C、D 项正确。

3. BD，解析：根据《招标投标法》第 16 条规定，招标人采用公开招标方式的，应当发布招标公告。依法必须进行招标的项目的招标公告，应当通过国家指定的报刊、信息网络或者其他媒介发布。招标公告应当载明招标人的名称和地址、招标项目的性质、数量、实施地点和时间以及获取招标文件的办法等事项。故 B、D 项正确。根据《招标投标法》第 10 条第 2 款规定，公开招标，是指招标人以招标公告的方式邀请不特定的法人或者其他组织投标。故 A 项错误。C 项于法无据，故错误。

4. ABCD，解析：根据《招标投标法》第 32 条规定，投标人不得相互串通投标报价，不得排挤其他投标人的公平竞争，损害招标人或者其他投标人的合法权益。投标人不得与招标人串通投标，损害国家利益、社会公共利益或者他人的合法权益。禁止投标人以向招标人或者评标委员会成员行贿的手段谋取中标。故 A、B、C、D 项正确。

5. ABC，解析：根据《招标投标法》第 48 条规定，中标人应当按照合同约定履行义务，完成中标项目。中标人不得向他人转让中标项目，也不得将中标项目肢解后分别向他人转让。中标人按照合同约定或者经招标人同意，可以将中标项目的部分非主体、非关键性工作分包给他人完成。接受分包的人应当具备相应的资格条件，并不得再次分包。中标人应当就分包项目向招标人负责，接受分包的人就分包项目承担连带责任。故 A、B、C 项正确。根据《招标投标法》第 47 条规定，依法必须进行招标的项目，招标人应当自确定中标人之日起 15 日内，向有关行政监督部门提交招标投标情况的书面报告。D 项是招标人的义务，故 D 项错误。

（四）填空题

1. 不合理；歧视待遇。（《招标投标法》第 18 条第 2 款）
2. 不得开启；3。（《招标投标法》第 28 条第 1 款）
3. 低于成本；他人名义。（《招标投标法》第 33 条）
4. 投标价格；投标方案。（《招标投标法》第 43 条）
5. 招标人提出异议；投诉。（《招标投标法》第 65 条）

（五）简答题

答：根据《招标投标法》第 53 条的规定，投标人相互串通投标或者与招标人串通投标的，以及投标人以向招标人或者评标委员会成员行贿的手段谋取中标的，法律后果如下：

（1）中标无效，处中标项目金额 5‰以上 10‰以下的罚款，对单位直接负责的主管人员和其他直接责任人员处单位罚款数额 5% 以上 10% 以下的罚款。

（2）有违法所得的，并处没收违法所得。

（3）情节严重的，取消其 1 年至 2 年内参加依法必须进行招标的项目的投标资格并予以公告，直至由市场监督管理机关吊销营业执照。

（4）构成犯罪的，依法追究刑事责任。

（5）给他人造成损失的，依法承担赔偿责任。

三、企业破产法

（一）判断题

1. 依照《企业破产法》开始的破产程序，仅对债务人在中华人民共和国领域内的财产发生效力。(　　)
2. 人民法院受理破产申请后，债务人对个别债权人的债务清偿合法有效。(　　)
3. 人民法院受理破产申请后，有关债务人财产的保全措施应当解除，执行程序应当中止。(　　)
4. 人民法院受理破产申请后，债务人的出资人尚未完全履行出资义务，超过出资期限的，管理人不得要求该出资人缴纳所认缴的出资。(　　)
5. 附条件、附期限的债权和诉讼、仲裁未决的债权，债权人可以申报。(　　)

（二）单项选择题

1. 自人民法院受理破产申请的裁定送达债务人之日起至破产程序终结之日，债务人的法定代表人的下列哪项行为不符合法律规定：(　　)

   A. 妥善保管其占有和管理的财产、印章和账簿、文书等资料

   B. 列席债权人会议并如实回答债权人的询问

   C. 根据人民法院、管理人的要求进行工作，并如实回答询问

   D. 新任其他企业的董事、监事、高级管理人员

2. 人民法院受理破产申请后，关于破产申请受理前成立而债务人和对方当事人均未履行完毕的合同，下列说法错误的是：(　　)

   A. 管理人有权决定解除合同

   B. 管理人决定继续履行合同的，无需通知对方当事人

   C. 管理人决定继续履行合同的，对方当事人应当履行

   D. 对于继续履行的合同，对方当事人要求提供担保，管理人不提供的，视为解除合同

3. 根据《企业破产法》，下列哪一项不是破产费用：(　　)

A. 债务人所欠职工的工资和医疗、伤残补助、抚恤费用

B. 管理、变价和分配债务人财产的费用

C. 管理人执行职务的费用、报酬和聘用工作人员的费用

D. 破产案件的诉讼费用

4. 人民法院受理破产申请后，应当确定债权人申报债权的期限。债权申报期限自人民法院发布受理破产申请公告之日起计算，最短不得少于(　　)日，最长不得超过(　　)个月。

A. 15；2　　B. 30；3

C. 15；3　　D. 30；6

5. 关于和解，下列说法错误的是：(　　)

A. 债务人可以直接向人民法院申请和解

B. 债务人可以在人民法院受理破产申请后、宣告债务人破产前，向人民法院申请和解

C. 债务人申请和解，可以要求债权人提出和解协议草案

D. 债务人应当按照和解协议规定的条件清偿债务

(三) 多项选择题

1. 向人民法院提出破产申请的，破产申请书应当载明下列哪些事项：(　　)

A. 申请人、被申请人的基本情况

B. 申请目的

C. 申请的事实和理由

D. 人民法院认为应当载明的其他事项

2. 人民法院受理破产申请前1年内，涉及债务人财产的下列哪些行为，管理人有权请求人民法院予以撤销：(　　)

A. 无偿转让财产

B. 对没有财产担保的债务提供财产担保

C. 放弃债权

D. 对未到期的债务提前清偿

3. 涉及债务人财产的下列哪些行为无效：（　　）

A. 为逃避债务而隐匿、转移财产

B. 以明显不合理的价格进行交易

C. 虚构债务

D. 承认不真实的债务

4. 债权人申请对债务人进行破产清算的，在人民法院受理破产申请后、宣告债务人破产前，下列哪些人可以向人民法院申请重整：（　　）

A. 债务人

B. 管理人

C. 出资额占债务人注册资本 1/10 以上的出资人

D. 债权人委员会

5. 破产宣告前，有下列哪些情形的，人民法院应当裁定终结破产程序，并予以公告：（　　）

A. 债务人向人民法院申请和解

B. 债务人已清偿全部到期债务

C. 第三人为债务人提供足额担保

D. 第三人为债务人清偿全部到期债务

（四）填空题

1. 破产案件由____人民法院管辖。
2. 人民法院受理破产申请后，债务人的债务人或者财产持有人应当向管理人____或者____。
3. 破产企业可以____或者部分变价出售破产财产。企业变价出售时，可以将其中的____和其他财产单独变价出售。
4. 管理人应当自破产程序终结之日起____日内，持人民法院终结破产程序的裁定，向破产人的原登记机关办理____。
5. 债务人的有关人员违反《企业破产法》规定，擅自离开住所地的，人民法院可以予以____、____，可以依法____。

（五）简答题

简述破产费用和共益债务的清偿规则。

参考答案

（一）判断题

1. ×，解析：根据《企业破产法》第 5 条第 1 款规定，依照本法开始的破产程序，对债务人在中华人民共和国领域外的财产发生效力。
2. ×，解析：根据《企业破产法》第 16 条规定，人民法院受理破产申请后，债务人对个别债权人的债务清偿无效。
3. √，解析：根据《企业破产法》第 19 条规定。
4. ×，解析：根据《企业破产法》第 35 条规定，人民法院受理破产申请后，债务人的出资人尚未完全履行出资义务的，管理人应当要求该出资人缴纳所认缴的出资，而不受出资期限的限制。
5. √，解析：根据《企业破产法》第 47 条规定。

（二）单项选择题

1. D，解析：根据《企业破产法》第 15 条规定，自人民法院受理破产申请的裁定送达债务人之日起至破产程序终结之日，债务人的有关人员承担下列义务：（1）妥善保管其占有和管理的财产、印章和账簿、文书等资料；（2）根据人民法院、管理人的要求进行工作，并如实回答询问；（3）列席债权人会议并如实回答债权人的询问；（4）未经人民法院许可，不得离开住所地；（5）不得新任其他企业的董事、监事、高级管理人员。前款所称有关人员，是指企业的法定代表人；经人民法院决定，可以包括企业的财务管理人员和其他经营管理人员。据此，D 项行为不符合法律规定，当选。
2. B，解析：根据《企业破产法》第 18 条规定，人民法院受理破产申请后，管理人对破产申请受理前成立而债务人和对方当事人均未履行完毕的合同有权决定解除或者继续履行，并通知对方当事人。管理人自破产申请受理之日起 2 个月内未通知对方当事人，或者自收到对方当事人催告之日起 30 日内未答复的，视为解除合同。管理人决定继续履行合同的，对方当事人应当履行；但是，对方当事人有权要求管理人提供担保。管理人不提供担保的，视为解除合同。故 B 项错误。

3. A，解析：根据《企业破产法》第 41 条规定，人民法院受理破产申请后发生的下列费用，为破产费用：（1）破产案件的诉讼费用；（2）管理、变价和分配债务人财产的费用；（3）管理人执行职务的费用、报酬和聘用工作人员的费用。故 A 项不是破产费用，当选。

4. B，解析：根据《企业破产法》第 45 条规定，人民法院受理破产申请后，应当确定债权人申报债权的期限。债权申报期限自人民法院发布受理破产申请公告之日起计算，最短不得少于 30 日，最长不得超过 3 个月。故 B 项正确。

5. C，解析：根据《企业破产法》第 95 条规定，债务人可以依照本法规定，直接向人民法院申请和解；也可以在人民法院受理破产申请后、宣告债务人破产前，向人民法院申请和解。债务人申请和解，应当提出和解协议草案。故 C 项错误，A、B 项正确。根据《企业破产法》第 102 条规定，债务人应当按照和解协议规定的条件清偿债务。D 项正确。

（三）多项选择题

1. ABCD，解析：根据《企业破产法》第 8 条第 2 款规定，破产申请书应当载明下列事项：（1）申请人、被申请人的基本情况；（2）申请目的；（3）申请的事实和理由；（4）人民法院认为应当载明的其他事项。故 A、B、C、D 项正确。

2. ABCD，解析：根据《企业破产法》第 31 条规定，人民法院受理破产申请前 1 年内，涉及债务人财产的下列行为，管理人有权请求人民法院予以撤销：（1）无偿转让财产的；（2）以明显不合理的价格进行交易的；（3）对没有财产担保的债务提供财产担保的；（4）对未到期的债务提前清偿的；（5）放弃债权的。故 A、B、C、D 项正确。

3. ACD，解析：根据《企业破产法》第 33 条规定，涉及债务人财产的下列行为无效：（1）为逃避债务而隐匿、转移财产的；（2）虚构债务或者承认不真实的债务的。故 A、C、D 项正确。

4. AC，解析：根据《企业破产法》第 70 条第 2 款规定，债权人申请对债务人进行破产清算的，在人民法院受理破产申请后、宣告债务人破产前，债务人或者出资额占债务人注册资本 1/10 以上的出资人，可以向人民法院申请重整。故 A、C 项正确。

5. BCD，解析：根据《企业破产法》第108条规定，破产宣告前，有下列情形之一的，人民法院应当裁定终结破产程序，并予以公告：（1）第三人为债务人提供足额担保或者为债务人清偿全部到期债务的；（2）债务人已清偿全部到期债务的。故B、C、D项正确。

（四）填空题

1. 债务人住所地。（《企业破产法》第3条第1款）
2. 清偿债务；交付财产。（《企业破产法》第17条第1款）
3. 全部；无形资产。（《企业破产法》第112条第2款）
4. 10；注销登记。（《企业破产法》第121条）
5. 训诫；拘留；并处罚款。（《企业破产法》第129条）

（五）简答题

答：根据《企业破产法》第43条规定，破产费用和共益债务的清偿规则如下：

（1）破产费用和共益债务由债务人财产随时清偿。

（2）债务人财产不足以清偿所有破产费用和共益债务的，先行清偿破产费用。

（3）债务人财产不足以清偿所有破产费用或者共益债务的，按照比例清偿。

（4）债务人财产不足以清偿破产费用的，管理人应当提请人民法院终结破产程序。

四、民事诉讼法

（一）判断题

1. 因合同纠纷提起的诉讼，合同履行地人民法院有管辖权。（　　）
2. 法人由其法定代表人进行诉讼。其他组织由其主要负责人进行诉讼。（　　）
3. 调解书送达双方当事人后，即具有法律效力。（　　）
4. 有关单位拒绝或者妨碍人民法院调查取证的，人民法院除责令其履行协助义务外，并可以予以罚款。（　　）
5. 原告经传票传唤，无正当理由拒不到庭的，或者未经法庭许可中途退庭的，可以按撤诉处理。（　　）

（二）单项选择题

1. 因公司设立、确认股东资格、分配利润、解散等纠纷提起的诉讼，由（　　）人民法院管辖。

   A. 公司住所地　　B. 股东住所地

   C. 被告住所地　　D. 原告住所地

2. 关于举证，下列说法错误的是：（　　）

   A. 当事人对自己提出的主张应当及时提供证据

   B. 当事人在人民法院确定的期限内提供证据确有困难的，可以向人民法院申请延长期限

   C. 当事人向人民法院申请延长举证期限的，人民法院应当延长15日

   D. 当事人逾期提供证据的，人民法院应当责令其说明理由

3. 关于诉讼保全，下列说法错误的是：（　　）

   A. 当事人没有提出保全申请的，人民法院在必要时也可以裁定采取保全措施

   B. 人民法院采取保全措施，可以责令申请人提供担保

C. 人民法院接受申请后，对情况紧急的，必须在48小时内作出裁定

D. 人民法院裁定采取保全措施的，应当在48小时内开始执行

4. 关于案件受理费的交纳，下列说法错误的是：(　　)

A. 当事人进行民事诉讼，应当按照规定交纳案件受理费

B. 财产案件除交纳案件受理费外，并按照规定交纳其他诉讼费用

C. 当事人交纳诉讼费用确有困难的，可以按照规定向人民法院申请缓交、减交或者免交

D. 单位进行民事诉讼，可以不交纳案件受理费

5. 第二审人民法院对上诉案件的处理错误的是：(　　)

A. 原判决、裁定认定事实清楚，适用法律正确的，以判决、裁定方式驳回上诉，维持原判决、裁定

B. 原判决、裁定认定事实错误或者适用法律错误的，以判决方式依法改判、撤销或者变更

C. 原判决认定基本事实不清的，裁定撤销原判决，发回原审人民法院重审，或者查清事实后改判

D. 原判决遗漏当事人或者违法缺席判决等严重违反法定程序的，裁定撤销原判决，发回原审人民法院重审

(三) 多项选择题

1. 诉讼代表人从事下列哪些行为，必须经被代表的当事人同意：(　　)

A. 放弃诉讼请求

B. 反驳对方当事人的诉讼请求

C. 承认对方当事人的诉讼请求

D. 进行和解

2. 因情况紧急，在证据可能灭失或者以后难以取得的情况下，利害关系人可以在提起诉讼或者申请仲裁前向(　　)申请保全证据。

A. 仲裁庭人民法院

B. 证据所在地人民法院

C. 被申请人住所地人民法院

D. 对案件有管辖权的人民法院

3. 诉讼参与人或者其他人有下列哪些行为之一的，人民法院可以根据情节轻重予以罚款、拘留；构成犯罪的，依法追究刑事责任：（　　）

A. 伪造、毁灭重要证据，妨碍人民法院审理案件

B. 隐藏、转移、变卖、毁损已被查封、扣押的财产

C. 以暴力、威胁或者其他方法阻碍司法工作人员执行职务

D. 拒不履行人民法院已经发生法律效力的判决

4. 当事人的申请符合下列哪些情形的，人民法院应当再审：（　　）

A. 原判决、裁定认定的基本事实缺乏证据证明的

B. 原判决、裁定认定事实的主要证据未经质证的

C. 原判决、裁定适用法律确有错误的

D. 未经传票传唤，缺席判决的

5. 关于执行行为异议，下列说法正确的是：（　　）

A. 当事人、利害关系人认为执行行为违反法律规定的，可以向负责执行的人民法院提出书面异议

B. 当事人、利害关系人提出书面异议的，人民法院应当自收到书面异议之日起 15 日内审查

C. 当事人、利害关系人对裁定不服的，可以自裁定送达之日起 10 日内向上一级人民法院申请复议

D. 当事人、利害关系人对裁定不服的，可以自裁定送达之日起 10 日内上诉

（四）填空题

1. 因票据纠纷提起的诉讼，由____或者____人民法院管辖。

2. 合同或者其他财产权益纠纷的当事人可以____选择被告住所地、____、合同签订地、原告住所地、____等与争议有____的地点的人民法院管辖，但不得违反《民事诉讼法》对级别管辖和专属管辖的规定。

3. 审判人员有下列情形之一的，应当____回避，当事人有权用____或者____方式申请他们回避：（1）是本案当事人或者当事人、诉讼代理人____的；（2）与本案有____的；（3）与本案当事人、诉讼代理人有其他关系，____案件公正审理的。

4. 期间包括____和____。期间届满的最后一日是节假日的，以节假日后的____为期间届满的日期。
5. 执行完毕后，据以执行的判决、裁定和其他法律文书____，被人民法院撤销的，对已被执行的财产，人民法院应当作出____，责令取得财产的人返还；拒不返还的，____。

（五）简答题

简述民事诉讼当事人的诉讼权利义务。

参考答案

（一）判断题

1. √，解析：根据《民事诉讼法》第 23 条规定。
2. √，解析：根据《民事诉讼法》第 48 条第 2 款规定。
3. ×，解析：根据《民事诉讼法》第 97 条第 3 款规定，调解书经双方当事人签收后，即具有法律效力。
4. √，解析：根据《民事诉讼法》第 114 条规定。
5. √，解析：根据《民事诉讼法》第 143 条规定。

（二）单项选择题

1. A，解析：根据《民事诉讼法》第 26 条规定，因公司设立、确认股东资格、分配利润、解散等纠纷提起的诉讼，由公司住所地人民法院管辖。据此，A 项正确。
2. C，解析：根据《民事诉讼法》第 65 条规定，当事人对自己提出的主张应当及时提供证据。人民法院根据当事人的主张和案件审理情况，确定当事人应当提供的证据及其期限。当事人在该期限内提供证据确有困难的，可以向人民法院申请延长期限，人民法院根据当事人的申请适当延长。当事人逾期提供证据的，人民法院应当责令其说明理由；拒不说明理由或者理由不成立的，人民法院根据不同情形可以不予采纳该证据，或者采纳该证据但予以训诫、罚款。据此，C 项错误。
3. D，解析：根据《民事诉讼法》第 100 条规定，人民法院对于可能因当事人一方的行为或者其他原因，使判决难以执行或者造成当事人其他损害的案件，根据对方当事人的申请，可以裁定对其财产进行保全、责令其作出一定行为或者禁止其作出一定行为；当事人没有提出申请的，人民法院在必要时也可以裁定采取保全措施。人民法院采取保全措施，可以责令申请人提供担保，申请人不提供担保的，裁定驳回申请。人民法院接受申请后，对情况紧急的，必须在48小时内作出裁定；裁定采取保全措施的，应当立即开始执行。据此，D项错误。

4. D，解析：根据《民事诉讼法》第118条规定，当事人进行民事诉讼，应当按照规定交纳案件受理费。财产案件除交纳案件受理费外，并按照规定交纳其他诉讼费用。当事人交纳诉讼费用确有困难的，可以按照规定向人民法院申请缓交、减交或者免交。收取诉讼费用的办法另行制定。据此，D项错误。

5. B，解析：根据《民事诉讼法》第170条规定，第二审人民法院对上诉案件，经过审理，按照下列情形，分别处理：（1）原判决、裁定认定事实清楚，适用法律正确的，以判决、裁定方式驳回上诉，维持原判决、裁定；（2）原判决、裁定认定事实错误或者适用法律错误的，以判决、裁定方式依法改判、撤销或者变更；（3）原判决认定基本事实不清的，裁定撤销原判决，发回原审人民法院重审，或者查清事实后改判；（4）原判决遗漏当事人或者违法缺席判决等严重违反法定程序的，裁定撤销原判决，发回原审人民法院重审。原审人民法院对发回重审的案件作出判决后，当事人提起上诉的，第二审人民法院不得再次发回重审。故B项错误。

（三）多项选择题

1. ACD，解析：根据《民事诉讼法》第53条规定，当事人一方人数众多的共同诉讼，可以由当事人推选代表人进行诉讼。代表人的诉讼行为对其所代表的当事人发生效力，但代表人变更、放弃诉讼请求或者承认对方当事人的诉讼请求，进行和解，必须经被代表的当事人同意。故A、C、D项正确。

2. BCD，解析：根据《民事诉讼法》第81条规定，在证据可能灭失或者以后难以取得的情况下，当事人可以在诉讼过程中向人民法院申请保全证据，人民法院也可以主动采取保全措施。因情况紧急，在证据可能灭失或者以后难以取得的情况下，利害关系人可以在提起诉讼或者申请仲裁前向证据所在地、被申请人住所地或者对案件有管辖权的人民法院申请保全证据。证据保全的其他程序，参照适用本法第九章保全的有关规定。故 B、C、D 项正确。

3. ABCD，解析：根据《民事诉讼法》第 111 条第 1 款规定，诉讼参与人或者其他人有下列行为之一的，人民法院可以根据情节轻重予以罚款、拘留；构成犯罪的，依法追究刑事责任：（1）伪造、毁灭重要证据，妨碍人民法院审理案件的；（2）以暴力、威胁、贿买方法阻止证人作证或者指使、贿买、胁迫他人作伪证的；（3）隐藏、转移、变卖、毁损已被查封、扣押的财产，或者已被清点并责令其保管的财产，转移已被冻结的财产的；（4）对司法工作人员、诉讼参加人、证人、翻译人员、鉴定人、勘验人、协助执行的人，进行侮辱、诽谤、诬陷、殴打或者打击报复的；（5）以暴力、威胁或者其他方法阻碍司法工作人员执行职务的；（6）拒不履行人民法院已经发生法律效力的判决、裁定的。故 A、B、C、D 项正确。

4. ABCD，解析：根据《民事诉讼法》第 200 条规定，当事人的申请符合下列情形之一的，人民法院应当再审：（1）有新的证据，足以推翻原判决、裁定的；（2）原判决、裁定认定的基本事实缺乏证据证明的；（3）原判决、裁定认定事实的主要证据是伪造的；（4）原判决、裁定认定事实的主要证据未经质证的；（5）对审理案件需要的主要证据，当事人因客观原因不能自行收集，书面申请人民法院调查收集，人民法院未调查收集的；（6）原判决、裁定适用法律确有错误的；（7）审判组织的组成不合法或者依法应当回避的审判人员没有回避的；（8）无诉讼行为能力人未经法定代理人代为诉讼或者应当参加诉讼的当事人，因不能归责于本人或者其诉讼代理人的事由，未参加诉讼的；（9）违反法律规定，剥夺当事人辩论权利的；（10）未经传票传唤，缺席判决的；（11）原判决、裁定遗漏或者超出诉讼请求的；（12）据以作出原判决、裁定的法律文书被撤销或者变更的；（13）审判人员审理该案件时有贪污受贿，徇私舞弊，枉法裁判行为的。故 A、B、C、D 项正确。

5. ABC，解析：根据《民事诉讼法》第 225 条规定，当事人、利害关系人认为执行行为违反法律规定的，可以向负责执行的人民法院提出书面异议。当事人、利害关系人提出书面异议的，人民法院应当自收到书面异议之日起15日内审查，理由成立的，裁定撤销或者改正；理由不成立的，裁定驳回。当事人、利害关系人对裁定不服的，可以自裁定送达之日起10日内向上一级人民法院申请复议。故A、B、C项正确。

（四）填空题

1. 票据支付地；被告住所地。（《民事诉讼法》第25条）
2. 书面协议；合同履行地；标的物所在地；实际联系。（《民事诉讼法》第34条）
3. 自行；口头；书面；近亲属；利害关系；可能影响。（《民事诉讼法》第44条第1款）
4. 法定期间；人民法院指定的期间；第一日。（《民事诉讼法》第82条第1、3款）
5. 确有错误；裁定；强制执行。（《民事诉讼法》第233条）

（五）简答题

答：根据《民事诉讼法》第49条规定，民事诉讼当事人的诉讼权利义务如下：

（1）当事人的诉讼权利

①委托代理人，提出回避申请，收集、提供证据，进行辩论，请求调解，提起上诉，申请执行。

②查阅本案有关材料，并可以复制本案有关材料和法律文书。

（2）当事人的诉讼义务

依法行使诉讼权利，遵守诉讼秩序，履行发生法律效力的判决书、裁定书和调解书。

五、仲裁法

（一）判断题

1. 当事人达成仲裁协议，一方向人民法院起诉的，人民法院不予受理，但仲裁协议无效的除外。（ ）
2. 合同的变更、解除、终止或者无效的，仲裁协议随之变更、解除、终止或者无效。（ ）
3. 仲裁委员会收到仲裁申请书之日起3日内，认为符合受理条件的，应当受理，并通知当事人。（ ）
4. 当事人达成和解协议，撤回仲裁申请后反悔的，不得根据仲裁协议再次申请仲裁。（ ）
5. 调解达成协议的，仲裁庭应当制作调解书或者根据协议的结果制作裁决书。调解书与裁决书具有同等法律效力。（ ）

（二）单项选择题

1. 根据《仲裁法》的规定，关于仲裁协议效力异议的处理，下列说法错误的是：（ ）

   A. 当事人对仲裁协议的效力有异议的，可以请求仲裁委员会作出决定

   B. 当事人对仲裁协议的效力有异议的，只能请求人民法院作出裁定

   C. 当事人对仲裁协议的效力有异议，应当在仲裁庭首次开庭前提出

   D. 一方请求仲裁委员会作出决定，另一方请求人民法院作出裁定的，由人民法院裁定

2. 下列哪一项不是当事人申请仲裁应当符合的条件：（ ）

   A. 有仲裁协议

   B. 有具体的仲裁请求和事实、理由

   C. 已向法院提起诉讼，法院裁定不予受理

   D. 属于仲裁委员会的受理范围

3. 申请人经书面通知，无正当理由不到庭或者未经仲裁庭许可中途退庭的，可以(　　)。

   A. 延期审理　　B. 驳回仲裁申请

   C. 缺席裁决　　D. 视为撤回仲裁申请

4. 当事人申请撤销裁决的，应当自收到裁决书之日起(　　)个月内提出。

   A. 6　　B. 3

   C. 2　　D. 1

(三) 多项选择题

1. 根据《仲裁法》的规定，下列哪些事项不能仲裁：(　　)

   A. 婚姻、收养、监护、扶养、继承纠纷

   B. 平等主体的公民之间发生的合同纠纷

   C. 依法应当由行政机关处理的行政争议

   D. 平等主体的法人之间发生的财产权益纠纷

2. 关于仲裁裁决，下列说法正确的是：(　　)

   A. 仲裁实行一裁终局的制度

   B. 裁决作出后，当事人就同一纠纷再申请仲裁或者向人民法院起诉的，仲裁委员会或者人民法院不予受理

   C. 裁决被人民法院依法裁定撤销或者不予执行的，当事人不得就该纠纷向人民法院起诉

   D. 裁决被人民法院依法裁定撤销或者不予执行的，当事人就该纠纷可以根据双方重新达成的仲裁协议申请仲裁

3. 有下列哪一情形之一的，仲裁协议无效：(　　)

   A. 仲裁协议对仲裁事项约定不明确

   B. 约定的仲裁事项超出法律规定的仲裁范围

   C. 无民事行为能力人或者限制民事行为能力人订立的仲裁协议

   D. 一方采取胁迫手段，迫使对方订立仲裁协议

4. 当事人提出证据证明裁决有下列哪些情形之一的，可以向仲裁委员会所在地的中级人民法院申请撤销裁决：(　　)

   A. 裁决的事项不属于仲裁协议的范围或者仲裁委员会无权仲裁的

B. 仲裁庭的组成或者仲裁的程序违反法定程序

C. 裁决所根据的证据是伪造的

D. 对方当事人隐瞒了足以影响公正裁决的证据的

（四）填空题

1. 当事人采用仲裁方式解决纠纷，应当双方____，达成仲裁协议。没有仲裁协议，一方申请仲裁的，仲裁委员会____。
2. 仲裁委员会应当由当事人____。仲裁不实行____和地域管辖。
3. 仲裁协议包括合同中订立的____和以其他____方式在纠纷发生前或者纠纷发生后达成的请求仲裁的协议。
4. 申请人可以____或者变更仲裁请求。被申请人可以____或者反驳仲裁请求，有权提出____。
5. 当事人提出回避申请，应当说明理由，在____提出。回避事由在首次开庭后知道的，可以在____提出。

（五）简答题

简述仲裁员必须回避的情形。

参考答案

（一）判断题

1. √，解析：根据《仲裁法》第 5 条规定。
2. ×，解析：根据《仲裁法》第 19 条规定，仲裁协议独立存在，合同的变更、解除、终止或者无效，不影响仲裁协议的效力。仲裁庭有权确认合同的效力。
3. ×，解析：根据《仲裁法》第 24 条规定，仲裁委员会收到仲裁申请书之日起 5 日内，认为符合受理条件的，应当受理，并通知当事人；认为不符合受理条件的，应当书面通知当事人不予受理，并说明理由。
4. ×，解析：根据《仲裁法》第 50 条规定，当事人达成和解协议，撤回仲裁申请后反悔的，可以根据仲裁协议申请仲裁。

5. √，解析：根据《仲裁法》第 51 条第 2 款规定。

（二）单项选择题

1. B，解析：根据《仲裁法》第 20 条规定，当事人对仲裁协议的效力有异议的，可以请求仲裁委员会作出决定或者请求人民法院作出裁定。一方请求仲裁委员会作出决定，另一方请求人民法院作出裁定的，由人民法院裁定。当事人对仲裁协议的效力有异议，应当在仲裁庭首次开庭前提出。据此，B 项错误，当选。
2. C，解析：根据《仲裁法》第 21 条规定，当事人申请仲裁应当符合下列条件：（1）有仲裁协议；（2）有具体的仲裁请求和事实、理由；（3）属于仲裁委员会的受理范围。故 C 项不是当事人申请仲裁的条件，当选。
3. D，解析：根据《仲裁法》第 42 条规定，申请人经书面通知，无正当理由不到庭或者未经仲裁庭许可中途退庭的，可以视为撤回仲裁申请。被申请人经书面通知，无正当理由不到庭或者未经仲裁庭许可中途退庭的，可以缺席裁决。故 D 项正确。
4. A，解析：根据《仲裁法》第 59 条规定，当事人申请撤销裁决的，应当自收到裁决书之日起 6 个月内提出。故 A 项正确。

（三）多项选择题

1. AC，解析：根据《仲裁法》第 3 条规定，下列纠纷不能仲裁：（1）婚姻、收养、监护、扶养、继承纠纷；（2）依法应当由行政机关处理的行政争议。故 A、C 项当选。根据《仲裁法》第 2 条规定，平等主体的公民、法人和其他组织之间发生的合同纠纷和其他财产权益纠纷，可以仲裁。B、D 项不当选。
2. ABD，解析：根据《仲裁法》第 9 条规定，仲裁实行一裁终局的制度。裁决作出后，当事人就同一纠纷再申请仲裁或者向人民法院起诉的，仲裁委员会或者人民法院不予受理。裁决被人民法院依法裁定撤销或者不予执行的，当事人就该纠纷可以根据双方重新达成的仲裁协议申请仲裁，也可以向人民法院起诉。故 A、B、D 项正确，C 项错误。
3. BCD，解析：根据《仲裁法》第 17 条规定，有下列情形之一的，仲裁协议无效：（1）约定的仲裁事项超出法律规定的仲裁范围的；（2）无民事行为能力人或者限制民事行为能力人订立的仲裁协议；（3）一方采取胁迫手段，迫使对方订立仲裁协议的。故 B、C、D 项当选。根据《仲裁法》第18条规定，仲裁协议对仲裁事项或者仲裁委员会没有约定或者约定不明确的，当事人可以补充协议；达不成补充协议的，仲裁协议无效。故A项还需满足“达不成补充协议”这一要件，才能认定仲裁协议无效。

4. BCD，解析：根据《仲裁法》第58条第1款规定，当事人提出证据证明裁决有下列情形之一的，可以向仲裁委员会所在地的中级人民法院申请撤销裁决：（1）没有仲裁协议的；（2）裁决的事项不属于仲裁协议的范围或者仲裁委员会无权仲裁的；（3）仲裁庭的组成或者仲裁的程序违反法定程序的；（4）裁决所根据的证据是伪造的；（5）对方当事人隐瞒了足以影响公正裁决的证据的；（6）仲裁员在仲裁该案时有索贿受贿，徇私舞弊，枉法裁决行为的。据此，A、B、C、D项正确。

（四）填空题

1. 自愿；不予受理。（《仲裁法》第4条）
2. 协议选定；级别管辖。（《仲裁法》第6条）
3. 仲裁条款；书面。（《仲裁法》第16条第1款）
4. 放弃；承认；反请求。（《仲裁法》第27条）
5. 首次开庭前；最后一次开庭终结前。（《仲裁法》第35条）

（五）简答题

答：根据《仲裁法》第34条规定，仲裁员有下列情形之一的，必须回避，当事人也有权提出回避申请：

（1）是本案当事人或者当事人、代理人的近亲属。

（2）与本案有利害关系。

（3）与本案当事人、代理人有其他关系，可能影响公正仲裁的。

（4）私自会见当事人、代理人，或者接受当事人、代理人的请客送礼的。

六、行政许可法

（一）判断题

1. 有关行政许可的规定应当公布；未经公布的，不得作为实施行政许可的依据。(　　)
2. 依法取得的行政许可，依照法定条件和程序可以转让。(　　)
3. 行政机关实施行政许可，不得向申请人提出购买指定商品、接受有偿服务等不正当要求。(　　)
4. 公民、法人或者其他组织从事特定活动，依法需要取得行政许可的，应当向行政机关提出申请。(　　)
5. 行政机关实施C监督检查，不得妨碍被许可人的生产经营活动。(　　)

（二）单项选择题

1. 申请人可以委托(　　)提出行政许可申请。但是，依法应当由申请人到行政机关办公场所提出行政许可申请的除外。

   A. 被申请人　　B. 第三人

   C. 代理人　　D. 近亲属

2. 申请人、利害关系人在被告知听证权利之日起(　　)日内提出听证申请的，行政机关应当在(　　)日内组织听证。

   A. 5；10　　B. 5；20

   C. 10；10　　D. 5；30

3. (　　)设定的行政许可，其适用范围没有地域限制的，申请人取得的行政许可在全国范围内有效。

   A. 法律、司法解释　　B. 法律、规章

   C. 法律、行政法规　　D. 行政法规、规章

4. 被许可人未依法履行开发利用自然资源义务或者未依法履行利用公共资源义务的，行政机关应当责令(　　)；被许可人在规定期限内不改正的，

行政机关应当依照有关法律、行政法规的规定予以处理。

A. 恢复原状　　B. 限期改正

C. 消除影响　　D. 排除妨害

5. 法人或者其他组织依法(　　)的，行政机关应当依法办理有关行政许可的注销手续。

A. 破产　　B. 清算

C. 停业　　D. 终止

(三) 多项选择题

1. 行政许可的实施和结果，除涉及下列哪些事项的外，应当公开：(　　)

A. 国家秘密　　B. 商业秘密

C. 集体秘密　　D. 个人隐私

2. 公民、法人或者其他组织对行政机关实施行政许可，有权依法(　　)。

A. 申请行政复议　　B. 提起行政诉讼

C. 申请行政仲裁　　D. 申请变更行政许可

3. 下列哪些规范性文件不得设定应当由国家统一确定的公民、法人或者其他组织的资格、资质的行政许可：(　　)

A. 法律　　B. 行政法规

C. 地方性法规　　D. 省、自治区、直辖市人民政府规章

4. 下列哪些事项可以设定行政许可：(　　)

A. 直接涉及国家安全、公共安全、经济宏观调控、生态环境保护以及直接关系人身健康、生命财产安全等特定活动，需要按照法定条件予以批准的事项

B. 有限自然资源开发利用、公共资源配置以及直接关系公共利益的特定行业的市场准入等，需要赋予特定权利的事项

C. 提供公众服务并且直接关系公共利益的职业、行业，需要确定具备特殊信誉、特殊条件或者特殊技能等资格、资质的事项

D. 直接关系公共安全、人身健康、生命财产安全的重要设备、设施、产品、物品，需要按照技术标准、技术规范，通过检验、检测、检疫等方式进行审定的事项

5. 取得直接关系公共利益的特定行业的市场准入行政许可的被许可人，应当按照国家规定的服务标准、资费标准和行政机关依法规定的条件，向用户提供(　　)的服务，并履行普遍服务的义务；未经作出行政许可决定的行政机关批准，不得擅自停业、歇业。

A. 安全　　　　B. 方便

C. 稳定　　　　D. 价格合理

（四）填空题

1. 行政许可，是指行政机关根据____的申请，经依法____，准予其从事____的行为。
2. 行政许可所依据的法律、法规、规章____或者废止，或者准予行政许可所依据的____发生重大变化的，为了____的需要，行政机关可以依法变更或者撤回已经生效的行政许可。由此给公民、法人或者其他组织造成财产损失的，行政机关应当依法给予____。
3. 行政许可申请可以通过____、电报、电传、传真、电子数据交换和____等方式提出。
4. 被许可人需要____依法取得的行政许可的有效期的，应当在该行政许可有效期届满____日前向作出行政许可决定的行政机关提出申请。但是，法律、法规、规章另有规定的，依照其规定。
5. 行政机关实施监督检查，不得妨碍被许可人正常的生产经营活动，不得____或者____被许可人的财物，不得谋取其他利益。

（五）简答题

简述作出行政许可决定的行政机关或者其上级行政机关，根据利害关系人的请求或者依据职权，可以撤销行政许可的情形。

参考答案

（一）判断题

1. √，解析：根据《行政许可法》第 5 条第 2 款规定。
2. ×，解析：根据《行政许可法》第 9 条规定，依法取得的行政许可，除法律、法规规定依照法定条件和程序可以转让的外，不得转让。
3. √，解析：根据《行政许可法》第 27 条第 1 款规定。
4. √，解析：根据《行政许可法》第 29 条第 1 款规定。
5. ×，解析：根据《行政许可法》第 63 条规定，行政机关实施监督检查，不得妨碍被许可人正常的生产经营活动，不得索取或者收受被许可人的财物，不得谋取其他利益。

（二）单项选择题

1. C，解析：根据《行政许可法》第 29 条第 2 款规定，申请人可以委托代理人提出行政许可申请。但是，依法应当由申请人到行政机关办公场所提出行政许可申请的除外。故 C 项正确。
2. B，解析：根据《行政许可法》第 47 条第 1 款规定，行政许可直接涉及申请人与他人之间重大利益关系的，行政机关在作出行政许可决定前，应当告知申请人、利害关系人享有要求听证的权利；申请人、利害关系人在被告知听证权利之日起 5 日内提出听证申请的，行政机关应当在 20 日内组织听证。故 B 项正确。
3. C，解析：根据《行政许可法》第 41 条规定，法律、行政法规设定的行政许可，其适用范围没有地域限制的，申请人取得的行政许可在全国范围内有效。故 C 项正确。
4. B，解析：根据《行政许可法》第 66 条规定，被许可人未依法履行开发利用自然资源义务或者未依法履行利用公共资源义务的，行政机关应当责令限期改正；被许可人在规定期限内不改正的，行政机关应当依照有关法律、行政法规的规定予以处理。故 B 项正确。
5. D，解析：根据《行政许可法》第 70 条规定，有下列情形之一的，行政机关应当依法办理有关行政许可的注销手续：（1）行政许可有效期届满未延续的；（2）赋予公民特定资格的行政许可，该公民死亡或者丧失行为能力的；（3）法人或者其他组织依法终止的；（4）行政许可依法被撤销、撤回，或者行政许可证件依法被吊销的；（5）因不可抗力导致行政许可事项无法实施的；（6）法律、法规规定的应当注销行政许可的其他情形。故 D 项正确。

（三）多项选择题

1. ABD，解析：根据《行政许可法》第 5 条第 2 款规定，有关行政许可的规定应当公布；未经公布的，不得作为实施行政许可的依据。行政许可的实施和结果，除涉及国家秘密、商业秘密或者个人隐私的外，应当公开。未经申请人同意，行政机关及其工作人员、参与专家评审等的人员不得披露申请人提交的商业秘密、未披露信息或者保密商务信息，法律另有规定或者涉及国家安全、重大社会公共利益的除外；行政机关依法公开申请人前述信息的，允许申请人在合理期限内提出异议。故 A、B、D 项正确。
2. AB，解析：根据《行政许可法》第 7 条规定，公民、法人或者其他组织对行政机关实施行政许可，享有陈述权、申辩权；有权依法申请行政复议或者提起行政诉讼；其合法权益因行政机关违法实施行政许可受到损害的，有权依法要求赔偿。故 A、B 项正确。
3. CD，解析：根据《行政许可法》第 15 条第 2 款规定，地方性法规和省、自治区、直辖市人民政府规章，不得设定应当由国家统一确定的公民、法人或者其他组织的资格、资质的行政许可；不得设定企业或者其他组织的设立登记及其前置性行政许可。其设定的行政许可，不得限制其他地区的个人或者企业到本地区从事生产经营和提供服务，不得限制其他地区的商品进入本地区市场。故 C、D 项正确。
4. ABCD，解析：根据《行政许可法》第 12 条规定，下列事项可以设定行政许可：（1）直接涉及国家安全、公共安全、经济宏观调控、生态环境保护以及直接关系人身健康、生命财产安全等特定活动，需要按照法定条件予以批准的事项；（2）有限自然资源开发利用、公共资源配置以及直接关系公共利益的特定行业的市场准入等，需要赋予特定权利的事项；（3）提供公众服务并且直接关系公共利益的职业、行业，需要确定具备特殊信誉、特殊条件或者特殊技能等资格、资质的事项；（4）直接关系公共安全、人身健康、生命财产安全的重要设备、设施、产品、物品，需要按照技术标准、技术规范，通过检验、检测、检疫等方式进行审定的事项；（5）企业或者其他组织的设立等，需要确定主体资格的事项；（6）法律、行政法规规定可以设定行政许可的其他事项。故A、B、C、D项正确。

5. ABCD，解析：根据《行政许可法》第67条第1款规定，取得直接关系公共利益的特定行业的市场准入行政许可的被许可人，应当按照国家规定的服务标准、资费标准和行政机关依法规定的条件，向用户提供安全、方便、稳定和价格合理的服务，并履行普遍服务的义务；未经作出行政许可决定的行政机关批准，不得擅自停业、歇业。故A、B、C、D项正确。

（四）填空题

1. 公民、法人或者其他组织；审查；特定活动。（《行政许可法》第2条）
2. 修改；客观情况；公共利益；补偿。（《行政许可法》第8条第2款）
3. 信函；电子邮件。（《行政许可法》第29条第3款）
4. 延续；30。（《行政许可法》第50条第1款）
5. 索取；收受。（《行政许可法》第63条）

（五）简答题

答：根据《行政许可法》第69条第1款，有下列情形之一的，作出行政许可决定的行政机关或者其上级行政机关，根据利害关系人的请求或者依据职权，可以撤销行政许可：

（1）行政机关工作人员滥用职权、玩忽职守作出准予行政许可决定的；
（2）超越法定职权作出准予行政许可决定的；
（3）违反法定程序作出准予行政许可决定的；
（4）对不具备申请资格或者不符合法定条件的申请人准予行政许可的；
（5）依法可以撤销行政许可的其他情形。

七、行政复议法

（一）判断题

1. 公民、法人或者其他组织对行政复议决定不服的，可以依照《行政诉讼法》的规定向人民法院提起行政诉讼，但是法律规定行政复议决定为最终裁决的除外。（　　）
2. 因不可抗力或者其他理由耽误法定申请期限的，申请期限自障碍消除第2日起继续计算。（　　）
3. 对被撤销的行政机关在撤销前所作出的具体行政行为不服的，向继续行使其职权的行政机关的上一级行政机关申请行政复议。（　　）
4. 公民、法人或者其他组织依法提出行政复议申请，行政复议机关不予受理的，上级行政机关应当责令其受理；必要时，上级行政机关也可以直接受理。（　　）
5. 申请人在申请行政复议时必须一并提出行政赔偿请求。（　　）

（二）单项选择题

1. 不服行政机关作出的（　　）或者其他人事处理决定的，依照有关法律、行政法规的规定提出申诉。

   A. 行政处分　　B. 行政处罚

   C. 行政复议决定　　D. 具体行政行为

2. 对省、自治区人民政府依法设立的派出机关所属的县级地方人民政府的具体行政行为不服的，向（　　）申请行政复议。

   A. 国务院　　B. 省、自治区人民政府

   C. 上一级地方人民政府　　D. 该派出机关

3. 法律、法规规定应当先向行政复议机关申请行政复议、对行政复议决定不服再向人民法院提起行政诉讼的，行政复议机关决定不予受理或者受理后超过行政复议期限不作答复的，公民、法人或者其他组织可以自收

到不予受理决定书之日起或者行政复议期满之日起（　　）日内，依法向人民法院提起行政诉讼。

A. 3　　　　B. 5

C. 7　　　　D. 15

4. 公民、法人或者其他组织认为行政机关的具体行政行为侵犯其已经依法取得的土地、矿藏、水流、森林、山岭、草原、荒地、滩涂、海域等自然资源的（　　）的，应当先申请行政复议；对行政复议决定不服的，可以依法向人民法院提起行政诉讼。

A. 所有权　　　　B. 使用权

C. 所有权或者使用权　　　　D. 土地承包经营权

（三）多项选择题

1. 不服行政机关对民事纠纷作出的调解或者其他处理，可以依法采取哪些救济措施：（　　）

A. 申请仲裁　　　　B. 向上一级行政机关提出申诉

C. 向国务院申请裁决　　　　D. 向人民法院提起诉讼

2. 行政复议期间具体行政行为不停止执行；但是，有下列哪些情形之一的，可以停止执行：（　　）

A. 被申请人认为需要停止执行的

B. 行政复议机关认为需要停止执行的

C. 申请人申请停止执行，行政复议机关认为其要求合理，决定停止执行的

D. 法律规定停止执行的

3. 申请人逾期不起诉又不履行行政复议决定的，或者不履行最终裁决的行政复议决定的，按照下列哪些规定分别处理：（　　）

A. 维持具体行政行为的行政复议决定，由作出具体行政行为的行政机关依法强制执行，或者申请人民法院强制执行

B. 维持具体行政行为的行政复议决定，由行政复议机关依法强制执行，或者申请人民法院强制执行

C. 变更具体行政行为的行政复议决定，由作出具体行政行为的行政机关依法强制执行，或者申请人民法院强制执行

D. 变更具体行政行为的行政复议决定，由行政复议机关依法强制执行，或者申请人民法院强制执行

4. 下列哪些主体在中华人民共和国境内申请行政复议，适用《行政复议法》：（　　）

A. 外国政府　　B. 外国人

C. 无国籍人　　D. 外国组织

（四）填空题

1. 公民、法人或者其他组织认为____侵犯其合法权益，向行政机关提出____，行政机关受理行政复议申请、作出行政复议决定，适用《行政复议法》。
2. 申请人申请行政复议，可以____，也可以口头申请；口头申请的，____应当当场记录申请人的基本情况、____、申请行政复议的主要事实、理由和时间。
3. 对海关、金融、国税、外汇管理等实行____的行政机关和____的具体行政行为不服的，向____申请行政复议。
4. 申请人在申请行政复议时没有提出____请求的，行政复议机关在依法决定____或者变更罚款，撤销违法集资、没收财物、____、摊派费用以及对财产的查封、扣押、冻结等具体行政行为时，应当同时责令被申请人返还财产，解除对财产的查封、扣押、冻结措施，或者赔偿相应的价款。
5. 被申请人____或者____拖延履行行政复议决定的，行政复议机关或者有关上级行政机关应当责令其____。

（五）简答题

简述公民、法人或者其他组织可以依照《行政复议法》申请行政复议的情形。

参考答案

（一）判断题

1. √，解析：根据《行政复议法》第5条规定。
2. ×，解析：根据《行政复议法》第9条第2款规定，因不可抗力或者其他正当理由耽误法定申请期限的，申请期限自障碍消除之日起继续计算。
3. √，解析：根据《行政复议法》第15条第1款规定。
4. ×，解析：根据《行政复议法》第20条规定，公民、法人或者其他组织依法提出行政复议申请，行政复议机关无正当理由不予受理的，上级行政机关应当责令其受理；必要时，上级行政机关也可以直接受理。
5. ×，解析：根据《行政复议法》第29条第1款规定，申请人在申请行政复议时可以一并提出行政赔偿请求，行政复议机关对符合国家赔偿法的有关规定应当给予赔偿的，在决定撤销、变更具体行政行为或者确认具体行政行为违法时，应当同时决定被申请人依法给予赔偿。

（二）单项选择题

1. A，解析：根据《行政复议法》第8条第1款规定，不服行政机关作出的行政处分或者其他人事处理决定的，依照有关法律、行政法规的规定提出申诉。故A项正确。
2. D，解析：根据《行政复议法》第13条第2款规定，对省、自治区人民政府依法设立的派出机关所属的县级地方人民政府的具体行政行为不服的，向该派出机关申请行政复议。故D项正确。
3. D，解析：根据《行政复议法》第19条规定，法律、法规规定应当先向行政复议机关申请行政复议、对行政复议决定不服再向人民法院提起行政诉讼的，行政复议机关决定不予受理或者受理后超过行政复议期限不作答复的，公民、法人或者其他组织可以自收到不予受理决定书之日起或者行政复议期满之日起15日内，依法向人民法院提起行政诉讼。故D项正确。
4. C，解析：根据《行政复议法》第30条第1款规定，公民、法人或者其他组织认为行政机关的具体行政行为侵犯其已经依法取得的土地、矿藏、水流、森林、山岭、草原、荒地、滩涂、海域等自然资源的所有权或者使用权的，应当先申请行政复议；对行政复议决定不服的，可以依法向人民法院提起行政诉讼。故 C 项正确。

（三）多项选择题

1. AD，解析：根据《行政复议法》第 8 条第 2 款规定，不服行政机关对民事纠纷作出的调解或者其他处理，依法申请仲裁或者向人民法院提起诉讼。故 A、D 项正确。
2. ABCD，解析：根据《行政复议法》第 21 条规定，行政复议期间具体行政行为不停止执行；但是，有下列情形之一的，可以停止执行：（1）被申请人认为需要停止执行的；（2）行政复议机关认为需要停止执行的；（3）申请人申请停止执行，行政复议机关认为其要求合理，决定停止执行的；（4）法律规定停止执行的。故 A、B、C、D 项正确。
3. AD，解析：根据《行政复议法》第 33 条规定，申请人逾期不起诉又不履行行政复议决定的，或者不履行最终裁决的行政复议决定的，按照下列规定分别处理：（1）维持具体行政行为的行政复议决定，由作出具体行政行为的行政机关依法强制执行，或者申请人民法院强制执行；（2）变更具体行政行为的行政复议决定，由行政复议机关依法强制执行，或者申请人民法院强制执行。故 A、D 项正确。
4. BCD，解析：根据《行政复议法》第 41 条规定，外国人、无国籍人、外国组织在中华人民共和国境内申请行政复议，适用本法。故 B、C、D 项正确。

（四）填空题

1. 具体行政行为；行政复议申请。（《行政复议法》第 2 条）
2. 书面申请；行政复议机关；行政复议请求。（《行政复议法》第 11 条）
3. 垂直领导；国家安全机关；上一级主管部门。（《行政复议法》第 12 条第 2 款）
4. 行政赔偿；撤销；征收财物。（《行政复议法》第 29 条第 2 款）
5. 不履行；无正当理由；限期履行。（《行政复议法》第 32 条第 2 款）

（五）简答题

答：根据《行政复议法》第 6 条规定，有下列情形之一的，公民、法人或者其他组织可以依照《行政复议法》申请行政复议：

（1）对行政机关作出的警告、罚款、没收违法所得、没收非法财物、责令停产停业、暂扣或者吊销许可证、暂扣或者吊销执照、行政拘留等行政处罚决定不服的；

（2）对行政机关作出的限制人身自由或者查封、扣押、冻结财产等行政强制措施决定不服的；

（3）对行政机关作出的有关许可证、执照、资质证、资格证等证书变更、中止、撤销的决定不服的；

（4）对行政机关作出的关于确认土地、矿藏、水流、森林、山岭、草原、荒地、滩涂、海域等自然资源的所有权或者使用权的决定不服的；

（5）认为行政机关侵犯合法的经营自主权的；

（6）认为行政机关变更或者废止农业承包合同，侵犯其合法权益的；

（7）认为行政机关违法集资、征收财物、摊派费用或者违法要求履行其他义务的；

（8）认为符合法定条件，申请行政机关颁发许可证、执照、资质证、资格证等证书，或者申请行政机关审批、登记有关事项，行政机关没有依法办理的；

（9）申请行政机关履行保护人身权利、财产权利、受教育权利的法定职责，行政机关没有依法履行的；

（10）申请行政机关依法发放抚恤金、社会保险金或者最低生活保障费，行政机关没有依法发放的；

（11）认为行政机关的其他具体行政行为侵犯其合法权益的。

八、行政诉讼法

（一）判断题

1. 当事人在行政诉讼中享有平等的法律地位和对等的诉讼权利、义务。（　　）
2. 对行政强制措施和行政强制执行不服的，可以向人民法院提起行政诉讼。（　　）
3. 行政机关侵犯经营自主权的，不属于行政诉讼受案范围，应当提起民事诉讼。（　　）
4. 有权提起诉讼的法人终止，承受其权利的法人可以提起诉讼。（　　）
5. 公民、法人或者其他组织同被诉行政行为有利害关系但没有提起诉讼，人民法院应当通知其作为第三人参加诉讼。（　　）

（二）单项选择题

1. 下列不属于行政诉讼受案范围的是：（　　）
   A. 某企业以市场监督管理局滥用行政权力限制竞争为由向法院起诉的
   B. 税务局工作人员陈某对定期考核为不称职不服向法院起诉的
   C. 某化工厂向水利局申请发放取水许可证，水利局作出不予许可决定，该厂不服而起诉的
   D. 某企业对区政府解除与其签订的政府特许经营协议不服向法院起诉的
2. 关于行政案件的地域管辖，下列选项错误的是：（　　）
   A. 经复议的案件，既可以由最初作出行政行为的行政机关所在地人民法院管辖，也可以由复议机关所在地人民法院管辖
   B. 对限制人身自由的行政强制措施不服提起的诉讼，既可以由被告所在地人民法院管辖，也可以由原告所在地人民法院管辖
   C. 因不动产提起的行政诉讼，由不动产所在地人民法院管辖
   D. 经最高人民法院备案，高级人民法院可以根据审判工作的实际情况，确定若干人民法院跨行政区域管辖行政案件

3. 关于复议案件的行政诉讼被告，下列说法错误的是：（　　）

A. 复议机关决定维持原行政行为的，作出原行政行为的行政机关和复议机关是共同被告

B. 复议机关改变原行政行为的，作出原行政行为的行政机关和复议机关是共同被告

C. 复议机关在法定期限内未作出复议决定，公民、法人或者其他组织起诉原行政行为的，作出原行政行为的行政机关是被告

D. 复议机关在法定期限内未作出复议决定，公民、法人或者其他组织起诉复议机关不作为的，复议机关是被告

4. 关于原告的举证责任，下列说法错误的是：（　　）

A. 原告不对行政行为的合法性承担举证责任

B. 在起诉被告不作为的案件中，原告应当提供其向被告提出申请的证据

C. 在行政赔偿案件中，原告应当对行政行为造成的损害提供证据

D. 原告提供的证明行政行为违法的证据不成立的，承担举证不利的法律后果

5. 关于审判监督程序，下列说法错误的是：（　　）

A. 当事人认为生效判决确有错误的，可以向上一级人民法院申请再审，判决同时停止执行

B. 上级人民法院发现下级人民法院的生效判决错误的，可以指令下级人民法院再审

C. 上级人民检察院发现下级人民法院的调解书损害国家利益、社会公共利益的，应当提出抗诉

D. 各级人民检察院对审判监督程序以外的其他审判程序中审判人员的违法行为，有权向同级人民法院提出检察建议

（三）多项选择题

1. 关于证据的保全，下列说法正确的是：（　　）

A. 适用于证据可能灭失的情形

B. 适用于证据以后难以取得的情形

C. 原告、被告、第三人均可向法院申请保全

D. 法院可以主动采取保全措施

2. 甲公司欲向法院提起行政诉讼，应当符合下列哪些条件：(　　)

A. 应当向人民法院递交书面起诉状

B. 须有具体的诉讼请求和事实根据

C. 所起诉的案件须属于人民法院受案范围

D. 须向有管辖权的人民法院起诉

3. 公民、法人或者其他组织认为行政行为所依据的(　　)制定的规范性文件（不含规章）不合法，在对行政行为提起诉讼时，可以一并请求对该规范性文件进行审查。

A. 国务院　　B. 国务院部门

C. 地方人民政府　　D. 地方人民政府部门

4. 关于行政诉讼撤诉，下列选项正确的是：(　　)

A. 行政案件宣告判决前，原告可以申请撤诉

B. 被告改变其所作的行政行为的，原告可以申请撤诉

C. 原告申请撤诉，是否准许由人民法院裁定

D. 经人民法院传票传唤，原告无正当理由拒不到庭的，可以按照撤诉处理

5. 对于公民、法人或者其他组织对行政行为在法定期限内不提起诉讼又不履行的，下列做法正确的是：(　　)

A. 可以对其按日处 50 元至 100 元的罚款

B. 可以申请人民法院强制执行

C. 有强制行权的行政机关可以依法强制执行

D. 可以将其拒绝履行的情况予以公告

(四) 填空题

1. 公民、法人或者其他组织认为行政机关和行政机关工作人员的____侵犯其____，有权依法提起行政诉讼。这里所称行政行为，包括____授权的组织作出的行政行为。

2. 人民法院依法对行政案件____行使审判权，不受____的干涉。

3. 公民、法人或者其他组织对____、暂扣或者吊销许可证和执照、____、没收违法所得、没收非法财物、____、____等行政处罚不服的，可以向人民法院提起行政诉讼。
4. 原告向两个以上有管辖权的人民法院提起诉讼的，由____的人民法院管辖。
5. 公民、法人或者其他组织同____有利害关系但没有提起诉讼，或者同____有利害关系的，可以作为第三人____参加诉讼，或者由人民法院____参加诉讼。

（五）简答题

简述行政诉讼调解的适用范围及原则。

参考答案

（一）判断题

1. ×，解析：根据《行政诉讼法》第 8 条规定，当事人在行政诉讼中的法律地位平等。但是，双方当事人的权利、义务是不对等的，比如举证责任主要由被诉行政机关承担。
2. √，解析：根据《行政诉讼法》第 12 条第 1 款第 2 项规定。
3. ×，解析：根据《行政诉讼法》第 12 条第 1 款第 7 项规定，认为行政机关侵犯其经营自主权或者农村土地承包经营权、农村土地经营权的，属于行政诉讼的受案范围。
4. √，解析：根据《行政诉讼法》第 25 条第 3 款规定。
5. ×，解析：根据《行政诉讼法》第 29 条第 1 款规定，公民、法人或者其他组织同被诉行政行为有利害关系但没有提起诉讼，或者同案件处理结果有利害关系的，可以作为第三人申请参加诉讼，或者由人民法院通知参加诉讼。

（二）单项选择题

1. B，解析：根据《行政诉讼法》第 13 条第 3 项规定，行政机关对行政机关工作人员的奖惩、任免等决定不属于行政诉讼受案范围。B 项中税务局对陈某作出的定期考核，属于行政机关对行政机关工作人员的奖惩、任免等决定，是行政机关的内部行政行为，不属于行政诉讼受案范围，故B项正确。A项符合《行政诉讼法》第12条第1款第8项规定，C项符合第12条第1款第3项规定，D项符合第12条第1款第11项规定，均属于行政诉讼受案范围。

2. D，解析：根据《行政诉讼法》第18条第1款规定，行政案件由最初作出行政行为的行政机关所在地人民法院管辖。经复议的案件，也可以由复议机关所在地人民法院管辖。故A项正确。根据《行政诉讼法》第19条规定，对限制人身自由的行政强制措施不服提起的诉讼，由被告所在地或者原告所在地人民法院管辖。故B项正确。根据《行政诉讼法》第20条规定，因不动产提起的行政诉讼，由不动产所在地人民法院管辖。故C项正确。根据《行政诉讼法》第18条第2款规定，经最高人民法院批准，高级人民法院可以根据审判工作的实际情况，确定若干人民法院跨行政区域管辖行政案件。故D项错误。

3. B，解析：根据《行政诉讼法》第26条第2款规定，经复议的案件，复议机关决定维持原行政行为的，作出原行政行为的行政机关和复议机关是共同被告；复议机关改变原行政行为的，复议机关是被告。故A项正确，B项错误。根据《行政诉讼法》第26条第3款规定，复议机关在法定期限内未作出复议决定，公民、法人或者其他组织起诉原行政行为的，作出原行政行为的行政机关是被告；起诉复议机关不作为的，复议机关是被告。故C、D项正确。

4. D，解析：根据《行政诉讼法》第37条规定，原告可以提供证明行政行为违法的证据。原告提供的证据不成立的，不免除被告的举证责任。据此，原告提供证明行政行为违法的证据是在行使举证权利，而非履行举证义务，因此即使提供的证据不成立的，也不免除被告的举证责任，即原告不承担举证不利的后果。故D项错误。根据《行政诉讼法》第38条规定，在起诉被告不履行法定职责的案件中，原告应当提供其向被告提出申请的证据。但有下列情形之一的除外：（1）被告应当依职权主动履行法定职责的；（2）原告因正当理由不能提供证据的。在行政赔偿、补偿的案件中，原告应当对行政行为造成的损害提供证据。因被告的原因导致原告无法举证的，由被告承担举证责任。故A、B、C项正确。

5. A，解析：根据《行政诉讼法》第 90 条规定，当事人对已经发生法律效力的判决、裁定，认为确有错误的，可以向上一级人民法院申请再审，但判决、裁定不停止执行。A 项错误。根据《行政诉讼法》第 92 条第 2 款规定，最高人民法院对地方各级人民法院已经发生法律效力的判决、裁定，上级人民法院对下级人民法院已经发生法律效力的判决、裁定，发现有本法第 91 条规定情形之一，或者发现调解违反自愿原则或者调解书内容违法的，有权提审或者指令下级人民法院再审。故 B 项正确。根据《行政诉讼法》第 93 条第 1 款规定，最高人民检察院对各级人民法院已经发生法律效力的判决、裁定，上级人民检察院对下级人民法院已经发生法律效力的判决、裁定，发现有本法第 91 条规定情形之一，或者发现调解书损害国家利益、社会公共利益的，应当提出抗诉。故 C 项正确。根据《行政诉讼法》第 93 条第 3 款规定，各级人民检察院对审判监督程序以外的其他审判程序中审判人员的违法行为，有权向同级人民法院提出检察建议。故 D 项正确。

（三）多项选择题

1. ABCD，解析：根据《行政诉讼法》第 42 条规定，在证据可能灭失或者以后难以取得的情况下，诉讼参加人可以向人民法院申请保全证据，人民法院也可以主动采取保全措施。据此，A、B、C、D 项均正确。
2. BCD，解析：根据《行政诉讼法》第 50 条规定，起诉应当向人民法院递交起诉状，并按照被告人数提出副本。书写起诉状确有困难的，可以口头起诉，由人民法院记入笔录，出具注明日期的书面凭证，并告知对方当事人。故 A 项错误。根据《行政诉讼法》第 49 条规定，提起诉讼应当符合下列条件：（1）原告是符合本法第 25 条规定的公民、法人或者其他组织；（2）有明确的被告；（3）有具体的诉讼请求和事实根据；（4）属于人民法院受案范围和受诉人民法院管辖。故 B、C、D 项正确。
3. BCD，解析：根据《行政诉讼法》第 53 条规定，公民、法人或者其他组织认为行政行为所依据的国务院部门和地方人民政府及其部门制定的规范性文件不合法，在对行政行为提起诉讼时，可以一并请求对该规范性文件进行审查。前款规定的规范性文件不含规章。故 A 项错误，B、C、D 项正确。
4. ABCD，解析：根据《行政诉讼法》第 62 条规定，人民法院对行政案件宣告判决或者裁定前，原告申请撤诉的，或者被告改变其所作的行政行为，原告同意并申请撤诉的，是否准许，由人民法院裁定。故 A、B、C 项正确。根据《行政诉讼法》第 58 条规定，经人民法院传票传唤，原告无正当理由拒不到庭，或者未经法庭许可中途退庭的，可以按照撤诉处理；被告无正当理由拒不到庭，或者未经法庭许可中途退庭的，可以缺席判决。D 项正确。

5. BC，解析：根据《行政诉讼法》第 97 条规定，公民、法人或者其他组织对行政行为在法定期限内不提起诉讼又不履行的，行政机关可以申请人民法院强制执行，或者依法强制执行。故 B、C 项正确。根据《行政诉讼法》第 96 条规定，A、D 项是针对行政机关拒绝履行判决、裁定、调解书时可以采取的措施，不适用于公民、法人或者其他组织不履行行政行为的情形。故 A、D 项错误。

（四）填空题

1. 行政行为；合法权益；法律、法规、规章。（《行政诉讼法》第 2 条）
2. 独立；行政机关、社会团体和个人。（《行政诉讼法》第 4 条）
3. 行政拘留；责令停产停业；罚款；警告。（《行政诉讼法》第 12 条第 1 款第 1 项）
4. 最先立案。（《行政诉讼法》第 21 条）
5. 被诉行政行为；案件处理结果；申请；通知。（《行政诉讼法》第 29 条第 1 款）

（五）简答题

答：根据《行政诉讼法》第 60 条规定，行政诉讼调解的适用范围及原则如下：

（1）适用范围。人民法院审理行政案件，不适用调解。但是，行政赔偿、补偿以及行政机关行使法律、法规规定的自由裁量权的案件可以调解。

（2）适用原则。调解应当遵循自愿、合法原则，不得损害国家利益、社会公共利益和他人合法权益。

九、刑　法

（一）判断题

1. 对任何人犯罪，在适用法律上一律平等。不允许任何人有超越法律的特权。(　　)
2. 单位犯罪的，刑法分则和其他法律没有另行规定的，应对单位判处罚金，并对其直接负责的主管人员和其他直接责任人员判处刑罚。(　　)
3. 没收财产以前犯罪分子所负的所有债务，需要以没收的财产偿还的，经债权人请求，应当偿还。(　　)
4. 国有公司、企业或者其他国有单位中从事公务的人员和国有公司、企业或者其他国有单位委派到非国有公司、企业以及其他单位从事公务的人员，以受贿罪定罪处罚。(　　)
5. 未经国家有关主管部门批准，擅自发行股票或者公司、企业债券，数额巨大、后果严重或者有其他严重情节的，处 5 年以下有期徒刑或者拘役，并处或者单处非法募集资金金额 1% 以上 5% 以下罚金。(　　)

（二）单项选择题

1. 对组织、领导犯罪集团的首要分子，按照(　　)处罚。

   A. 本人所犯的全部罪行　　B. 集团所犯的全部罪行

   C. 其所参与的全部犯罪　　D. 其所组织、指挥的全部犯罪

2. 因利用职业便利实施犯罪，或者实施违背职业要求的特定义务的犯罪被判处刑罚的，人民法院可以根据犯罪情况和预防再犯罪的需要，禁止其自刑罚执行完毕之日或者假释之日起从事相关职业，期限为(　　)。

   A. 3 个月至 6 个月　　B. 6 个月至 1 年

   C. 1 年至 3 年　　D. 3 年至 5 年

3. 公司、企业或者其他单位的工作人员利用职务上的便利，索取他人财物或者非法收受他人财物，为他人谋取利益，数额巨大的，处(　　)。

A. 处5年以下有期徒刑或者拘役，并处罚金

B. 处5年以上有期徒刑

C. 处3年以上10年以下有期徒刑，并处罚金

D. 处5年以上有期徒刑，可以并处没收财产

4. 以下不属于贷款诈骗罪的情形的是：（　　）

A. 使用虚假的经济合同

B. 使用虚假的证明文件

C. 使用作废的信用证

D. 使用虚假的产权证明作担保或者超出抵押物价值重复担保

5. 以下不属于非法经营罪规定的非法经营行为的是：（　　）

A. 强买强卖商品

B. 买卖进出口许可证、进出口原产地证明以及其他法律、行政法规规定的经营许可证或者批准文件

C. 未经国家有关主管部门批准非法经营证券、期货、保险业务的，或者非法从事资金支付结算业务

D. 未经许可经营法律、行政法规规定的专营、专卖物品或者其他限制买卖的物品

（三）多项选择题

1. 公司、（　　）、团体实施的危害社会的行为，法律规定为单位犯罪的，应当负刑事责任。

A. 企业　　B. 事业单位

C. 机关　　D. 个体工商户

2. 犯罪分子有（　　）等立功表现的，可以从轻或者减轻处罚；有重大立功表现的，可以减轻或者免除处罚。

A. 如实供述司法机关还未掌握的本人其他罪行的

B. 如实供述自己罪行，避免特别严重后果发生的

C. 揭发他人犯罪行为，查证属实的

D. 提供重要线索，从而得以侦破其他案件的

3. 上市公司的董事、监事、高级管理人员违背对公司的忠实义务，利用职

务便利，操纵上市公司从事下列哪些行为之一，构成背信损害上市公司利益罪：（　　）

A. 无偿向其他单位或者个人提供资金、商品、服务或者其他资产

B. 无正当理由放弃债权、承担债务

C. 为明显不具有清偿能力的单位或者个人提供担保，或者无正当理由为其他单位或者个人提供担保

D. 向明显不具有清偿能力的单位或者个人提供资金、商品、服务或者其他资产

4. 单位非法吸收公众存款或者变相吸收公众存款，扰乱金融秩序的，（　　）。

A. 对单位判处罚金

B. 对其直接负责的主管人员和其他直接责任人员，处 3 年以下有期徒刑或者拘役，并处或者单处罚金

C. 数额巨大或者有其他严重情节的，对其直接负责的主管人员和其他直接责任人员，处 3 年以上 10 年以下有期徒刑，并处罚金

D. 数额特别巨大或者有其他特别严重情节的，对其直接负责的主管人员和其他直接责任人员，处 10 年以上有期徒刑，并处罚金或者没收财产

5. 下列哪些情形之一，构成票据诈骗罪：（　　）

A. 明知是伪造、变造的汇票、本票、支票而使用的

B. 明知是作废的汇票、本票、支票而使用的

C. 冒用他人的汇票、本票、支票的

D. 骗取信用证的

（四）填空题

1. 已经着手实行犯罪，由于____而未得逞的，是犯罪未遂。对于未遂犯，可以比照既遂犯从轻或者减轻处罚。

2. 公司、企业通过____、____或者以其他方法转移、处分财产，实施虚假破产，严重损害债权人或者其他人利益的，对其直接负责的主管人员和其他直接责任人员，处____年以下有期徒刑或者拘役，并处或者单处 2 万元以上 20 万元以下罚金。

3. 以欺骗手段取得银行或者其他金融机构贷款、____、信用证、____等，给银行或者其他金融机构造成重大损失或者有其他严重情节的，处____年以下有期徒刑或者拘役，并处或者单处罚金。
4. 以假报出口或者其他欺骗手段，骗取国家出口退税款，数额较大的，处5年以下有期徒刑或者拘役，并处骗取税款____倍以上____倍以下罚金。
5. 广告主、____、广告发布者违反国家规定，利用广告对商品或者服务作虚假宣传，情节严重的，处2年以下有期徒刑或者____，并处或者单处罚金。

（五）简答题

简述生产、销售伪劣产品罪的法律责任。

参考答案

（一）判断题

1. √，解析：根据《刑法》第4条规定。
2. √，解析：根据《刑法》第31条规定。
3. ×，解析：根据《刑法》第60条规定，以没收的财产偿还债务没收财产以前犯罪分子所负的正当债务，需要以没收的财产偿还的，经债权人请求，应当偿还。
4. √，解析：根据《刑法》第163条第3款规定。
5. √，解析：根据《刑法》第179条第1款规定。

（二）单项选择题

1. B，解析：根据《刑法》第26条规定，组织、领导犯罪集团进行犯罪活动的或者在共同犯罪中起主要作用的，是主犯。三人以上为共同实施犯罪而组成的较为固定的犯罪组织，是犯罪集团。对组织、领导犯罪集团的首要分子，按照集团所犯的全部罪行处罚。对于第3款规定以外的主犯，应当按照其所参与的或者组织、指挥的全部犯罪处罚。据此，B项正确。
2. D，解析：根据《刑法》第37条之一第1款规定，因利用职业便利实施犯罪，或者实施违背职业要求的特定义务的犯罪被判处刑罚的，人民法院可以根据犯罪情况和预防再犯罪的需要，禁止其自刑罚执行完毕之日或者假释之日起从事相关职业，期限为3年至5年。据此，D项正确。

3. D，解析：根据《刑法》第163条第1款规定，公司、企业或者其他单位的工作人员利用职务上的便利，索取他人财物或者非法收受他人财物，为他人谋取利益，数额较大的，处5年以下有期徒刑或者拘役；数额巨大的，处5年以上有期徒刑，可以并处没收财产。公司、企业或者其他单位的工作人员在经济往来中，利用职务上的便利，违反国家规定，收受各种名义的回扣、手续费，归个人所有的，依照前款的规定处罚。国有公司、企业或者其他国有单位中从事公务的人员和国有公司、企业或者其他国有单位委派到非国有公司、企业以及其他单位从事公务的人员有前两款行为的，依照本法第385条、第386条的规定定罪处罚。据此，D项正确。

4. C，解析：根据《刑法》第193条规定，有下列情形之一，以非法占有为目的，诈骗银行或者其他金融机构的贷款，数额较大的，处5年以下有期徒刑或者拘役，并处2万元以上20万元以下罚金；数额巨大或者有其他严重情节的，处5年以上10年以下有期徒刑，并处5万元以上50万元以下罚金；数额特别巨大或者有其他特别严重情节的，处10年以上有期徒刑或者无期徒刑，并处5万元以上50万元以下罚金或者没收财产：（1）编造引进资金、项目等虚假理由的；（2）使用虚假的经济合同的；（3）使用虚假的证明文件的；（4）使用虚假的产权证明作担保或者超出抵押物价值重复担保的；（5）以其他方法诈骗贷款的。据此，C项当选。

5. A，解析：根据《刑法》第225条规定，违反国家规定，有下列非法经营行为之一，扰乱市场秩序，情节严重的，处5年以下有期徒刑或者拘役，并处或者单处违法所得1倍以上5倍以下罚金；情节特别严重的，处5年以上有期徒刑，并处违法所得1倍以上5倍以下罚金或者没收财产：（1）未经许可经营法律、行政法规规定的专营、专卖物品或者其他限制买卖的物品的；（2）买卖进出口许可证、进出口原产地证明以及其他法律、行政法规规定的经营许可证或者批准文件的；（3）未经国家有关主管部门批准非法经营证券、期货、保险业务的，或者非法从事资金支付结算业务的；（4）其他严重扰乱市场秩序的非法经营行为。据此，A项当选。

（三）多项选择题

1. ABC，解析：根据《刑法》第30条规定，公司、企业、事业单位、机关、团体实施的危害社会的行为，法律规定为单位犯罪的，应当负刑事责任。据此，A、B、C 项正确。

2. CD，解析：根据《刑法》第 68 条规定，犯罪分子有揭发他人犯罪行为，查证属实的，或者提供重要线索，从而得以侦破其他案件等立功表现的，可以从轻或者减轻处罚；有重大立功表现的，可以减轻或者免除处罚。据此，A、B 项为自首而非立功，C、D 项正确。

3. ABCD，解析：根据《刑法》第 169 条之一规定，上市公司的董事、监事、高级管理人员违背对公司的忠实义务，利用职务便利，操纵上市公司从事下列行为之一，致使上市公司利益遭受重大损失的，处 3 年以下有期徒刑或者拘役，并处或者单处罚金；致使上市公司利益遭受特别重大损失的，处 3 年以上 7 年以下有期徒刑，并处罚金：（1）无偿向其他单位或者个人提供资金、商品、服务或者其他资产的；（2）以明显不公平的条件，提供或者接受资金、商品、服务或者其他资产的；（3）向明显不具有清偿能力的单位或者个人提供资金、商品、服务或者其他资产的；（4）为明显不具有清偿能力的单位或者个人提供担保，或者无正当理由为其他单位或者个人提供担保的；（5）无正当理由放弃债权、承担债务的；（6）采用其他方式损害上市公司利益的。上市公司的控股股东或者实际控制人，指使上市公司董事、监事、高级管理人员实施前款行为的，依照前款的规定处罚。犯前款罪的上市公司的控股股东或者实际控制人是单位的，对单位判处罚金，并对其直接负责的主管人员和其他直接责任人员，依照第 1 款的规定处罚。据此，A、B、C、D 项正确。

4. ABC，解析：根据《刑法》第 176 条规定，非法吸收公众存款或者变相吸收公众存款，扰乱金融秩序的，处 3 年以下有期徒刑或者拘役，并处或者单处罚金；数额巨大或者有其他严重情节的，处 3 年以上 10 年以下有期徒刑，并处罚金；数额特别巨大或者有其他特别严重情节的，处 10 年以上有期徒刑，并处罚金。单位犯前款罪的，对单位判处罚金，并对其直接负责的主管人员和其他直接责任人员，依照前款的规定处罚。有前两款行为，在提起公诉前积极退赃退赔，减少损害结果发生的，可以从轻或者减轻处罚。据此，A、B、C 项正确。

5. ABC，解析：根据《刑法》第 194 条规定，有下列情形之一，进行金融票据诈骗活动，数额较大的，处 5 年以下有期徒刑或者拘役，并处 2 万元以上20万元以下罚金；数额巨大或者有其他严重情节的，处5年以上10年以下有期徒刑，并处5万元以上50万元以下罚金；数额特别巨大或者有其他特别严重情节的，处10年以上有期徒刑或者无期徒刑，并处5万元以上50万元以下罚金或者没收财产：（1）明知是伪造、变造的汇票、本票、支票而使用的；（2）明知是作废的汇票、本票、支票而使用的；（3）冒用他人的汇票、本票、支票的；（4）签发空头支票或者与其预留印鉴不符的支票，骗取财物的；（5）汇票、本票的出票人签发无资金保证的汇票、本票或者在出票时作虚假记载，骗取财物的。使用伪造、变造的委托收款凭证、汇款凭证、银行存单等其他银行结算凭证的，依照前款的规定处罚。据此，A、B、C项正确。

（四）填空题

1. 犯罪分子意志以外的原因。（《刑法》第23条）
2. 隐匿财产；承担虚构的债务；5。（《刑法》第162条之二）
3. 票据承兑；保函；3。（《刑法》第175条之一第1款）
4. 1；5。（《刑法》第204条第1款）
5. 广告经营者；拘役。（《刑法》第222条）

（五）简答题

答：根据《刑法》第140条规定，生产、销售伪劣产品罪是指生产者、销售者在产品中掺杂、掺假，以假充真，以次充好或者以不合格产品冒充合格产品，其法律责任如下：

（1）销售金额5万元以上不满20万元的，处2年以下有期徒刑或者拘役，并处或者单处销售金额50%以上2倍以下罚金；

（2）销售金额20万元以上不满50万元的，处2年以上7年以下有期徒刑，并处销售金额50%以上2倍以下罚金；

（3）销售金额50万元以上不满200万元的，处7年以上有期徒刑，并处销售金额50%以上2倍以下罚金；

（4）销售金额200万元以上的，处15年有期徒刑或者无期徒刑，并处销售金额50%以上2倍以下罚金或者没收财产。

十、国家赔偿法

（一）判断题

1. 行政赔偿中，赔偿请求人要求赔偿，应当先向赔偿义务机关提出，也可以在申请行政复议或者提起行政诉讼时一并提出。(　　)
2. 行政赔偿中，赔偿请求人根据受到的不同损害，可以同时提出数项赔偿要求。(　　)
3. 行政赔偿中，赔偿义务机关应当自收到申请之日起3个月内，作出是否赔偿的决定。(　　)
4. 因公民自伤、自残等故意行为致使损害发生，国家不承担赔偿责任。(　　)
5. 侵犯公民人身自由的，每日赔偿金按照国家本年度职工日平均工资计算。(　　)

（二）单项选择题

1. 关于国家赔偿的赔偿请求人，下列说法错误的是：(　　)
   A. 受害的公民有权要求赔偿
   B. 受害的公民死亡，其继承人和其他有扶养关系的亲属有权要求赔偿
   C. 受害的法人和其他组织的法定代表人有权要求赔偿
   D. 受害的法人或者其他组织终止的，其权利承受人有权要求赔偿
2. 行政赔偿中，赔偿请求人对赔偿的方式、项目、数额有异议的，或者赔偿义务机关作出不予赔偿决定的，赔偿请求人可以自赔偿义务机关作出赔偿或者不予赔偿决定之日起(　　)个月内，向人民法院提起诉讼。
   A. 1　　B. 3
   C. 6　　D. 12
3. 刑事赔偿中，关于赔偿义务机关的确定，下列说法错误的是：(　　)
   A. 看守所在行使职权时侵犯法人的合法权益造成损害的，该机关为赔偿义务机关

B. 对公民采取拘留措施，依照《国家赔偿法》的规定应当给予国家赔偿的，作出拘留决定的机关为赔偿义务机关

C. 对公民采取逮捕措施后决定撤销案件、不起诉或者判决宣告无罪的，作出逮捕决定的机关为赔偿义务机关

D. 再审改判无罪的，作出再审判决的人民法院为赔偿义务机关

4. 侵犯公民生命健康权的，关于赔偿金的计算，下列说法错误的是：（　　）

A. 造成身体伤害的，减少的收入每日的赔偿金，最高额为国家上年度职工年平均工资的3倍

B. 造成部分或者全部丧失劳动能力的，残疾赔偿金最高不超过国家上年度职工年平均工资的20倍

C. 造成全部丧失劳动能力的，对其扶养的无劳动能力的人，应当支付生活费

D. 造成死亡的，应当支付死亡赔偿金、丧葬费

（三）多项选择题

1. 行政机关及其工作人员在行使行政职权时有下列侵犯人身权情形之一的，受害人有取得赔偿的权利：（　　）

A. 违法拘留或者违法采取限制公民人身自由的行政强制措施

B. 非法拘禁或者以其他方法非法剥夺公民人身自由

C. 以殴打、虐待等行为或者唆使、放纵他人以殴打、虐待等行为造成公民身体伤害或者死亡

D. 违法使用武器、警械造成公民身体伤害或者死亡

2. 行政机关及其工作人员在行使行政职权时有下列哪些侵犯财产权情形之一的，受害人有取得赔偿的权利：（　　）

A. 违法实施罚款、吊销许可证和执照

B. 违法责令停产停业、没收财物

C. 违法对财产采取查封、扣押、冻结

D. 违法征收、征用财产

3. 行政赔偿中，属于下列情形之一的，国家不承担赔偿责任：（　　）
   A. 行政机关工作人员与行使职权无关的个人行为
   B. 对公民采取逮捕措施后，决定撤销案件、不起诉或者判决宣告无罪终止追究刑事责任的
   C. 因公民、法人和其他组织自己的行为致使损害发生的
   D. 依照审判监督程序再审改判无罪，原判刑罚已经执行的
4. 刑事赔偿中，行使侦查、检察、审判职权的机关以及看守所、监狱管理机关及其工作人员在行使职权时有下列哪些情形之一的，受害人有取得赔偿的权利：（　　）
   A. 依照审判监督程序再审改判无罪，原判罚金、没收财产已经执行
   B. 刑讯逼供或者以殴打、虐待等行为或者唆使、放纵他人以殴打、虐待等行为造成公民身体伤害或者死亡
   C. 依照《刑法》第 17、18 条规定不负刑事责任的人被羁押
   D. 违法对财产采取查封、扣押、冻结、追缴等措施

（四）填空题

1. 经复议机关复议的，____的行政机关为赔偿义务机关，但复议机关的复议决定加重损害的，复议机关对____履行赔偿义务。
2. 赔偿请求人可以向共同赔偿义务机关中的____赔偿义务机关要求赔偿，该赔偿义务机关应当____。
3. 因公民自己____作虚伪供述，或者伪造其他有罪证据____或者被判处刑罚的，国家不承担赔偿责任。
4. 国家赔偿以____为主要方式。能够返还财产或者恢复原状的，予以返还财产或者恢复原状。
5. 赔偿请求人请求国家赔偿的时效为____年，自其知道或者____国家机关及其工作人员行使职权时的行为侵犯其人身权、财产权之日起计算，但____等限制人身自由期间不计算在内。

（五）简答题

简述行政赔偿中赔偿义务机关的确定规则。

参考答案

（一）判断题

1. √，解析：根据《国家赔偿法》第 9 条第 2 款规定。
2. √，解析：根据《国家赔偿法》第 11 条规定。
3. ×，解析：根据《国家赔偿法》第 13 条第 1 款规定，赔偿义务机关应当自收到申请之日起 2 个月内，作出是否赔偿的决定。赔偿义务机关作出赔偿决定，应当充分听取赔偿请求人的意见，并可以与赔偿请求人就赔偿方式、赔偿项目和赔偿数额依照本法第 4 章的规定进行协商。

4 √，解析：根据《国家赔偿法》第 19 条第 4 项规定。

5. ×，解析：根据《国家赔偿法》第 33 条规定，侵犯公民人身自由的，每日赔偿金按照国家上年度职工日平均工资计算。

（二）单项选择题

1. C，解析：根据《国家赔偿法》第 6 条规定，受害的公民、法人和其他组织有权要求赔偿。受害的公民死亡，其继承人和其他有扶养关系的亲属有权要求赔偿。受害的法人或者其他组织终止的，其权利承受人有权要求赔偿。故 C 项错误。
2. B，解析：根据《国家赔偿法》第 14 条第 2 款规定，赔偿请求人对赔偿的方式、项目、数额有异议的，或者赔偿义务机关作出不予赔偿决定的，赔偿请求人可以自赔偿义务机关作出赔偿或者不予赔偿决定之日起 3 个月内，向人民法院提起诉讼。故 B 项错误。
3. D，解析：根据《国家赔偿法》第 21 条规定，行使侦查、检察、审判职权的机关以及看守所、监狱管理机关及其工作人员在行使职权时侵犯公民、法人和其他组织的合法权益造成损害的，该机关为赔偿义务机关。对公民采取拘留措施，依照本法的规定应当给予国家赔偿的，作出拘留决定的机关为赔偿义务机关。对公民采取逮捕措施后决定撤销案件、不起诉或者判决宣告无罪的，作出逮捕决定的机关为赔偿义务机关。再审改判无罪的，作出原生效判决的人民法院为赔偿义务机关。二审改判无罪，以及二审发回重审后作无罪处理的，作出一审有罪判决的人民法院为赔偿义务机关。故 D 项错误。

4. A，解析：根据《国家赔偿法》第 34 条第 1 款规定，侵犯公民生命健康权的，赔偿金按照下列规定计算：（1）造成身体伤害的，应当支付医疗费、护理费，以及赔偿因误工减少的收入。减少的收入每日的赔偿金按照国家上年度职工日平均工资计算，最高额为国家上年度职工年平均工资的 5 倍；（2）造成部分或者全部丧失劳动能力的，应当支付医疗费、护理费、残疾生活辅助具费、康复费等因残疾而增加的必要支出和继续治疗所必需的费用，以及残疾赔偿金。残疾赔偿金根据丧失劳动能力的程度，按照国家规定的伤残等级确定，最高不超过国家上年度职工年平均工资的 20 倍。造成全部丧失劳动能力的，对其扶养的无劳动能力的人，还应当支付生活费；（3）造成死亡的，应当支付死亡赔偿金、丧葬费，总额为国家上年度职工年平均工资的 20 倍。对死者生前扶养的无劳动能力的人，还应当支付生活费。据此，A 项错误。

（三）多项选择题

1. ABCD，解析：根据《国家赔偿法》第 3 条规定，行政机关及其工作人员在行使行政职权时有下列侵犯人身权情形之一的，受害人有取得赔偿的权利：（1）违法拘留或者违法采取限制公民人身自由的行政强制措施的；（2）非法拘禁或者以其他方法非法剥夺公民人身自由的；（3）以殴打、虐待等行为或者唆使、放纵他人以殴打、虐待等行为造成公民身体伤害或者死亡的；（4）违法使用武器、警械造成公民身体伤害或者死亡的；（5）造成公民身体伤害或者死亡的其他违法行为。故 A、B、C、D 项正确。
2. ABCD，解析：根据《国家赔偿法》第 4 条规定，行政机关及其工作人员在行使行政职权时有下列侵犯财产权情形之一的，受害人有取得赔偿的权利：（1）违法实施罚款、吊销许可证和执照、责令停产停业、没收财物等行政处罚的；（2）违法对财产采取查封、扣押、冻结等行政强制措施的；（3）违法征收、征用财产的；（4）造成财产损害的其他违法行为。故 A、B、C、D 项正确。
3. AC，解析：根据《国家赔偿法》第 5 条规定，属于下列情形之一的，国家不承担赔偿责任：（1）行政机关工作人员与行使职权无关的个人行为；（2）因公民、法人和其他组织自己的行为致使损害发生的；（3）法律规定的其他情形。故 A、C 项正确。

4. ABD，解析：根据《国家赔偿法》第17、18条规定，A、B、D项正确。根据《国家赔偿法》第19条第2项规定，C项国家不承担赔偿责任。

（四）填空题

1. 最初造成侵权行为；加重的部分。（《国家赔偿法》第8条）
2. 任何一个；先予赔偿。（《国家赔偿法》第10条）
3. 故意；被羁押。（《国家赔偿法》第19条第1项）
4. 支付赔偿金。（《国家赔偿法》第32条）
5. 2；应当知道；被羁押。（《国家赔偿法》第39条第1款）

（五）简答题

答：根据《国家赔偿法》第7条，行政赔偿中赔偿义务机关的确定规则如下：

（1）行政机关及其工作人员行使行政职权侵犯公民、法人和其他组织的合法权益造成损害的，该行政机关为赔偿义务机关。

（2）两个以上行政机关共同行使行政职权时侵犯公民、法人和其他组织的合法权益造成损害的，共同行使行政职权的行政机关为共同赔偿义务机关。

（3）法律、法规授权的组织在行使授予的行政权力时侵犯公民、法人和其他组织的合法权益造成损害的，被授权的组织为赔偿义务机关。

（4）受行政机关委托的组织或者个人在行使受委托的行政权力时侵犯公民、法人和其他组织的合法权益造成损害的，委托的行政机关为赔偿义务机关。

（5）赔偿义务机关被撤销的，继续行使其职权的行政机关为赔偿义务机关；没有继续行使其职权的行政机关的，撤销该赔偿义务机关的行政机关为赔偿义务机关。

贰 企业形式

一、公司法

（一）判断题

1. 依法设立的公司，由公司登记机关发给公司营业执照。公司营业执照签发日期为公司成立日期。（　　）
2. 公司以其注册登记地为住所。（　　）
3. 有限责任公司监事会应当包括股东代表和适当比例的公司职工代表，其中职工代表的比例不得高于1/5。（　　）
4. 有限责任公司股东向股东以外的人转让股权，应当经其他股东过半数同意。（　　）
5. 股份有限公司持有的本公司股份有表决权。（　　）

（二）单项选择题

1. 根据《公司法》的规定，下列关于公司的说法错误的是：（　　）
   A. 我国《公司法》中规定的公司，包括在中国境内设立的有限责任公司和股份有限公司
   B. 公司是企业法人，有独立的法人财产，享有法人财产权
   C. 有限责任公司的股东以其全部个人财产对公司承担责任
   D. 股份有限公司的股东以其认购的股份为限对公司承担责任
2. 关于分公司和子公司，下列说法错误的是：（　　）
   A. 公司可以设立分公司和子公司
   B. 设立分公司，应当向公司登记机关申请登记，领取营业执照
   C. 子公司具有法人资格，依法独立承担民事责任
   D. 分公司具有法人资格，依法独立承担民事责任
3. 根据《公司法》的规定，有限责任公司由（　　）个以下股东出资设立。

设立股份有限公司，应当有 2 人以上（　　）人以下为发起人，其中须有半数以上的发起人在中国境内有住所。

A. 50；100　　B. 50；200

C. 30；100　　D. 30；200

4. 关于一人有限责任公司，下列说法正确的是：（　　）

A. 一个法人只能投资设立一个一人有限责任公司

B. 一人有限责任公司可以投资设立新的一人有限责任公司

C. 一人有限责任公司章程由股东制定

D. 一人有限责任公司的股东对公司债务承担连带责任

5. 关于募集设立的规定，下列说法错误的是：（　　）

A. 以募集设立方式设立股份有限公司的，发起人认购的股份不得少于公司股份总数的 25%

B. 发起人向社会公开募集股份，应当由依法设立的证券公司承销

C. 发起人向社会公开募集股份，应当同银行签订代收股款协议

D. 发行股份的股款缴足后，必须经依法设立的验资机构验资并出具证明

（三）多项选择题

1. 关于公司股东的义务和责任，下列说法正确的是：（　　）

A. 公司股东不得滥用股东权利损害公司或者其他股东的利益

B. 公司股东不得滥用公司法人独立地位和股东有限责任损害公司债权人的利益

C. 公司股东滥用股东权利给公司或者其他股东造成损失的，应当依法承担赔偿责任

D. 公司股东滥用公司法人独立地位和股东有限责任，逃避债务的，应当对公司债务承担连带责任

2. 关于有限责任公司股东的权利，下列说法正确的是：（　　）

A. 股东可以要求查阅公司会计账簿

B. 股东有权查阅、复制公司财务会计报告

C. 股东按照应缴的出资比例分取红利

D. 公司新增资本时，股东有权优先按照实缴的出资比例认缴出资

3. 关于以发起设立方式设立股份有限公司，下列说法正确的是：(　　)
   A. 发起设立，是指由发起人认购公司应发行股份的一部分，其余股份向社会公开募集或者向特定对象募集而设立公司
   B. 发起人应当书面认足公司章程规定其认购的股份，并按照公司章程规定缴纳出资
   C. 发起人不缴纳出资的，应当按照发起人协议承担违约责任
   D. 以非货币财产出资的，应当依法办理其财产权的转移手续
4. 有下列哪些情形，股份有限公司的发起人应当承担责任：(　　)
   A. 公司不能成立时，因设立行为所产生的债务和费用
   B. 公司不能成立时，对认股人已缴纳的股款，返还股款并加算银行同期存款利息
   C. 在公司设立过程中，由于发起人的过失致使公司利益受到损害
   D. 股份有限公司成立后，发起人未按照公司章程的规定缴足出资的
5. 关于上市公司，下列说法正确的是：(　　)
   A. 上市公司是指其股票在证券交易所上市交易的股份有限公司
   B. 上市公司需设独立董事
   C. 上市公司在1年内购买重大资产超过公司资产总额30%的，应当由董事会作出决议
   D. 上市公司董事与董事会会议决议事项所涉及的企业有关联关系的，不得对该项决议行使表决权

（四）填空题

1. 公司股东依法享有____、参与重大决策和____等权利。
2. 有限责任公司变更为股份有限公司的，或者股份有限公司变更为有限责任公司的，公司变更前的债权、债务由____承继。
3. 公司为公司股东或者____提供担保的，必须经股东会或者____决议。
4. 股东可以用____出资，也可以用实物、____、土地使用权等可以用货币估价并可以____的非货币财产作价出资；但是，法律、行政法规规定不得作为出资的财产除外。
5. 股东会会议作出修改____、增加或者减少注册资本的决议，以及公司合

并、分立、解散或者____的决议，必须经代表____以上表决权的股东通过。

（五）简答题

简述股份有限公司股东大会会议召集的相关规则。

参考答案

（一）判断题

1. √，解析：根据《公司法》第 7 条第 1 款规定。
2. ×，解析：根据《公司法》第 10 条规定，公司以其主要办事机构所在地为住所。
3. ×，解析：根据《公司法》第 51 条第 2 款规定，监事会应当包括股东代表和适当比例的公司职工代表，其中职工代表的比例不得低于 1/3，具体比例由公司章程规定。监事会中的职工代表由公司职工通过职工代表大会、职工大会或者其他形式民主选举产生。
4. √，解析：根据《公司法》第 71 条第 2 款规定。
5. ×，解析：根据《公司法》第 103 条第 1 款规定，股东出席股东大会会议，所持每一股份有一表决权。但是，公司持有的本公司股份没有表决权。

（二）单项选择题

1. C，解析：根据《公司法》第 2 条规定，本法所称公司是指依照本法在中国境内设立的有限责任公司和股份有限公司。根据《公司法》第 3 条规定，公司是企业法人，有独立的法人财产，享有法人财产权。公司以其全部财产对公司的债务承担责任。有限责任公司的股东以其认缴的出资额为限对公司承担责任；股份有限公司的股东以其认购的股份为限对公司承担责任。据此，C 项错误，当选。
2. D，解析：根据《公司法》第 14 条规定，公司可以设立分公司。设立分公司，应当向公司登记机关申请登记，领取营业执照。分公司不具有法人资格，其民事责任由公司承担。公司可以设立子公司，子公司具有法人资格，依法独立承担民事责任。故 D 项错误。

3. B，解析：根据《公司法》第 24 条规定，有限责任公司由 50 个以下股东出资设立。根据《公司法》第 78 条规定，设立股份有限公司，应当有 2 人以上 200 人以下为发起人，其中须有半数以上的发起人在中国境内有住所。故 B 项正确。
4. C，解析：根据《公司法》第 58 条规定，一个自然人只能投资设立一个一人有限责任公司。该一人有限责任公司不能投资设立新的一人有限责任公司。故 A、B 项错误。根据《公司法》第 60 条规定，一人有限责任公司章程由股东制定。故 C 项正确。根据《公司法》第 63 条规定，一人有限责任公司的股东不能证明公司财产独立于股东自己的财产的，应当对公司债务承担连带责任。故 D 项错误。
5. A，解析：根据《公司法》第 84 条规定，以募集设立方式设立股份有限公司的，发起人认购的股份不得少于公司股份总数的 35%；但是，法律、行政法规另有规定的，从其规定。故 A 项错误。根据《公司法》第 87、88、89 条规定，B、C、D 项正确。

（三）多项选择题

1. ABC，解析：根据《公司法》第 20 条规定，公司股东应当遵守法律、行政法规和公司章程，依法行使股东权利，不得滥用股东权利损害公司或者其他股东的利益；不得滥用公司法人独立地位和股东有限责任损害公司债权人的利益。公司股东滥用股东权利给公司或者其他股东造成损失的，应当依法承担赔偿责任。公司股东滥用公司法人独立地位和股东有限责任，逃避债务，严重损害公司债权人利益的，应当对公司债务承担连带责任。据此，D 项还需满足“严重损害公司债权人利益”这一要件。故 A、B、C 项正确。
2. ABD，解析：根据《公司法》第 33 条规定，股东有权查阅、复制公司章程、股东会会议记录、董事会会议决议、监事会会议决议和财务会计报告。股东可以要求查阅公司会计账簿。股东要求查阅公司会计账簿的，应当向公司提出书面请求，说明目的。公司有合理根据认为股东查阅会计账簿有不正当目的，可能损害公司合法利益的，可以拒绝提供查阅，并应当自股东提出书面请求之日起 15 日内书面答复股东并说明理由。公司拒绝提供查阅的，股东可以请求人民法院要求公司提供查阅。根据《公司法》第 34 条规定，股东按照实缴的出资比例分取红利；公司新增资本时，股东有权优先按照实缴的出资比例认缴出资。但是，全体股东约定不按照出资比例分取红利或者不按照出资比例优先认缴出资的除外。故A、B、D项正确，C项应为“按照实缴的出资比例”，故错误。

3. BCD，解析：根据《公司法》第77条规定，股份有限公司的设立，可以采取发起设立或者募集设立的方式。发起设立，是指由发起人认购公司应发行的全部股份而设立公司。募集设立，是指由发起人认购公司应发行股份的一部分，其余股份向社会公开募集或者向特定对象募集而设立公司。故A项错误。根据《公司法》第83条规定，B、C、D项正确。
4. ABCD，解析：根据《公司法》第93条规定，股份有限公司成立后，发起人未按照公司章程的规定缴足出资的，应当补缴；其他发起人承担连带责任。股份有限公司成立后，发现作为设立公司出资的非货币财产的实际价额显著低于公司章程所定价额的，应当由交付该出资的发起人补足其差额；其他发起人承担连带责任。故D项正确。根据《公司法》第94条规定，股份有限公司的发起人应当承担下列责任：（1）公司不能成立时，对设立行为所产生的债务和费用负连带责任；（2）公司不能成立时，对认股人已 缴纳的股款，负返还股款并加算银行同期存款利息的连带责任；（3）在公司设立过程中，由于发起人的过失致使公司利益受到损害的，应当对公司承担赔偿责任。故A、B、C项正确。
5. ABD，解析：根据《公司法》第120、122、124条规定，A、B、D项正确。根据《公司法》第121条规定，上市公司在1年内购买、出售重大资产或者担保金额超过公司资产总额30%的，应当由股东大会作出决议，并经出席会议的股东所持表决权的2/3以上通过。故C项错误。

（四）填空题

1. 资产收益；选择管理者。(《公司法》第4条)
2. 变更后的公司。(《公司法》第9条第2款)
3. 实际控制人；股东大会。(《公司法》第16条第2款)
4. 货币；知识产权；依法转让。(《公司法》第27条第1款)
5. 公司章程；变更公司形式；2/3。(《公司法》第43条第2款)

（五）简答题

答：根据《公司法》第102条规定，股份有限公司股东大会会议召集的规则如下：

（1）召开股东大会会议，应当将会议召开的时间、地点和审议的事项于会议召开20日前通知各股东；临时股东大会应当于会议召开15日前通知各股东；发行无记名股票的，应当于会议召开30日前公告会议召开的时间、地点和审议事项。

（2）单独或者合计持有公司3%以上股份的股东，可以在股东大会召开10日前提出临时提案并书面提交董事会；董事会应当在收到提案后2日内通知其他股东，并将该临时提案提交股东大会审议。临时提案的内容应当属于股东大会职权范围，并有明确议题和具体决议事项。

（3）股东大会不得对上述通知中未列明的事项作出决议。

（4）无记名股票持有人出席股东大会会议的，应当于会议召开5日前至股东大会闭会时将股票交存于公司。

二、合伙企业法

（一）判断题

1. 合伙协议依法由全体合伙人协商一致、以口头形式或者书面形式订立。（　　）
2. 合伙企业的生产经营所得和其他所得，按照国家有关税收规定，由合伙企业缴纳所得税。（　　）
3. 合伙人在合伙企业清算前私自转移或者处分合伙企业财产的，合伙企业不得以此对抗善意第三人。（　　）
4. 合伙人之间转让在合伙企业中的全部或者部分财产份额时，须经其他合伙人一致同意。（　　）
5. 合伙人对执行合伙事务享有同等的权利。（　　）

（二）单项选择题

1. 根据《合伙企业法》的规定，关于合伙协议，下列说法错误的是：（　　）
   A. 合伙协议经全体合伙人签名、盖章后生效
   B. 合伙协议未约定或者约定不明确的事项，由合伙人协商决定
   C. 合伙人按照合伙协议享有权利，履行义务
   D. 修改或者补充合伙协议，应当经过过半数合伙人同意
2. 关于合伙企业的利润分配、亏损分担的处理，下列说法错误的是：（　　）
   A. 按照合伙协议的约定办理
   B. 合伙协议未约定或者约定不明确的，由合伙人协商决定
   C. 协商不成的，由合伙人按照应缴出资比例分配、分担
   D. 无法确定出资比例的，由合伙人平均分配、分担
3. 根据《合伙企业法》的规定，合伙协议未约定合伙期限的，合伙人在不给合伙企业事务执行造成不利影响的情况下，可以退伙，但应当提前

(　　)日通知其他合伙人。

A. 15　　B. 30

C. 45　　D. 60

4. 关于合伙企业与第三人关系，下列说法错误的是：(　　)

A. 合伙企业对合伙人执行合伙事务的限制，可以对抗第三人

B. 合伙企业对其债务，应先以其全部财产进行清偿

C. 合伙企业不能清偿到期债务的，合伙人承担无限连带责任

D. 合伙人发生与合伙企业无关的债务，相关债权人不得以其债权抵销其对合伙企业的债务

5. 下列哪一项不是合伙人当然退伙的情形：(　　)

A. 作为合伙人的自然人死亡或者被依法宣告死亡

B. 合伙人在合伙企业中的全部财产份额被人民法院强制执行

C. 作为合伙人的法人被宣告破产

D. 合伙协议约定的退伙事由出现

（三）多项选择题

1. 关于有限合伙企业，下列说法正确的是：(　　)

A. 有限合伙企业由普通合伙人和有限合伙人组成

B. 国有独资公司可以成为普通合伙人

C. 有限合伙人以其认缴的出资额为限对合伙企业债务承担责任

D. 普通合伙人对合伙企业债务承担无限连带责任

2. 普通合伙企业中，下列可以作为合伙人的出资的是：(　　)

A. 实物　　B. 劳务

C. 知识产权　　D. 土地使用权

3. 除合伙协议另有约定外，合伙企业的下列哪些事项应当经全体合伙人一致同意：(　　)

A. 改变合伙企业的名称

B. 改变合伙企业的经营范围、主要经营场所的地点

C. 处分合伙企业的不动产

D. 以合伙企业名义为他人提供担保

4. 合伙协议约定合伙期限的，在合伙企业存续期间，有下列哪些情形之一的，合伙人可以退伙：（　　）

A. 执行合伙事务时有不正当行为

B. 经全体合伙人一致同意

C. 发生合伙人难以继续参加合伙的事由

D. 合伙协议约定的退伙事由出现

5. 关于特殊的普通合伙企业，下列说法正确的是：（　　）

A. 以专业知识和专门技能为客户提供有偿服务的专业服务机构，可以设立为特殊的普通合伙企业

B. 特殊的普通合伙企业名称中应当标明“特殊普通合伙”字样

C. 一个合伙人或者数个合伙人在执业活动中因故意或者重大过失造成合伙企业债务的，由全体合伙人承担无限连带责任

D. 特殊的普通合伙企业应当建立执业风险基金、办理职业保险

（四）填空题

1. 国有独资公司、国有企业、____以及公益性的事业单位、社会团体不得成为____。

2. 合伙企业的营业执照____，为合伙企业成立日期。合伙企业领取营业执照前，合伙人不得以合伙企业名义从事合伙业务。

3. 合伙人在合伙企业____前，不得请求分割合伙企业的财产；但是，《合伙企业法》另有规定的除外。合伙人在合伙企业清算前私自转移或者处分合伙企业财产的，合伙企业不得以此对抗____。

4. 合伙人对合伙企业有关事项作出决议，按照合伙协议约定的表决办法办理。合伙协议未约定或者约定不明确的，实行合伙人____并经全体合伙人____通过的表决办法。

5. 入伙的新合伙人与原合伙人享有____，承担同等责任。入伙协议另有约定的，从其约定。新合伙人对入伙前合伙企业的债务承担____。

（五）简答题

简述合伙人履行合伙协议时发生争议的解决途径。

参考答案

（一）判断题

1. ×，解析：根据《合伙企业法》第4条规定，合伙协议依法由全体合伙人协商一致、以书面形式订立。
2. ×，解析：根据《合伙企业法》第6条规定，合伙企业的生产经营所得和其他所得，按照国家有关税收规定，由合伙人分别缴纳所得税。
3. √，解析：根据《合伙企业法》第21条第2款规定。
4. ×，解析：根据《合伙企业法》第22条第2款规定，合伙人之间转让在合伙企业中的全部或者部分财产份额时，应当通知其他合伙人。
5. √，解析：根据《合伙企业法》第26条第1款规定。

（二）单项选择题

1. D，解析：根据《合伙企业法》第19条规定，合伙协议经全体合伙人签名、盖章后生效。合伙人按照合伙协议享有权利，履行义务。修改或者补充合伙协议，应当经全体合伙人一致同意；但是，合伙协议另有约定的除外。合伙协议未约定或者约定不明确的事项，由合伙人协商决定；协商不成的，依照本法和其他有关法律、行政法规的规定处理。据此，D项错误，当选。
2. C，解析：根据《合伙企业法》第33条第1款规定，合伙企业的利润分配、亏损分担，按照合伙协议的约定办理；合伙协议未约定或者约定不明确的，由合伙人协商决定；协商不成的，由合伙人按照实缴出资比例分配、分担；无法确定出资比例的，由合伙人平均分配、分担。故C项错误。
3. B，解析：根据《合伙企业法》第46条规定，合伙协议未约定合伙期限的，合伙人在不给合伙企业事务执行造成不利影响的情况下，可以退伙，但应当提前30日通知其他合伙人。故B项正确。
4. A，解析：根据《合伙企业法》第37条规定，合伙企业对合伙人执行合伙事务以及对外代表合伙企业权利的限制，不得对抗善意第三人。故A项错误。根据《合伙企业法》第38、39、42条规定，B、C、D项正确。
5. D，解析：根据《合伙企业法》第48条第1款规定，合伙人有下列情形之一的，当然退伙：（1）作为合伙人的自然人死亡或者被依法宣告死亡；（2）个人丧失偿债能力；（3）作为合伙人的法人或者其他组织依法被吊销营业执照、责令关闭、撤销，或者被宣告破产；（4）法律规定或者合伙协议约定合伙人必须具有相关资格而丧失该资格；（5）合伙人在合伙企业中的全部财产份额被人民法院强制执行。故 D 项不是当然退伙的情形，当选。

（三）多项选择题

1. ACD，解析：根据《合伙企业法》第 2 条第 3 款规定，有限合伙企业由普通合伙人和有限合伙人组成，普通合伙人对合伙企业债务承担无限连带责任，有限合伙人以其认缴的出资额为限对合伙企业债务承担责任。故 A、C、D 项正确。根据《合伙企业法》第 3 条规定，国有独资公司、国有企业、上市公司以及公益性的事业单位、社会团体不得成为普通合伙人。故 B 项错误。
2. ABCD，解析：根据《合伙企业法》第 16 条规定，合伙人可以用货币、实物、知识产权、土地使用权或者其他财产权利出资，也可以用劳务出资。合伙人以实物、知识产权、土地使用权或者其他财产权利出资，需要评估作价的，可以由全体合伙人协商确定，也可以由全体合伙人委托法定评估机构评估。合伙人以劳务出资的，其评估办法由全体合伙人协商确定，并在合伙协议中载明。故 A、B、C、D 项正确。
3. ABCD，解析：根据《合伙企业法》第 31 条规定，除合伙协议另有约定外，合伙企业的下列事项应当经全体合伙人一致同意：（1）改变合伙企业的名称；（2）改变合伙企业的经营范围、主要经营场所的地点；（3）处分合伙企业的不动产；（4）转让或者处分合伙企业的知识产权和其他财产权利；（5）以合伙企业名义为他人提供担保；（6）聘任合伙人以外的人担任合伙企业的经营管理人员。故 A、B、C、D 项正确。
4. BCD，解析：根据《合伙企业法》第 45 条规定，合伙协议约定合伙期限的，在合伙企业存续期间，有下列情形之一的，合伙人可以退伙：（1）合伙协议约定的退伙事由出现；（2）经全体合伙人一致同意；（3）发生合伙人难以继续参加合伙的事由；（4）其他合伙人严重违反合伙协议约定的义务。据此，B、C、D 项正确。
5. ABD，解析：根据《合伙企业法》第 55、56、59 条规定，A、B、D 项正确。根据《合伙企业法》第 57 条第 1 款规定，一个合伙人或者数个合伙人在执业活动中因故意或者重大过失造成合伙企业债务的，应当承担无限责任或者无限连带责任，其他合伙人以其在合伙企业中的财产份额为限承担责任。故 C 项错误。

（四）填空题

1. 上市公司；普通合伙人。(《合伙企业法》第 3 条)
2. 签发日期。(《合伙企业法》第 11 条第 1 款)
3. 清算；善意第三人。(《合伙企业法》第 21 条)
4. 一人一票；过半数。(《合伙企业法》第 30 条第 1 款)
5. 同等权利；无限连带责任。(《合伙企业法》第 44 条)

（五）简答题

答：根据《合伙企业法》第 103 条规定，合伙人履行合伙协议时发生争议的解决途径如下：

（1）合伙人可以通过协商或者调解解决。

（2）不愿通过协商、调解解决或者协商、调解不成的，可以按照合伙协议约定的仲裁条款或者事后达成的书面仲裁协议，向仲裁机构申请仲裁。

（3）合伙协议中未订立仲裁条款，事后又没有达成书面仲裁协议的，可以向人民法院起诉。

三、个人独资企业法

（一）判断题

1. 个人独资企业，是指依照《个人独资企业法》在中国境内设立，由一个自然人投资，财产为投资人个人所有，以个人独资企业的所有财产对企业债务承担无限责任的经营实体。（　　）
2. 个人独资企业以其主要办事机构所在地为住所。（　　）
3. 个人独资企业的名称应当与其责任形式及从事的营业相符合。（　　）
4. 法律、行政法规禁止从事营利性活动的人，不得作为投资人申请设立个人独资企业。（　　）
5. 个人独资企业解散的，应优先清偿所欠税款。（　　）

（二）单项选择题

1. 关于个人独资企业设立的分支机构，下列说法错误的是：（　　）
   A. 应当由投资人或者其委托的代理人向分支机构所在地的登记机关申请登记，领取营业执照
   B. 分支机构经核准登记后，应将登记情况报该分支机构隶属的个人独资企业的登记机关备案
   C. 分支机构的民事责任，由设立该分支机构的个人独资企业承担
   D. 分支机构的民事责任，由该分支机构独立承担
2. 个人独资企业解散后，原投资人对个人独资企业存续期间的债务仍应承担偿还责任，但债权人在（　　）年内未向债务人提出偿债请求的，该责任消灭。
   A. 1　　　　B. 5
   C. 10　　　　D. 20

（三）多项选择题

1. 个人独资企业投资人委托或者聘用的管理个人独资企业事务的人员，不得有下列行为：（　　）

   A. 利用职务上的便利，索取或者收受贿赂

   B. 擅自以企业财产提供担保

   C. 未经投资人同意，同本企业订立合同或者进行交易

   D. 泄露本企业的商业秘密

2. 个人独资企业有下列哪些情形之一时，应当解散：（　　）

   A. 投资人决定解散

   B. 投资人死亡或者被宣告死亡，无继承人或者继承人决定放弃继承

   C. 被依法吊销营业执照

   D. 个人独资企业投资人丧失民事行为能力

（四）填空题

1. 个人独资企业存续期间登记事项发生变更的，应当在作出变更决定之日起的____日内依法向登记机关申请办理变更登记。
2. 个人独资企业投资人对本企业的财产依法享有所有权，其有关权利可以依法进行____或____。
3. 个人独资企业投资人在申请企业设立登记时明确以其家庭共有财产作为个人出资的，应当依法以家庭共有财产对企业债务承担____。

参考答案

（一）判断题

1. ×，解析：根据《个人独资企业法》第2条规定，本法所称个人独资企业，是指依照本法在中国境内设立，由一个自然人投资，财产为投资人个人所有，投资人以其个人财产对企业债务承担无限责任的经营实体。
2. √，解析：根据《个人独资企业法》第3条规定。
3. √，解析：根据《个人独资企业法》第11条规定。

4. √，解析：根据《个人独资企业法》第16条规定。
5. ×，解析：根据《个人独资企业法》第29条规定，个人独资企业解散的，财产应当按照下列顺序清偿：（1）所欠职工工资和社会保险费用；（2）所欠税款；（3）其他债务。

（二）单项选择题

1. D，解析：根据《个人独资企业法》第14条规定，个人独资企业设立分支机构，应当由投资人或者其委托的代理人向分支机构所在地的登记机关申请登记，领取营业执照。分支机构经核准登记后，应将登记情况报该分支机构隶属的个人独资企业的登记机关备案。分支机构的民事责任由设立该分支机构的个人独资企业承担。故D项错误。
2. B，解析：根据《个人独资企业法》第28条规定，个人独资企业解散后，原投资人对个人独资企业存续期间的债务仍应承担偿还责任，但债权人在5年内未向债务人提出偿债请求的，该责任消灭。故B项正确。

（三）多项选择题

1. ABCD，解析：根据《个人独资企业法》第20条规定，投资人委托或者聘用的管理个人独资企业事务的人员不得有下列行为：（1）利用职务上的便利，索取或者收受贿赂；（2）利用职务或者工作上的便利侵占企业财产；（3）挪用企业的资金归个人使用或者借贷给他人；（4）擅自将企业资金以个人名义或者以他人名义开立帐户储存；（5）擅自以企业财产提供担保；（6）未经投资人同意，从事与本企业相竞争的业务；（7）未经投资人同意，同本企业订立合同或者进行交易；（8）未经投资人同意，擅自将企业商标或者其他知识产权转让给他人使用；（9）泄露本企业的商业秘密；（10）法律、行政法规禁止的其他行为。故A、B、C、D项正确。
2. ABC，解析：根据《个人独资企业法》第26条规定，个人独资企业有下列情形之一时，应当解散：（1）投资人决定解散；（2）投资人死亡或者被宣告死亡，无继承人或者继承人决定放弃继承；（3）被依法吊销营业执照；（4）法律、行政法规规定的其他情形。故A、B、C项正确。

（四）填空题

1. 15。（《个人独资企业法》第15条）
2. 转让；继承。（《个人独资企业法》第17条）
3. 无限责任。（《个人独资企业法》第18条）

四、外商投资法

（一）判断题

1. 外商投资企业，指全部由外国投资者投资，依照中国法律在中国境内经登记注册设立的企业。（　　）
2. 国家根据国民经济和社会发展需要，鼓励和引导外国投资者在特定行业、领域、地区投资。（　　）
3. 国家制定的强制性标准平等适用于外商投资企业。（　　）
4. 国家保障外商投资企业依法通过公平竞争参与政府采购活动。（　　）
5. 外商投资企业可以依法通过公开发行股票、公司债券等证券和其他方式进行融资。（　　）

（二）单项选择题

1. 根据《外商投资法》的规定，关于准入前国民待遇加负面清单管理制度，下列说法错误的是：（　　）
   A. 准入前国民待遇，是指在投资准入阶段给予外国投资者及其投资不低于本国投资者及其投资的待遇
   B. 负面清单，是指国家规定在特定领域对外商投资实施的准入特别管理措施
   C. 国家对负面清单之外的外商投资，给予国民待遇
   D. 负面清单由全国人民代表大会发布或者批准发布
2. 关于外国投资者和外商投资企业的知识产权，下列说法错误的是：（　　）
   A. 国家保护外国投资者和外商投资企业的知识产权，保护知识产权权利人和相关权利人的合法权益
   B. 行政机关及其工作人员可以利用行政手段强制转让技术
   C. 国家鼓励在外商投资过程中基于自愿原则和商业规则开展技术合作
   D. 技术合作的条件由投资各方遵循公平原则平等协商确定

3. 关于外商投资管理，下列说法错误的是：(　　)

A. 外商投资准入负面清单规定禁止投资的领域，外国投资者不得投资

B. 外商投资准入负面清单规定限制投资的领域，外国投资者进行投资应当符合负面清单规定的条件

C. 外商投资准入负面清单以外的领域，按照内资优先于外资的原则实施管理

D. 外商投资需要办理投资项目核准、备案的，按照国家有关规定执行

4. 制定与外商投资有关的下列哪一文件，无需采取适当方式征求外商投资企业的意见和建议：(　　)

A. 法律　　B. 法规

C. 规章　　D. 司法解释

（三）多项选择题

1. 根据《外商投资法》，外商投资包括下列哪些情形：(　　)

A. 外国投资者单独或者与其他投资者共同在中国境内设立外商投资企业

B. 外国投资者取得中国境内企业的股份、股权、财产份额或者其他类似权益

C. 外国投资者单独或者与其他投资者共同在中国境内投资新建项目

D. 法律、行政法规或者国务院规定的其他方式的投资

2. 关于对外国投资者的征收、征用，下列说法正确的是：(　　)

A. 国家对外国投资者的投资不实行征收

B. 在特殊情况下，国家为了公共利益的需要，可以依照法律规定对外国投资者的投资实行征收或者征用

C. 征收、征用应当依照法定程序进行

D. 征收、征用可以给予适当的补偿

3. 各级人民政府及其有关部门制定涉及外商投资的规范性文件，没有法律、行政法规依据的，不得有下列哪些情形：(　　)

A. 减损外商投资企业的合法权益

B. 设置市场准入和退出条件

C. 干预外商投资企业的正常生产经营活动

D. 增加外商投资企业的义务

4. 外国投资者在中国境内下列哪些所得，可以依法以人民币或者外汇自由汇入、汇出：（　　）

A. 出资、利润

B. 资本收益、资产处置所得

C. 知识产权许可使用费

D. 依法获得的补偿或者赔偿

（四）填空题

1. 国家实行高水平投资自由化便利化政策，建立和完善外商投资促进机制，营造稳定、____、可预期和____的市场环境。
2. 在中国境内进行投资活动的外国投资者、外商投资企业，应当遵守中国法律法规，不得危害中国____、损害____。
3. 国家根据需要，设立____，或者在部分地区实行____措施，促进外商投资，扩大对外开放。
4. 外商投资企业可以依法通过公开发行____、____等证券和其他方式进行融资。
5. 行政机关及其工作人员对于____过程中知悉的外国投资者、外商投资企业的____，应当依法予以保密，不得泄露或者非法向他人提供。

参考答案

（一）判断题

1. ×，解析：根据《外商投资法》第2条第3款规定，本法所称外商投资企业，是指全部或者部分由外国投资者投资，依照中国法律在中国境内经登记注册设立的企业。
2. √，解析：根据《外商投资法》第14条规定。
3. √，解析：根据《外商投资法》第15条第2款规定。
4. √，解析：根据《外商投资法》第16条规定。

5. √，解析：根据《外商投资法》第17条规定。

（二）单项选择题

1. D，解析：根据《外商投资法》第4条规定，国家对外商投资实行准入前国民待遇加负面清单管理制度。前款所称准入前国民待遇，是指在投资准入阶段给予外国投资者及其投资不低于本国投资者及其投资的待遇；所称负面清单，是指国家规定在特定领域对外商投资实施的准入特别管理措施。国家对负面清单之外的外商投资，给予国民待遇。负面清单由国务院发布或者批准发布。中华人民共和国缔结或者参加的国际条约、协定对外国投资者准入待遇有更优惠规定的，可以按照相关规定执行。据此，D项错误，当选。
2. B，解析：根据《外商投资法》第22条规定，国家保护外国投资者和外商投资企业的知识产权，保护知识产权权利人和相关权利人的合法权益；对知识产权侵权行为，严格依法追究法律责任。国家鼓励在外商投资过程中基于自愿原则和商业规则开展技术合作。技术合作的条件由投资各方遵循公平原则平等协商确定。行政机关及其工作人员不得利用行政手段强制转让技术。故B项错误。
3. C，解析：根据《外商投资法》第28条规定，外商投资准入负面清单规定禁止投资的领域，外国投资者不得投资。外商投资准入负面清单规定限制投资的领域，外国投资者进行投资应当符合负面清单规定的条件。外商投资准入负面清单以外的领域，按照内外资一致的原则实施管理。故C项错误。根据《外商投资法》第29条规定，D项正确。
4. D，解析：根据《外商投资法》第10条规定，制定与外商投资有关的法律、法规、规章，应当采取适当方式征求外商投资企业的意见和建议。与外商投资有关的规范性文件、裁判文书等，应当依法及时公布。故D项当选。

（三）多项选择题

1. ABCD，解析：根据《外商投资法》第2条第2款规定，本法所称外商投资，是指外国的自然人、企业或者其他组织（以下称外国投资者）直接或者间接在中国境内进行的投资活动，包括下列情形：（1）外国投资者单独或者与其他投资者共同在中国境内设立外商投资企业；（2）外国投资者取得中国境内企业的股份、股权、财产份额或者其他类似权益；（3）外国投资者单独或者与其他投资者共同在中国境内投资新建项目；（4）法律、行政法规或者国务院规定的其他方式的投资。据此，A、B、C、D 项正确。

2. ABC，解析：根据《外商投资法》第 20 条规定，国家对外国投资者的投资不实行征收。在特殊情况下，国家为了公共利益的需要，可以依照法律规定对外国投资者的投资实行征收或者征用。征收、征用应当依照法定程序进行，并及时给予公平、合理的补偿。据此，A、B、C 项正确，D 项错误。
3. ABCD，解析：根据《外商投资法》第 24 条规定，各级人民政府及其有关部门制定涉及外商投资的规范性文件，应当符合法律法规的规定；没有法律、行政法规依据的，不得减损外商投资企业的合法权益或者增加其义务，不得设置市场准入和退出条件，不得干预外商投资企业的正常生产经营活动。据此，A、B、C、D 项正确。
4. ABCD，解析：根据《外商投资法》第 21 条规定，外国投资者在中国境内的出资、利润、资本收益、资产处置所得、知识产权许可使用费、依法获得的补偿或者赔偿、清算所得等，可以依法以人民币或者外汇自由汇入、汇出。据此，A、B、C、D 项正确。

（四）填空题

1. 透明；公平竞争。（《外商投资法》第 3 条第 2 款）
2. 国家安全；社会公共利益。（《外商投资法》第 6 条）
3. 特殊经济区域；外商投资试验性政策。（《外商投资法》第 13 条）
4. 股票；公司债券。（《外商投资法》第 17 条）
5. 履行职责；商业秘密。（《外商投资法》第 23 条）

叁 生产经营一般规定

一、反垄断法

（一）判断题

1. 经营者集中达到国务院规定的申报标准的，可在集中完成后向国务院反垄断执法机构申报。(　　)
2. 经营者能够证明该集中对竞争产生的有利影响明显大于不利影响，或者符合社会公共利益的，国务院反垄断执法机构可以作出对经营者集中不予禁止的决定。(　　)
3. 反垄断执法机构调查涉嫌垄断行为，执法人员不得少于3人，并应当出示执法证件。(　　)
4 被调查的经营者、利害关系人或者其他有关单位或者个人应当配合反垄断执法机构依法履行职责，不得拒绝、阻碍反垄断执法机构的调查。(　　)
5. 经营者违反《反垄断法》规定，滥用市场支配地位的，由反垄断执法机构责令停止违法行为，没收违法所得，并处上一年度销售额1%以上5%以下的罚款。(　　)

（二）单项选择题

1. 根据《反垄断法》的规定，下列哪一行为不是垄断行为：(　　)
   A. 经营者达成垄断协议
   B. 经营者滥用市场支配地位
   C. 依据知识产权独占销售受知识产权保护的商品
   D. 具有或者可能具有排除、限制竞争效果的经营者集中
2. 根据《反垄断法》的规定，下列哪一情形不是经营者集中：(　　)
   A. 经营者合并

B. 经营者通过取得股权或者资产的方式取得对其他经营者的控制权

C. 经营者通过合同等方式取得对其他经营者的控制权

D. 经营者联合抵制其他经营者

3. 经营者集中时，参与集中的一个经营者拥有其他每个经营者(　　)以上有表决权的股份或者资产的，可以不向国务院反垄断执法机构申报。

A. 30%　　B. 40%

C. 50%　　D. 60%

4. 根据《反垄断法》的规定，下列哪一情形不能推定经营者具有市场支配地位：(　　)

A. 一个经营者在相关市场的市场份额达到1/2的

B. 两个经营者在相关市场的市场份额合计达到2/3的

C. 两个经营者在相关市场的市场份额合计达到2/3的，其中一个经营者市场份额不足1/10的

D. 三个经营者在相关市场的市场份额合计达到3/4的

(三) 多项选择题

1. 具有竞争关系的经营者达成下列哪些协议，构成垄断协议：(　　)

A. 固定或者变更商品价格

B. 限制商品的生产数量或者销售数量

C. 分割销售市场或者原材料采购市场

D. 联合抵制交易

2. 经营者与交易相对人达成下列哪些协议，构成垄断协议：(　　)

A. 限制商品的生产数量或者销售数量

B. 固定向第三人转售商品的价格

C. 限制购买新技术、新设备或者限制开发新技术、新产品

D. 限定向第三人转售商品的最低价格

3. 具有市场支配地位的经营者不得从事下列哪些滥用市场支配地位的行为：(　　)

A. 没有正当理由，以低于成本的价格销售商品

B. 没有正当理由，拒绝与交易相对人进行交易

C. 以不公平的高价销售商品或者以不公平的低价购买商品

D. 没有正当理由搭售商品

4. 反垄断执法机构决定中止调查，有下列哪些情形之一的，反垄断执法机构应当恢复调查：（　　）

A. 经营者未履行承诺的

B. 作出中止调查决定所依据的事实发生重大变化的

C. 中止调查的决定是基于经营者提供的不完整的信息作出的

D. 中止调查的决定是基于经营者提供的不真实的信息作出的

（四）填空题

1.《反垄断法》所称相关市场，是指经营者在一定时期内就特定商品或者____进行竞争的____范围和____范围。

2.《反垄断法》所称垄断协议，是指排除、____竞争的协议、决定或者其他____行为。

3.《反垄断法》所称市场支配地位，是指经营者在相关市场内具有能够控制商品价格、____或者其他交易条件，或者能够阻碍、影响其他经营者____能力的市场地位。

4. 行政机关和法律、法规授权的具有____职能的组织不得滥用行政权力，以设定____资质要求、评审标准或者不依法发布信息等方式，排斥或者限制外地经营者参加本地的____活动。

5. 经营者违反《反垄断法》规定实施集中的，由国务院反垄断执法机构责令停止实施集中、限期处分股份或者资产、____以及采取其他必要措施恢复到集中前的状态，可以处____万元以下的罚款。

参考答案

（一）判断题

1. ×，解析：根据《反垄断法》第21条规定，经营者集中达到国务院规定的申报标准的，经营者应当事先向国务院反垄断执法机构申报，未申报的不得实施集中。

2. √，解析：根据《反垄断法》第28条规定。
3. ×，解析：根据《反垄断法》第40条第1款规定，反垄断执法机构调查涉嫌垄断行为，执法人员不得少于2人，并应当出示执法证件。
4. √，解析：根据《反垄断法》第42条规定。
5. ×，解析：根据《反垄断法》第47条规定，经营者违反本法规定，滥用市场支配地位的，由反垄断执法机构责令停止违法行为，没收违法所得，并处上一年度销售额1%以上10%以下的罚款。

（二）单项选择题

1. C，解析：根据《反垄断法》第3条规定，法规定的垄断行为包括：（1）经营者达成垄断协议；（2）经营者滥用市场支配地位；（3）具有或者可能具有排除、限制竞争效果的经营者集中。据此，C项错误，当选。
2. D，解析：根据《反垄断法》第20条规定，经营者集中是指下列情形：（1）经营者合并；（2）经营者通过取得股权或者资产的方式取得对其他经营者的控制权；（3）经营者通过合同等方式取得对其他经营者的控制权或者能够对其他经营者施加决定性影响。故D项错误。
3. C，解析：根据《反垄断法》第22条规定，经营者集中有下列情形之一的，可以不向国务院反垄断执法机构申报：（1）参与集中的一个经营者拥有其他每个经营者50%以上有表决权的股份或者资产的；（2）参与集中的每个经营者50%以上有表决权的股份或者资产被同一个未参与集中的经营者拥有的。故C项正确。
4. C，解析：根据《反垄断法》第19条规定，有下列情形之一的，可以推定经营者具有市场支配地位：（1）一个经营者在相关市场的市场份额达到1/2的；（2）两个经营者在相关市场的市场份额合计达到2/3的；（3）三个经营者在相关市场的市场份额合计达到3/4的。有前款第2项、第3项规定的情形，其中有的经营者市场份额不足1/10的，不应当推定该经营者具有市场支配地位。被推定具有市场支配地位的经营者，有证据证明不具有市场支配地位的，不应当认定其具有市场支配地位。据此，C项正确。

（三）多项选择题

1. ABCD，解析：根据《反垄断法》第13条第1款规定，禁止具有竞争关系的经营者达成下列垄断协议：（1）固定或者变更商品价格；（2）限制商品的生产数量或者销售数量；（3）分割销售市场或者原材料采购市场；（4）限制购买新技术、新设备或者限制开发新技术、新产品；（5）联合抵制交易；（6）国务院反垄断执法机构认定的其他垄断协议。故 A、B、C、D 项正确。

2. BD，解析：根据《反垄断法》第 14 条规定，禁止经营者与交易相对人达成下列垄断协议：（1）固定向第三人转售商品的价格；（2）限定向第三人转售商品的最低价格；（3）国务院反垄断执法机构认定的其他垄断协议。故 B、D 项正确。
3. ABCD，解析：根据《反垄断法》第 17 条第 1 款规定，禁止具有市场支配地位的经营者从事下列滥用市场支配地位的行为：（1）以不公平的高价销售商品或者以不公平的低价购买商品；（2）没有正当理由，以低于成本的价格销售商品；（3）没有正当理由，拒绝与交易相对人进行交易；（4）没有正当理由，限定交易相对人只能与其进行交易或者只能与其指定的经营者进行交易；（5）没有正当理由搭售商品，或者在交易时附加其他不合理的交易条件；（6）没有正当理由，对条件相同的交易相对人在交易价格等交易条件上实行差别待遇；（7）国务院反垄断执法机构认定的其他滥用市场支配地位的行为。故 A、B、C、D 项正确。
4. ABCD，解析：根据《反垄断法》第 45 条第 3 款规定，有下列情形之一的，反垄断执法机构应当恢复调查：（1）经营者未履行承诺的；（2）作出中止调查决定所依据的事实发生重大变化的；（3）中止调查的决定是基于经营者提供的不完整或者不真实的信息作出的。故 A、B、C、D 项正确。

（四）填空题

1. 服务；商品；地域。（《反垄断法》第 12 条第 2 款）
2. 限制；协同。（《反垄断法》第 13 条第 2 款）
3. 数量；进入相关市场。（《反垄断法》第 17 条第 2 款）
4. 管理公共事务；歧视性；招标投标。（《反垄断法》第 34 条）
5. 限期转让营业；50。（《反垄断法》第 48 条）

二、反不正当竞争法

（一）判断题

1. 国家鼓励、支持和保护一切组织和个人对不正当竞争行为进行社会监督。（ ）
2. 经营者不得编造、传播虚假信息或者误导性信息，损害竞争对手的商业信誉、商品声誉。（ ）
3. 监督检查部门调查涉嫌不正当竞争行为，被调查的经营者、利害关系人及其他有关单位、个人应当如实提供有关资料或者情况。（ ）
4. 经营者的合法权益受到不正当竞争行为损害的，应当向人民法院提起诉讼。（ ）
5. 当事人对监督检查部门作出的决定不服的，可以依法申请行政复议或者提起行政诉讼。（ ）

（二）单项选择题

1. 经营者进行有奖销售时，抽奖式的有奖销售，最高奖的金额超过（ ）万元，构成反不正当竞争。

   A. 5　　B. 10

   C. 15　　D. 20

2. 经营者实施的下列哪一行为，符合《反不正当竞争法》的规定：（ ）

   A. 恶意对其他经营者合法提供的网络产品或者服务实施不兼容

   B. 误导、欺骗、强迫用户修改、关闭、卸载其他经营者合法提供的网络产品或者服务

   C. 以电子侵入方式获取权利人的商业秘密

   D. 经其他经营者同意，在其合法提供的网络产品中插入链接

3. 关于经营者恶意实施侵犯商业秘密的赔偿数额的确定，下列说法错误的是：（ ）

A. 按照其因被侵权所受到的实际损失确定
B. 实际损失难以计算的，按照侵权人因侵权所获得的利益确定
C. 权利人因被侵权所受到的实际损失、侵权人因侵权所获得的利益难以确定的，由人民法院根据侵权行为的情节判决给予权利人500万元以下的赔偿
D. 赔偿数额不包括经营者为制止侵权行为所支付的合理开支

(三) 多项选择题

1. 经营者在生产经营活动中，应当遵循下列哪些原则：(　　)

A. 自愿　　B. 平等
C. 公平　　D. 诚信

2. 经营者不得实施下列哪些混淆行为，引人误认为是他人商品或者与他人存在特定联系：(　　)

A. 擅自使用与他人有一定影响的商品名称、包装、装潢等相同或者近似的标识
B. 擅自使用他人有一定影响的企业名称（包括简称、字号等）、社会组织名称（包括简称等）、姓名（包括笔名、艺名、译名等）
C. 擅自使用他人有一定影响的域名主体部分、网站名称、网页等
D. 通过组织虚假交易等方式，帮助其他经营者进行虚假或者引人误解的商业宣传

3. 经营者不得采用财物或者其他手段贿赂下列哪些单位或者个人，以谋取交易机会或者竞争优势：(　　)

A. 经营者的工作人员
B. 交易相对方的工作人员
C. 受交易相对方委托办理相关事务的单位或者个人
D. 利用职权或者影响力影响交易的单位或者个人

(四) 填空题

1.《反不正当竞争法》所称的商业秘密，是指不为____所知悉、具有____并经权利人采取相应保密措施的____、经营信息等商业信息。

2. 监督检查部门及其工作人员对____中知悉的商业秘密负有____义务。
3. 经营者违反《反不正当竞争法》第 7 条规定贿赂他人的，由监督检查部门____，处 10 万元以上 300 万元以下的罚款。情节严重的，____。
4. 经营者违反《反不正当竞争法》规定从事不正当竞争，受到____的，由监督检查部门记入____，并依照有关法律、行政法规的规定予以公示。
5. 在侵犯商业秘密的民事审判程序中，商业秘密权利人提供初步证据，证明其已经对所主张的商业秘密采取____，且合理表明商业秘密被侵犯，____应当证明权利人所主张的商业秘密不属于《反不正当竞争法》规定的商业秘密。

（五）简答题

简述监督检查部门调查涉嫌不正当竞争行为，可以采取的措施。

参考答案

（一）判断题

1. √，解析：根据《反不正当竞争法》第 5 条第 1 款规定。
2. √，解析：根据《反不正当竞争法》第 11 条规定。
3. √，解析：根据《反不正当竞争法》第 14 条规定。
4. ×，解析：根据《反不正当竞争法》第 17 条第 2 款规定，经营者的合法权益受到不正当竞争行为损害的，可以向人民法院提起诉讼。
5. √，解析：根据《反不正当竞争法》第 29 条规定。

（二）单项选择题

1. A，解析：根据《反不正当竞争法》第 10 条规定，经营者进行有奖销售不得存在下列情形：（1）所设奖的种类、兑奖条件、奖金金额或者奖品等有奖销售信息不明确，影响兑奖；（2）采用谎称有奖或者故意让内定人员中奖的欺骗方式进行有奖销售；（3）抽奖式的有奖销售，最高奖的金额超过 5 万元。故 A 项正确。
2. D，解析：根据《反不正当竞争法》第 9 条第 1 款第 1 项规定，C 项行为违法。根据《反不正当竞争法》第 12 条第 2 款规定，经营者不得利用技术手段，通过影响用户选择或者其他方式，实施下列妨碍、破坏其他经营者合法提供的网络产品或者服务正常运行的行为：（1）未经其他经营者同意，在其合法提供的网络产品或者服务中，插入链接、强制进行目标跳转；（2）误导、欺骗、强迫用户修改、关闭、卸载其他经营者合法提供的网络产品或者服务；（3）恶意对其他经营者合法提供的网络产品或者服务实施不兼容；（4）其他妨碍、破坏其他经营者合法提供的网络产品或者服务正常运行的行为。故 D 项行为合法，A、B 项行为违法。本题答案为 D 项。

3. D，解析：根据《反不正当竞争法》第 17 条第 3、4 款规定，因不正当竞争行为受到损害的经营者的赔偿数额，按照其因被侵权所受到的实际损失确定；实际损失难以计算的，按照侵权人因侵权所获得的利益确定。经营者恶意实施侵犯商业秘密行为，情节严重的，可以在按照上述方法确定数额的 1 倍以上 5 倍以下确定赔偿数额。赔偿数额还应当包括经营者为制止侵权行为所支付的合理开支。经营者违反本法第 6 条、第 9 条规定，权利人因被侵权所受到的实际损失、侵权人因侵权所获得的利益难以确定的，由人民法院根据侵权行为的情节判决给予权利人 500 万元以下的赔偿。故 D 项错误，当选。

（三）多项选择题

1. ABCD，解析：根据《反不正当竞争法》第 2 条第 1 款规定，经营者在生产经营活动中，应当遵循自愿、平等、公平、诚信的原则，遵守法律和商业道德。故 A、B、C、D 项正确。

2. ABC，解析：根据《反不正当竞争法》第 6 条规定，经营者不得实施下列混淆行为，引人误认为是他人商品或者与他人存在特定联系：（1）擅自使用与他人有一定影响的商品名称、包装、装潢等相同或者近似的标识；（2）擅自使用他人有一定影响的企业名称（包括简称、字号等）、社会组织名称（包括简称等）、姓名（包括笔名、艺名、译名等）；（3）擅自使用他人有一定影响的域名主体部分、网站名称、网页等；（4）其他足以引人误认为是他人商品或者与他人存在特定联系的混淆行为。故 A、B、C 项正确。

3. BCD，解析：根据《反不正当竞争法》第 7 条第 1 款规定，经营者不得采用财物或者其他手段贿赂下列单位或者个人，以谋取交易机会或者竞争优势：（1）交易相对方的工作人员；（2）受交易相对方委托办理相关事务的单位或者个人；（3）利用职权或者影响力影响交易的单位或者个人。故 B、C、D 项正确。

（四）填空题

1. 公众；商业价值；技术信息。（《反不正当竞争法》第 9 条第 4 款）
2. 调查过程；保密。（《反不正当竞争法》第 15 条）
3. 没收违法所得；吊销营业执照。（《反不正当竞争法》第 19 条）
4. 行政处罚；信用记录。（《反不正当竞争法》第 26 条）
5. 保密措施；涉嫌侵权人。（《反不正当竞争法》第 32 条第 1 款）

（五）简答题

答：根据《反不正当竞争法》第 13 条第 1 款规定，监督检查部门调查涉嫌不正当竞争行为，可以采取下列措施：

（1）进入涉嫌不正当竞争行为的经营场所进行检查；

（2）询问被调查的经营者、利害关系人及其他有关单位、个人，要求其说明有关情况或者提供与被调查行为有关的其他资料；

（3）查询、复制与涉嫌不正当竞争行为有关的协议、账簿、单据、文件、记录、业务函电和其他资料；

（4）查封、扣押与涉嫌不正当竞争行为有关的财物；

（5）查询涉嫌不正当竞争行为的经营者的银行账户。

三、产品质量法

（一）判断题

1. 对产品质量管理先进和产品质量达到国际先进水平、成绩显著的单位和个人，给予奖励。（　　）
2. 国家监督抽查的产品，地方可以另行重复抽查。（　　）
3. 从事产品质量检验、认证的社会中介机构必须依法设立，不得与行政机关和其他国家机关存在隶属关系或者其他利益关系。（　　）
4. 拒绝接受依法进行的产品质量监督检查的，给予警告，并处罚金；拒不改正的，责令停业整顿；情节特别严重的，吊销营业执照。（　　）
5. 以暴力、威胁方法阻碍市场监督管理部门的工作人员依法执行职务的，依法追究刑事责任；拒绝、阻碍未使用暴力、威胁方法的，由公安机关依照《治安管理处罚法》的规定处罚。（　　）

（二）单项选择题

1. （　　）主管全国产品质量监督工作。

A. 国务院　　B. 国务院有关部门

C. 国务院市场监督管理部门　　D. 县级以上地方市场监督管理部门

2. 产品质量检验机构必须具备相应的检测条件和能力，经（　　）考核合格后，方可承担产品质量检验工作。

A. 国务院有关部门

B. 国务院市场监督管理部门或者其授权的部门

C. 省级以上人民政府市场监督管理部门或者其授权的部门

D. 县级以上人民政府市场监督管理部门或者其授权的部门

3. 因产品存在缺陷造成损害要求赔偿的诉讼时效期间为（　　）年，自当事人知道或者应当知道其权益受到损害时起计算。

A. 1　　B. 2

C. 3　　D. 5

4. 社会团体、社会中介机构对产品质量作出承诺、保证，而该产品又不符合其承诺、保证的质量要求，给消费者造成损失的，与产品的生产者、销售者承担(　　)责任。

A. 连带　　B. 刑事

C. 按份　　D. 行政

5. 隐匿、转移、变卖、损毁被市场监督管理部门查封、扣押的物品的，处被隐匿、转移、变卖、损毁物品货值金额等值以上(　　)倍以下的罚款；有违法所得的，并处没收违法所得。

A. 2　　B. 3

C. 4　　D. 5

(三) 多项选择题

1. (　　)应当建立健全内部产品质量管理制度，严格实施岗位质量规范、质量责任以及相应的考核办法。

A. 生产者　　B. 经营者

C. 销售者　　D. 消费者

2. 可能危及人体健康和人身、财产安全的工业产品，必须符合保障人体健康和人身、财产安全的(　　)。

A. 国际标准　　B. 国家标准

C. 产业标准　　D. 行业标准

3. 县级以上市场监督管理部门根据已经取得的违法嫌疑证据或者举报，对涉嫌违反《产品质量法》规定的行为进行查处时，可以行使下列哪些职权：(　　)

A. 对当事人涉嫌从事违反《产品质量法》的生产、销售活动的场所实施现场检查

B. 向当事人的法定代表人、主要负责人和其他有关人员调查、了解与涉嫌从事违反《产品质量法》的生产、销售活动有关的情况

C. 查阅、复制当事人有关的合同、发票、帐簿以及其他有关资料

D. 对有根据认为不符合保障人体健康和人身、财产安全的国家标准、行

业标准的产品或者有其他严重质量问题的产品，以及直接用于生产、销售该项产品的原辅材料、包装物、生产工具，予以查封或者扣押

4. 售出的产品有下列哪些情形，销售者应当负责修理、更换、退货；给购买产品的消费者造成损失的，销售者应当赔偿损失：(　　)
   A. 不具备产品应当具备的使用性能而事先未作说明的
   B. 不符合在产品或者其包装上注明采用的产品标准的
   C. 不符合以产品说明、实物样品等方式表明的质量状况的
   D. 存在危及人身、财产安全的不合理的危险
5. 各级人民政府工作人员和其他国家机关工作人员有下列哪些情形，依法给予行政处分；构成犯罪的，依法追究刑事责任：(　　)
   A. 隐匿、转移、变卖、损毁被市场监督管理部门查封、扣押的物品的
   B. 包庇、放纵产品生产、销售中违反《产品质量法》规定行为的
   C. 向从事违反《产品质量法》规定的生产、销售活动的当事人通风报信，帮助其逃避查处的
   D. 阻挠、干预市场监督管理部门依法对产品生产、销售中违反《产品质量法》规定的行为进行查处，造成严重后果的

(四) 填空题

1.《产品质量法》所称产品，是指经过____，用于____的产品。
2. 各级地方人民政府和其他国家机关有____产品生产、销售中违反《产品质量法》规定的行为的，依法追究其____的法律责任。
3. 对依法进行的产品质量监督检查，生产者、销售者____。
4. 生产者生产产品，不得____，不得以假充真、____，不得以不合格产品冒充合格产品。
5. 违反《产品质量法》规定，应当承担民事赔偿责任和____，其财产不足以同时支付时，先承担____。

(五) 简答题

简述产品或者其包装上的标识需符合的要求。

参考答案

（一）判断题

1. √，解析：根据《产品质量法》第6条第2款规定。
2. ×，解析：根据《产品质量法》第15条第2款规定，国家监督抽查的产品，地方不得另行重复抽查；上级监督抽查的产品，下级不得另行重复抽查。
3. √，解析：根据《产品质量法》第20条规定。
4. ×，解析：根据《产品质量法》第56条规定，拒绝接受依法进行的产品质量监督检查的，给予警告，责令改正；拒不改正的，责令停业整顿；情节特别严重的，吊销营业执照。
5. √，解析：根据《产品质量法》第69条规定。

（二）单项选择题

1. C，解析：根据《产品质量法》第8条第1款规定，国务院市场监督管理部门主管全国产品质量监督工作。国务院有关部门在各自的职责范围内负责产品质量监督工作。故C项正确。
2. C，解析：根据《产品质量法》第19条规定，产品质量检验机构必须具备相应的检测条件和能力，经省级以上人民政府市场监督管理部门或者其授权的部门考核合格后，方可承担产品质量检验工作。法律、行政法规对产品质量检验机构另有规定的，依照有关法律、行政法规的规定执行。故C项正确。
3. B，解析：根据《产品质量法》第45条第1款规定，因产品存在缺陷造成损害要求赔偿的诉讼时效期间为2年，自当事人知道或者应当知道其权益受到损害时起计算。故B项正确。
4. A，解析：根据《产品质量法》第58条规定，社会团体、社会中介机构对产品质量作出承诺、保证，而该产品又不符合其承诺、保证的质量要求，给消费者造成损失的，与产品的生产者、销售者承担连带责任。故A项正确。
5. B，解析：根据《产品质量法》第63条规定，隐匿、转移、变卖、损毁被市场监督管理部门查封、扣押的物品的，处被隐匿、转移、变卖、损毁物品货值金额等值以上 3 倍以下的罚款；有违法所得的，并处没收违法所得。故 B 项正确。

（三）多项选择题

1. AC，解析：根据《产品质量法》第 3 条规定，生产者、销售者应当建立健全内部产品质量管理制度，严格实施岗位质量规范、质量责任以及相应的考核办法。故 A、C 项正确。
2. BD，解析：根据《产品质量法》第 13 条第 1 款规定，可能危及人体健康和人身、财产安全的工业产品，必须符合保障人体健康和人身、财产安全的国家标准、行业标准；未制定国家标准、行业标准的，必须符合保障人体健康和人身、财产安全的要求。故 B、D 项正确。
3. ABCD，解析：根据《产品质量法》第 18 条规定，县级以上市场监督管理部门根据已经取得的违法嫌疑证据或者举报，对涉嫌违反本法规定的行为进行查处时，可以行使下列职权：（1）对当事人涉嫌从事违反本法的生产、销售活动的场所实施现场检查；（2）向当事人的法定代表人、主要负责人和其他有关人员调查、了解与涉嫌从事违反本法的生产、销售活动有关的情况；（3）查阅、复制当事人有关的合同、发票、帐簿以及其他有关资料；（4）对有根据认为不符合保障人体健康和人身、财产安全的国家标准、行业标准的产品或者有其他严重质量问题的产品，以及直接用于生产、销售该项产品的原辅材料、包装物、生产工具，予以查封或者扣押。故 A、B、C、D 项正确。
4. ABC，解析：根据《产品质量法》第 40 条第 1 款规定，售出的产品有下列情形之一的，销售者应当负责修理、更换、退货；给购买产品的消费者造成损失的，销售者应当赔偿损失：（1）不具备产品应当具备的使用性能而事先未作说明的；（2）不符合在产品或者其包装上注明采用的产品标准的；（3）不符合以产品说明、实物样品等方式表明的质量状况的。故 A、B、C 项正确。
5. BCD，解析：根据《产品质量法》第 65 条规定，各级人民政府工作人员和其他国家机关工作人员有下列情形之一的，依法给予行政处分；构成犯罪的，依法追究刑事责任：（1）包庇、放纵产品生产、销售中违反本法规定行为的；（2）向从事违反本法规定的生产、销售活动的当事人通风报信，帮助其逃避查处的；（3）阻挠、干预市场监督管理部门依法对产品生产、销售中违反本法规定的行为进行查处，造成严重后果的。故 B、C、D 项正确。

（四）填空题

1. 加工、制作；销售。（《产品质量法》第 2 条第 2 款）
2. 包庇、放纵；主要负责人。（《产品质量法》第 9 条第 2 款）
3. 不得拒绝。（《产品质量法》第 16 条）
4. 掺杂、掺假；以次充好。（《产品质量法》第 32 条）
5. 缴纳罚款、罚金；民事赔偿责任。（《产品质量法》第 64 条）

（五）简答题

答：根据《产品质量法》第 27 条第 1 款规定，产品或者其包装上的标识必须真实，并符合下列要求：

（1）有产品质量检验合格证明；

（2）有中文标明的产品名称、生产厂厂名和厂址；

（3）根据产品的特点和使用要求，需要标明产品规格、等级、所含主要成份的名称和含量的，用中文相应予以标明；需要事先让消费者知晓的，应当在外包装上标明，或者预先向消费者提供有关资料；

（4）限期使用的产品，应当在显著位置清晰地标明生产日期和安全使用期或者失效日期；

（5）使用不当，容易造成产品本身损坏或者可能危及人身、财产安全的产品，应当有警示标志或者中文警示说明。

四、食品安全法

（一）判断题

1. 食品安全工作实行预防为主、风险管理、全程控制、社会共治，建立科学、严格的监督管理制度。(　　)
2. 对在食品安全工作中做出突出贡献的单位和个人，按照国家有关规定给予表彰、奖励。(　　)
3. 食品安全风险监测工作人员有权进入相关食用农产品种植养殖、食品生产经营场所采集样品、收集相关数据。采集样品无须支付费用。(　　)
4. 国家鼓励食品生产企业制定严于食品安全国家标准或者地方标准的企业标准，在本企业适用，并报省、自治区、直辖市人民政府卫生行政部门备案。(　　)
5. 同一企业可以用同一配方生产不同品牌的婴幼儿配方乳粉。(　　)

（二）单项选择题

1. (　　)实行食品安全监督管理责任制。

   A. 国务院　　B. 省级以上人民政府

   C. 市级以上人民政府　　D. 县级以上地方人民政府

2. 国家对农药的使用实行严格的管理制度，加快淘汰剧毒、高毒、高残留农药，推动替代产品的研发和应用，鼓励使用(　　)农药。

   A. 高效高毒高残留　　B. 高效低毒高残留

   C. 低效低毒低残留　　D. 高效低毒低残留

3. 食品生产经营者应当按照食品安全(　　)使用食品添加剂。

   A. 国际标准　　B. 国家标准

   C. 行业标准　　D. 通用标准

4. 食用农产品销售者应当建立食用农产品进货查验记录制度，如实记录食用农产品的名称、数量、进货日期以及供货者名称、地址、联系方式等内容，并保存相关凭证。记录和凭证保存期限不得少于(　　)。

A. 6 个月　　B. 1 年

C. 2 年　　D. 3 年

5. 采用国家规定的快速检测方法对食用农产品进行抽查检测，被抽查人对检测结果有异议的，可以自收到检测结果时起(　　)小时内申请复检。

A. 1　　B. 4

C. 12　　D. 24

(三) 多项选择题

1. 在中华人民共和国境内从事下列哪些活动，应当遵守《食品安全法》：(　　)

A. 食品添加剂的生产经营

B. 食品生产经营者使用食品添加剂、食品相关产品

C. 食品的贮存和运输

D. 对食品、食品添加剂、食品相关产品的安全管理

2. 食品安全标准应当包括下列哪些内容：(　　)

A. 食品添加剂的品种、使用范围、用量

B. 食品生产经营过程的卫生要求

C. 与食品安全有关的质量要求

D. 与食品安全有关的食品检验方法与规程

3. 根据《食品安全法》，禁止生产经营下列哪些食品、食品添加剂、食品相关产品：(　　)

A. 用超过保质期的食品原料、食品添加剂生产的食品、食品添加剂

B. 超范围、超限量使用食品添加剂的食品

C. 营养成分不符合食品安全标准的专供婴幼儿和其他特定人群的主辅食品

D. 被包装材料、容器、运输工具等污染的食品、食品添加剂

4. 食品生产企业应当就下列事项制定并实施控制要求，保证所生产的食品符合食品安全标准：(　　)

A. 原料采购、原料验收、投料等原料控制

B. 生产工序、设备、贮存、包装等生产关键环节控制

C. 原料检验、半成品检验、成品出厂检验等检验控制

D. 运输和交付控制

5. 关于进口食品，下列说法正确的是：(　　)

A. 进口的预包装食品、食品添加剂应当有中文标签

B. 预包装食品没有中文说明书的，经补全后，可以进口

C. 进口商应当建立食品、食品添加剂进口和销售记录制度

D. 记录和凭证保存期限不得少于产品保质期满后 3 个月

(四) 填空题

1. 消费者协会和其他消费者组织对违反《食品安全法》规定，损害消费者____的行为，依法进行____。

2. 制定食品安全标准，应当以____为宗旨，做到____、安全可靠。

3. 从事____工作的食品生产经营人员应当每年进行健康检查，取得____后方可上岗工作。

4. 食品和食品添加剂的标签、说明书应当____，生产日期、保质期等事项应当____，容易辨识。

5. 保健食品的标签、说明书不得涉及____、治疗功能，内容应当真实，与注册或者备案的内容相一致，载明适宜人群、不适宜人群、功效成分或者____及其含量等，并声明“____”。保健食品的功能和成分应当与标签、说明书相一致。

(五) 简答题

简述食品生产者采购食品原料、食品添加剂、食品相关产品应当遵循的规定。

参考答案

(一) 判断题

1. √，解析：根据《食品安全法》第 3 条规定。

2. √，解析：根据《食品安全法》第 13 条规定。
3. ×，解析：根据《食品安全法》第 15 条第 2 款规定，食品安全风险监测工作人员有权进入相关食用农产品种植养殖、食品生产经营场所采集样品、收集相关数据。采集样品应当按照市场价格支付费用。
4. √，解析：根据《食品安全法》第 30 条规定。
5. ×，解析：根据《食品安全法》第 81 条第 5 款规定，不得以分装方式生产婴幼儿配方乳粉，同一企业不得用同一配方生产不同品牌的婴幼儿配方乳粉。

（二）单项选择题

1. D，解析：根据《食品安全法》第 7 条规定，县级以上地方人民政府实行食品安全监督管理责任制。上级人民政府负责对下一级人民政府的食品安全监督管理工作进行评议、考核。县级以上地方人民政府负责对本级食品安全监督管理部门和其他有关部门的食品安全监督管理工作进行评议、考核。故 D 项正确。
2. D，解析：根据《食品安全法》第 11 条第 2 款规定，国家对农药的使用实行严格的管理制度，加快淘汰剧毒、高毒、高残留农药，推动替代产品的研发和应用，鼓励使用高效低毒低残留农药。故 D 项正确。
3. B，解析：根据《食品安全法》第 40 条第 2 款规定，食品生产经营者应当按照食品安全国家标准使用食品添加剂。故 B 项正确。
4. A，解析：根据《食品安全法》第 65 条规定，食用农产品销售者应当建立食用农产品进货查验记录制度，如实记录食用农产品的名称、数量、进货日期以及供货者名称、地址、联系方式等内容，并保存相关凭证。记录和凭证保存期限不得少于 6 个月。故 A 项正确。
5. B，解析：根据《食品安全法》第 88 条第 2 款规定，采用国家规定的快速检测方法对食用农产品进行抽查检测，被抽查人对检测结果有异议的，可以自收到检测结果时起 4 小时内申请复检。复检不得采用快速检测方法。故 B 项正确。

（三）多项选择题

1. ABCD，解析：根据《食品安全法》第 2 条第 1 款规定，在中华人民共和国境内从事下列活动，应当遵守本法：（1）食品生产和加工（以下称食品生产），食品销售和餐饮服务（以下称食品经营）；（2）食品添加剂的生产经营；（3）用于食品的包装材料、容器、洗涤剂、消毒剂和用于食品生产经营的工具、设备（以下称食品相关产品）的生产经营；（4）食品生产经营者使用食品添加剂、食品相关产品；（5）食品的贮存和运输；（6）对食品、食品添加剂、食品相关产品的安全管理。故A、B、C、D项正确。

2. ABCD，解析：根据《食品安全法》第26条规定，食品安全标准应当包括下列内容：（1）食品、食品添加剂、食品相关产品中的致病性微生物，农药残留、兽药残留、生物毒素、重金属等污染物质以及其他危害人体健康物质的限量规定；（2）食品添加剂的品种、使用范围、用量；（3）专供婴幼儿和其他特定人群的主辅食品的营养成分要求；（4）对与卫生、营养等食品安全要求有关的标签、标志、说明书的要求；（5）食品生产经营过程的卫生要求；（6）与食品安全有关的质量要求；（7）与食品安全有关的食品检验方法与规程；（8）其他需要制定为食品安全标准的内容。故A、B、C、D项正确。

3. ABCD，解析：根据《食品安全法》第34条规定，禁止生产经营下列食品、食品添加剂、食品相关产品：（1）用非食品原料生产的食品或者添加食品添加剂以外的化学物质和其他可能危害人体健康物质的食品，或者用回收食品作为原料生产的食品；（2）致病性微生物，农药残留、兽药残留、生物毒素、重金属等污染物质以及其他危害人体健康的物质含量超过食品安全标准限量的食品、食品添加剂、食品相关产品；（3）用超过保质期的食品原料、食品添加剂生产的食品、食品添加剂；（4）超范围、超限量使用食品添加剂的食品；（5）营养成分不符合食品安全标准的专供婴幼儿和其他特定人群的主辅食品；（6）腐败变质、油脂酸败、霉变生虫、污秽不洁、混有异物、掺假掺杂或者感官性状异常的食品、食品添加剂；（7）病死、毒死或者死因不明的禽、畜、兽、水产动物肉类及其制品；（8）未按规定进行检疫或者检疫不合格的肉类，或者未经检验或者检验不合格的肉类制品；（9）被包装材料、容器、运输工具等污染的食品、食品添加剂；（10）标注虚假生产日期、保质期或者超过保质期的食品、食品添加剂；（11）无标签的预包装食品、食品添加剂；（12）国家为防病等特殊需要明令禁止生产经营的食品；（13）其他不符合法律、法规或者食品安全标准的食品、食品添加剂、食品相关产品。

故 A、B、C、D 项正确。

4. ABCD，解析：根据《食品安全法》第 46 条规定，食品生产企业应当就下列事项制定并实施控制要求，保证所生产的食品符合食品安全标准：（1）原料采购、原料验收、投料等原料控制；（2）生产工序、设备、贮存、包装等生产关键环节控制；（3）原料检验、半成品检验、成品出厂检验等检验控制；（4）运输和交付控制。故 A、B、C、D 项正确。

5. AC，解析：根据《食品安全法》第 97 条规定，进口的预包装食品、食品添加剂应当有中文标签；依法应当有说明书的，还应当有中文说明书。标签、说明书应当符合本法以及我国其他有关法律、行政法规的规定和食品安全国家标准的要求，并载明食品的原产地以及境内代理商的名称、地址、联系方式。预包装食品没有中文标签、中文说明书或者标签、说明书不符合本条规定的，不得进口。故 A 项正确，B 项于法无据，错误。根据《食品安全法》第 98 条规定，进口商应当建立食品、食品添加剂进口和销售记录制度，如实记录食品、食品添加剂的名称、规格、数量、生产日期、生产或者进口批号、保质期、境外出口商和购货者名称、地址及联系方式、交货日期等内容，并保存相关凭证。记录和凭证保存期限应当符合本法第 50 条第 2 款的规定。根据《食品安全法》第 50 条第 2 款规定，食品生产企业应当建立食品原料、食品添加剂、食品相关产品进货查验记录制度，如实记录食品原料、食品添加剂、食品相关产品的名称、规格、数量、生产日期或者生产批号、保质期、进货日期以及供货者名称、地址、联系方式等内容，并保存相关凭证。记录和凭证保存期限不得少于产品保质期满后 6 个月；没有明确保质期的，保存期限不得少于 2 年。故 C 项正确，D 项错误。

（四）填空题

1. 合法权益；社会监督。（《食品安全法》第 9 条第 2 款）
2. 保障公众身体健康；科学合理。（《食品安全法》第 24 条）
3. 接触直接入口食品；健康证明。（《食品安全法》第 45 条第 2 款）
4. 清楚、明显；显著标注。（《食品安全法》第 71 条第 2 款）
5. 疾病预防；标志性成分；本品不能代替药物。（《食品安全法》第 78 条）

（五）简答题

答：根据《食品安全法》第 50 条规定，食品生产者采购食品原料、食品添加剂、食品相关产品应当遵循如下规定：

（1）食品生产者采购食品原料、食品添加剂、食品相关产品，应当查验供货者的许可证和产品合格证明；对无法提供合格证明的食品原料，应当按照食品安全标准进行检验；不得采购或者使用不符合食品安全标准的食品原料、食品添加剂、食品相关产品。

（2）食品生产企业应当建立食品原料、食品添加剂、食品相关产品进货查验记录制度，如实记录食品原料、食品添加剂、食品相关产品的名称、规格、数量、生产日期或者生产批号、保质期、进货日期以及供货者名称、地址、联系方式等内容，并保存相关凭证。记录和凭证保存期限不得少于产品保质期满后 6 个月；没有明确保质期的，保存期限不得少于 2 年。

五、广告法

（一）判断题

1. 广告应当真实、合法，以健康的表现形式表达广告内容，符合社会主义精神文明建设和弘扬中华民族优秀传统文化的要求。(　　)
2. 麻醉药品、精神药品、医疗用毒性药品、放射性药品等特殊药品，药品类易制毒化学品，以及戒毒治疗的药品、医疗器械和治疗方法，可以作广告。(　　)
3. 广告经营者、广告发布者应当公布其收费标准和收费办法。(　　)
4. 全国人民代表大会常务委员会制定大众传播媒介广告发布行为规范。(　　)
5. 广告经营者、广告发布者明知或者应知有广告违法行为仍设计、制作、代理、发布的，由市场监督管理部门处10万元以下的罚款。(　　)

（二）单项选择题

1. 广告主应当对广告内容的(　　)负责。

A. 合法性　　B. 合理性

C. 真实性　　D. 正当性

2. 关于广告中涉及专利的，下列说法错误的是：(　　)

A. 未授予专利权的专利申请可以作广告

B. 广告中涉及专利产品或者专利方法的，应当标明专利号和专利种类

C. 未取得专利权的，不得在广告中谎称取得专利权

D. 已经终止、撤销、无效的专利不得作广告

3. 不得利用不满(　　)周岁的未成年人作为广告代言人。

A. 8　　B. 10

C. 14　　D. 18

4. 在针对未成年人的大众传播媒介上，可以发布下列哪一类广告：(　　)

A. 医疗、药品、保健食品广告

B. 医疗器械、化妆品广告

C. 酒类、美容广告

D. 公益广告

5. 市场监督管理部门和有关部门应当向社会公开受理投诉、举报的电话、信箱或者电子邮件地址，接到投诉、举报的部门应当自收到投诉之日起(　　)个工作日内，予以处理并告知投诉、举报人。

A. 5　　B. 7

C. 10　　D. 15

(三) 多项选择题

1. (　　)从事广告活动，应当遵守法律、法规，诚实信用，公平竞争。

A. 广告主　　B. 广告经营者

C. 广告发布者　　D. 广告行业组织

2. (　　)发布广告，应当遵守国务院有关部门关于时长、方式的规定，并应当对广告时长作出明显提示。

A. 广播电台　　B. 电视台

C. 大众传播媒介　　D. 新媒体

3. 根据《广告法》规定，保健食品广告不得含有下列哪些内容：(　　)

A. 表示功效、安全性的断言或者保证

B. 声明或者暗示广告商品为保障健康所必需

C. 与药品、其他保健食品进行比较

D. 利用广告推荐人作推荐、证明

4. 根据《广告法》规定，酒类广告不得含有下列哪些内容：(　　)

A. 诱导、怂恿饮酒或者宣传无节制饮酒

B. 出现饮酒的动作

C. 表现驾驶车、船、飞机等活动

D. 明示或者暗示饮酒有消除紧张和焦虑、增加体力等功效

5. 违反《广告法》规定，(　　)广告审查批准文件的，由市场监督管理部门没收违法所得，并处1万元以上10万元以下的罚款。

A. 伪造
B. 变造
C. 改造
D. 转让

(四) 填空题

1. 广告不得损害____和____的身心健康。
2. 广告以虚假或者____的内容欺骗、误导消费者的，构成____。
3. 消费者协会和其他消费者组织对违反《广告法》规定，发布虚假广告侵害消费者____，以及其他损害____的行为，依法进行社会监督。
4. 关系消费者____的商品或者服务的虚假广告，造成消费者损害的，其广告经营者、广告发布者、广告代言人应当与广告主承担____。
5. 因发布虚假广告，或者有其他《广告法》规定的违法行为，被吊销营业执照的公司、企业的法定代表人，对违法行为负有____的，自该公司、企业被吊销营业执照之日起____年内不得担任公司、企业的____、监事、高级管理人员。

(五) 简答题

根据《广告法》规定，简述广告中不得存在的情形。

参考答案

(一) 判断题

1. √，解析：根据《广告法》第 3 条规定。
2. ×，解析：根据《广告法》第 15 条第 1 款规定，麻醉药品、精神药品、医疗用毒性药品、放射性药品等特殊药品，药品类易制毒化学品，以及戒毒治疗的药品、医疗器械和治疗方法，不得作广告。
3. √，解析：根据《广告法》第 35 条规定。
4. ×，解析：根据《广告法》第 50 条规定，国务院市场监督管理部门会同国务院有关部门，制定大众传播媒介广告发布行为规范。
5. √，解析：根据《广告法》第 59 条第 2 款规定。

（二）单项选择题

1. C，解析：根据《广告法》第 4 条第 2 款规定，广告主应当对广告内容的真实性负责。故 C 项正确。
2. A，解析：根据《广告法》第 12 条规定，广告中涉及专利产品或者专利方法的，应当标明专利号和专利种类。未取得专利权的，不得在广告中谎称取得专利权。禁止使用未授予专利权的专利申请和已经终止、撤销、无效的专利作广告。据此，A 项错误，当选。
3. B，解析：根据《广告法》第 38 条第 2 款规定，不得利用不满 10 周岁的未成年人作为广告代言人。故 B 项正确。
4. D，解析：根据《广告法》第 40 条第 1 款规定，在针对未成年人的大众传播媒介上不得发布医疗、药品、保健食品、医疗器械、化妆品、酒类、美容广告，以及不利于未成年人身心健康的网络游戏广告。据此，D 项正确。
5. B，解析：根据《广告法》第 53 条第 1 款规定，任何单位或者个人有权向市场监督管理部门和有关部门投诉、举报违反本法的行为。市场监督管理部门和有关部门应当向社会公开受理投诉、举报的电话、信箱或者电子邮件地址，接到投诉、举报的部门应当自收到投诉之日起 7 个工作日内，予以处理并告知投诉、举报人。故 B 项正确。

（三）多项选择题

1. ABC，解析：根据《广告法》第 5 条规定，广告主、广告经营者、广告发布者从事广告活动，应当遵守法律、法规，诚实信用，公平竞争。故 A、B、C 项正确。
2. AB，解析：根据《广告法》第 14 条第 3 款规定，广播电台、电视台发布广告，应当遵守国务院有关部门关于时长、方式的规定，并应当对广告时长作出明显提示。故 A、B 项正确。
3. ABCD，解析：根据《广告法》第 18 条第 1 款规定，保健食品广告不得含有下列内容：（1）表示功效、安全性的断言或者保证；（2）涉及疾病预防、治疗功能；（3）声称或者暗示广告商品为保障健康所必需；（4）与药品、其他保健食品进行比较；（5）利用广告代言人作推荐、证明；（6）法律、行政法规规定禁止的其他内容。故 A、B、C、D 项正确。
4. ABCD，解析：根据《广告法》第 23 条规定，酒类广告不得含有下列内容：（1）诱导、怂恿饮酒或者宣传无节制饮酒；（2）出现饮酒的动作；（3）表现驾驶车、船、飞机等活动；（4）明示或者暗示饮酒有消除紧张和焦虑、增加体力等功效。故A、B、C、D项正确。

5. ABD，解析：根据《广告法》第66条规定，违反本法规定，伪造、变造或者转让广告审查批准文件的，由市场监督管理部门没收违法所得，并处1万元以上10万元以下的罚款。故A、B、D项正确。

（四）填空题

1. 未成年人；残疾人。（《广告法》第10条）
2. 引人误解；虚假广告。（《广告法》第28条第1款）
3. 合法权益；社会公共利益。（《广告法》第54条）
4. 生命健康；连带责任。（《广告法》第56条第2款）
5. 个人责任；3；董事。（《广告法》第70条）

（五）简答题

答：根据《广告法》第9条规定，广告不得有下列情形：

（1）使用或者变相使用中华人民共和国的国旗、国歌、国徽，军旗、军歌、军徽；

（2）使用或者变相使用国家机关、国家机关工作人员的名义或者形象；

（3）使用“国家级”“最高级”“最佳”等用语；

（4）损害国家的尊严或者利益，泄露国家秘密；

（5）妨碍社会安定，损害社会公共利益；

（6）危害人身、财产安全，泄露个人隐私；

（7）妨碍社会公共秩序或者违背社会良好风尚；

（8）含有淫秽、色情、赌博、迷信、恐怖、暴力的内容；

（9）含有民族、种族、宗教、性别歧视的内容；

（10）妨碍环境、自然资源或者文化遗产保护；

（11）法律、行政法规规定禁止的其他情形。

肆 政策导向

一、中小企业促进法

（一）判断题

1. 中小企业应当依法经营，遵守国家劳动用工、安全生产、职业卫生、社会保障、资源环境、质量标准、知识产权、财政税收等方面的法律、法规，遵循诚信原则，规范内部管理，提高经营管理水平。（　　）
2. 国家实行有利于小型微型企业发展的税收政策，对符合条件的小型微型企业按照规定实行缓征、减征、免征企业所得税、增值税等措施，简化税收征管程序，减轻小型微型企业税收负担。（　　）
3. 国家健全多层次资本市场体系，多渠道推动股权融资，发展并规范债券市场，促进中小企业利用多种方式间接融资。（　　）
4. 国家鼓励中小企业研究开发拥有自主知识产权的技术和产品，规范内部知识产权管理，提升保护和运用知识产权的能力；鼓励中小企业投保知识产权保险；减轻中小企业申请和维持知识产权的费用等负担。（　　）
5. 县级以上人民政府负责中小企业促进工作综合管理的部门应当建立跨部门的政策信息互联网发布平台，及时汇集涉及中小企业的法律法规、创业、创新、金融、市场、权益保护等各类政府服务信息，必要时可收取适量信息费。（　　）

（二）单项选择题

1. 关于国家对中小企业融资促进的政策支持，下列说法错误的是：（　　）
   A. 中国人民银行应当综合运用货币政策工具，鼓励和引导金融机构加大对小型微型企业的信贷支持
   B. 国务院银行业监督管理机构对金融机构开展小型微型企业金融服务，应当采取降低小型微型企业不良贷款容忍度等措施

C. 国家鼓励各类金融机构开发和提供适合中小企业特点的金融产品和服务

D. 国有大型商业银行应当设立普惠金融机构，为小型微型企业提供金融服务

2. 下列哪一项内容不属于县级以上人民政府及其有关部门应当通过政府网站、宣传资料等形式，为创业人员免费提供的法律政策咨询和公共信息服务：(　　)

A. 工商、财税、金融　　B. 环境保护、安全生产

C. 劳动用工、社会保障　　D. 商业秘密、个人信用

3. 向中小企业预留的采购份额应当占本部门年度政府采购项目预算总额的(　　)以上；其中，预留给小型微型企业的比例不低于(　　)。中小企业无法提供的商品和服务除外。

A. 30%；70%　　B. 30%；60%

C. 40%；60%　　D. 50%；50%

4. 下列哪一类人员创办小型微型企业，不能按照国家规定享受税收优惠和收费减免：(　　)

A. 外国人和无国籍人　　B. 退役军人

C. 失业人员　　D. 高等学校毕业生

（三）多项选择题

1. 国家将促进中小企业发展作为长期发展战略，坚持各类企业(　　)，对中小企业特别是其中的小型微型企业实行积极扶持、加强引导、完善服务、依法规范、保障权益的方针，为中小企业创立和发展创造有利的环境。

A. 权利平等　　B. 机会平等

C. 义务平等　　D. 规则平等

2. 关于中小企业发展基金的规定，下列说法正确的是：(　　)

A. 国家设立中小企业发展基金

B. 国家中小企业发展基金应当遵循政策性导向和市场化运作原则，主要用于引导和带动社会资金支持初创期中小企业，促进创业创新

C. 县级以上地方各级人民政府可以设立中小企业发展基金

D. 中小企业发展基金的设立和使用管理办法由国务院规定

3. 国家支持征信机构发展针对中小企业融资的征信产品和服务，依法向(　　)采集信息。

A. 政府有关部门　　B. 公用事业单位

C. 商业机构　　D. 第三方评级机构

4. 关于随机抽查和合并、联合检查的规定，下列说法正确的是：(　　)

A. 县级以上地方各级人民政府有关部门对中小企业实施监督检查应当依法进行，建立随机抽查机制

B. 同一部门对中小企业实施的多项监督检查能够合并进行的，应当合并进行

C. 同一部门对中小企业实施的多项监督检查能够合并进行的，可以不合并进行

D. 不同部门对中小企业实施的多项监督检查能够合并完成的，由本级人民政府组织有关部门实施合并或者联合检查

（四）填空题

1. 国家推进中小企业信用制度建设，建立社会化的____征集与评价体系，实现中小企业信用信息查询、交流和共享的____。

2. 国家完善担保融资制度，支持金融机构为中小企业提供以____、知识产权、____、机器设备等为担保品的担保融资。

3. 国家支持利用闲置的____、工业厂房、企业库房和____等，为创业者提供低成本生产经营场所。

4. 国家鼓励科研机构、____和大型企业等创造条件向中小企业开放试验设施，开展技术研发与合作，帮助中小企业开发新产品，培养____。

5. 任何单位不得违反法律、法规向中小企业____，不得实施没有法律、法规依据的____，不得向中小企业____。中小企业对违反上述规定的行为有权____和举报、控告。

参考答案

(一) 判断题

1. √,解析:根据《中小企业促进法》第 4 条规定。
2. √,解析:根据《中小企业促进法》第 11 条规定。
3. ×,解析:根据《中小企业促进法》第 18 条规定,国家健全多层次资本市场体系,多渠道推动股权融资,发展并规范债券市场,促进中小企业利用多种方式直接融资。
4. √,解析:根据《中小企业促进法》第 35 条规定。
5. ×,解析:根据《中小企业促进法》第 45 条规定,县级以上人民政府负责中小企业促进工作综合管理的部门应当建立跨部门的政策信息互联网发布平台,及时汇集涉及中小企业的法律法规、创业、创新、金融、市场、权益保护等各类政府服务信息,为中小企业提供便捷无偿服务。

(二) 单项选择题

1. B,解析:根据《中小企业促进法》第 14、16、17 条规定,A、C、D 项正确。根据《中小企业促进法》第 15 条规定,国务院银行业监督管理机构对金融机构开展小型微型企业金融服务应当制定差异化监管政策,采取合理提高小型微型企业不良贷款容忍度等措施,引导金融机构增加小型微型企业融资规模和比重,提高金融服务水平。故 B 项错误,当选。
2. D,解析:根据《中小企业促进法》第 24 条规定,县级以上人民政府及其有关部门应当通过政府网站、宣传资料等形式,为创业人员免费提供工商、财税、金融、环境保护、安全生产、劳动用工、社会保障等方面的法律政策咨询和公共信息服务。故 D 项当选。
3. B,解析:根据《中小企业促进法》第 40 条第 2 款规定,向中小企业预留的采购份额应当占本部门年度政府采购项目预算总额的 30% 以上;其中,预留给小型微型企业的比例不低于 60% 。中小企业无法提供的商品和服务除外。故 B 项正确。
4. A,解析:根据《中小企业促进法》第 25 条规定,高等学校毕业生、退役军人和失业人员、残疾人员等创办小型微型企业,按照国家规定享受税收优惠和收费减免。故 A 项当选。

（三）多项选择题

1. ABD，解析：根据《中小企业促进法》第 3 条规定，国家将促进中小企业发展作为长期发展战略，坚持各类企业权利平等、机会平等、规则平等，对中小企业特别是其中的小型微型企业实行积极扶持、加强引导、完善服务、依法规范、保障权益的方针，为中小企业创立和发展创造有利的环境。故 A、B、D 项正确。
2. ABCD，解析：根据《中小企业促进法》第 10 条规定，国家设立中小企业发展基金。国家中小企业发展基金应当遵循政策性导向和市场化运作原则，主要用于引导和带动社会资金支持初创期中小企业，促进创业创新。县级以上地方各级人民政府可以设立中小企业发展基金。中小企业发展基金的设立和使用管理办法由国务院规定。故 A、B、C、D 项正确。
3. ABC，解析：根据《中小企业促进法》第 23 条第 1 款规定，国家支持征信机构发展针对中小企业融资的征信产品和服务，依法向政府有关部门、公用事业单位和商业机构采集信息。故 A、B、C 项正确。
4. ABD，解析：根据《中小企业促进法》第 56 条规定，县级以上地方各级人民政府有关部门对中小企业实施监督检查应当依法进行，建立随机抽查机制。同一部门对中小企业实施的多项监督检查能够合并进行的，应当合并进行；不同部门对中小企业实施的多项监督检查能够合并完成的，由本级人民政府组织有关部门实施合并或者联合检查。故 A、B、D 项正确。

（四）填空题

1. 信用信息；社会化。（《中小企业促进法》第 7 条）
2. 应收账款；存货。（《中小企业促进法》第 19 条）
3. 商业用房；物流设施。（《中小企业促进法》第 29 条第 2 款）
4. 高等学校；专业人才。（《中小企业促进法》第 37 条第 2 款）
5. 收取费用；罚款；摊派财物；拒绝。（《中小企业促进法》第 54 条）

二、科学技术进步法

（一）判断题

1. 国家坚持科学发展观，实施科教兴国战略，实行自主创新、重点跨越、支撑发展、引领未来的科学技术工作指导方针，构建国家创新体系，建设创新型国家。（　　）
2. 制定科学技术发展规划和重大政策，确定科学技术的重大项目、与科学技术密切相关的重大项目，应当充分听取科学技术人员的意见，实行科学决策。（　　）
3. 利用财政性资金设立的科学技术基金项目或者科学技术计划项目所形成的发明专利权、计算机软件著作权、集成电路布图设计专有权和植物新品种权，由国务院代表国家依法取得。（　　）
4. 国务院有关部门和省、自治区、直辖市人民政府应当通过制定产业、财政、能源、环境保护等政策，引导、促使企业研究开发新技术、新产品、新工艺，进行技术改造和设备更新，淘汰技术落后的设备、工艺，停止生产技术落后的产品。（　　）
5. 科学技术人员在艰苦、边远地区或者恶劣、危险环境中工作，所在单位可以按照国家规定给予补贴，提供其岗位或者工作场所应有的职业健康卫生保护。（　　）

（二）单项选择题

1. 根据《科学技术进步法》规定，国家鼓励金融机构开展（　　）业务。

   A. 证券化融资　　B. 知识产权质押

   C. 技术入股　　D. 融资租赁

2. 国家鼓励利用财政性资金设立的科学技术基金项目或者科学技术计划项目所形成的知识产权首先在（　　）使用。

   A. 国内　　B. 国外

C. 境内　　D. 境外

3. 各级人民政府和企业事业组织应当保障科学技术人员接受(　　)的权利，并为科学技术人员的合理流动创造环境和条件，发挥其专长。

A. 在线学习　　B. 技能培训

C. 集中轮训　　D. 继续教育

4. 在竞聘专业技术职务、参与科学技术评价、承担科学技术研究开发项目、接受继续教育等方面，下列哪一类人员不是在上述方面享有平等权利的主体：(　　)

A. 外国的杰出科学技术人员　　B. 青年科学技术人员

C. 少数民族科学技术人员　　D. 女性科学技术人员

（三）多项选择题

1. 科学技术评价制度应当根据不同科学技术活动的特点，按照(　　)的原则，实行分类评价。

A. 公平　　B. 公正

C. 公开　　D. 公示

2. 中华人民共和国政府发展同(　　)之间的科学技术合作与交流，鼓励科学技术研究开发机构、高等学校、科学技术人员、科学技术社会团体和企业事业组织依法开展国际科学技术合作与交流。

A. 外国政府　　B. 国际组织

C. 外国科技企业　　D. 外国科学技术人员

3. 从事下列哪些活动，按照国家有关规定享受税收优惠：(　　)

A. 从事技术开发、技术转让、技术咨询、技术服务

B. 进口国内不能生产或者性能不能满足需要的科学研究或者技术开发用品

C. 为实施国家重大科学技术专项、国家科学技术计划重大项目，进口国内不能生产的关键设备、原材料或者零部件

D. 法律、国家有关规定规定的其他科学研究、技术开发与科学技术应用活动

4. 根据《科学技术进步法》规定，按照国家有关规定，享受税收优惠的企

业有：(　　)

A. 从事高新技术产品研究开发、生产的企业

B. 投资于中小型高新技术企业的创业投资企业

C. 法律、行政法规规定的与科学技术进步有关的其他企业

D. 小型微利企业

5. 根据《科学技术进步法》规定，财政性科学技术资金应当主要用于下列哪些事项的投入：(　　)

A. 科学技术基础条件与设施建设

B. 对经济建设和社会发展具有战略性、基础性、前瞻性作用的前沿技术研究、社会公益性技术研究和重大共性关键技术研究

C. 重大共性关键技术应用和高新技术产业化示范

D. 科学技术普及

(四) 填空题

1. 国家保障科学技术研究开发的自由，鼓励科学探索和____，保护科学技术人员的____。
2. 县级以上人民政府应当采取措施，支持____农业科学技术研究开发机构和农业技术推广机构进行农业新品种、新技术的____和应用。
3. 公共研究开发平台和科学技术____应当为中小企业的____提供服务。
4. 各级人民政府和企业事业组织应当采取措施，提高____的工资和福利待遇；对有____的科学技术人员给予优厚待遇。
5. 国家鼓励国内外的组织或者个人____、设立科学技术基金，资助科学技术研究开发和____。

(五) 简答题

根据《科学技术进步法》规定，简述国家鼓励企业从事的活动。

参考答案

（一）判断题

1. √，解析：根据《科学技术进步法》第 2 条规定。
2. √，解析：根据《科学技术进步法》第 13 条第 2 款规定。
3. ×，解析：根据《科学技术进步法》第 20 条第 1 款规定，利用财政性资金设立的科学技术基金项目或者科学技术计划项目所形成的发明专利权、计算机软件著作权、集成电路布图设计专有权和植物新品种权，除涉及国家安全、国家利益和重大社会公共利益的外，授权项目承担者依法取得。
4. √，解析：根据《科学技术进步法》第 40 条第 2 款规定。
5. ×，解析：根据《科学技术进步法》第 52 条规定，科学技术人员在艰苦、边远地区或者恶劣、危险环境中工作，所在单位应当按照国家规定给予补贴，提供其岗位或者工作场所应有的职业健康卫生保护。

（二）单项选择题

1. B，解析：根据《科学技术进步法》第 18 条第 1 款规定，国家鼓励金融机构开展知识产权质押业务，鼓励和引导金融机构在信贷等方面支持科学技术应用和高新技术产业发展，鼓励保险机构根据高新技术产业发展的需要开发保险品种。故 B 项正确。
2. C，解析：根据《科学技术进步法》第 21 条第 1 款规定，国家鼓励利用财政性资金设立的科学技术基金项目或者科学技术计划项目所形成的知识产权首先在境内使用。故 C 项正确。
3. D，解析：根据《科学技术进步法》第 50 条规定，各级人民政府和企业事业组织应当保障科学技术人员接受继续教育的权利，并为科学技术人员的合理流动创造环境和条件，发挥其专长。故 D 项正确。
4. A，解析：根据《科学技术进步法》第 53 条第 1 款规定，青年科学技术人员、少数民族科学技术人员、女性科学技术人员等在竞聘专业技术职务、参与科学技术评价、承担科学技术研究开发项目、接受继续教育等方面享有平等权利。故 A 项当选。

（三）多项选择题

1. ABC，解析：根据《科学技术进步法》第 8 条第 2 款规定，科学技术评价制度应当根据不同科学技术活动的特点，按照公平、公正、公开的原则，实行分类评价。故 A、B、C 项正确。

2. AB，解析：根据《科学技术进步法》第 14 条规定，中华人民共和国政府发展同外国政府、国际组织之间的科学技术合作与交流，鼓励科学技术研究开发机构、高等学校、科学技术人员、科学技术社会团体和企业事业组织依法开展国际科学技术合作与交流。故 A、B 项正确。
3. ABCD，解析：根据《科学技术进步法》第 17 条规定，从事下列活动的，按照国家有关规定享受税收优惠：（1）从事技术开发、技术转让、技术咨询、技术服务；（2）进口国内不能生产或者性能不能满足需要的科学研究或者技术开发用品；（3）为实施国家重大科学技术专项、国家科学技术计划重大项目，进口国内不能生产的关键设备、原材料或者零部件；（4）法律、国家有关规定规定的其他科学研究、技术开发与科学技术应用活动。故 A、B、C、D 项正确。
4. ABC，解析：根据《科学技术进步法》第 36 条规定，下列企业按照国家有关规定享受税收优惠：（1）从事高新技术产品研究开发、生产的企业；（2）投资于中小型高新技术企业的创业投资企业；（3）法律、行政法规规定的与科学技术进步有关的其他企业。故 A、B、C 项正确。
5. ABCD，解析：根据《科学技术进步法》第 60 条第 1 款规定，财政性科学技术资金应当主要用于下列事项的投入：（1）科学技术基础条件与设施建设；（2）基础研究；（3）对经济建设和社会发展具有战略性、基础性、前瞻性作用的前沿技术研究、社会公益性技术研究和重大共性关键技术研究；（4）重大共性关键技术应用和高新技术产业化示范；（5）农业新品种、新技术的研究开发和农业科学技术成果的应用、推广；（6）科学技术普及。故 A、B、C、D 项正确。

（四）填空题

1. 技术创新；合法权益。（《科学技术进步法》第 3 条第 1 款）
2. 公益性；研究开发。（《科学技术进步法》第 23 条第 2 款）
3. 中介服务机构；技术创新。（《科学技术进步法》第 37 条第 2 款）
4. 科学技术人员；突出贡献。（《科学技术进步法》第 49 条）
5. 捐赠财产；科学技术普及。（《科学技术进步法》第 66 条）

（五）简答题

答：根据《科学技术进步法》第 32 条规定，国家鼓励企业开展下列活动：

（1）设立内部科学技术研究开发机构；

（2）同其他企业或者科学技术研究开发机构、高等学校联合建立科学技术研究开发机构，或者以委托等方式开展科学技术研究开发；

（3）培养、吸引和使用科学技术人员；

（4）同科学技术研究开发机构、高等学校、职业院校或者培训机构联合培养专业技术人才和高技能人才，吸引高等学校毕业生到企业工作；

（5）依法设立博士后工作站；

（6）结合技术创新和职工技能培训，开展科学技术普及活动，设立向公众开放的普及科学技术的场馆或者设施。

伍 税 收

一、税收征收管理法

（一）判断题

1. 任何机关、单位和个人不得违反法律、行政法规的规定，擅自作出税收开征、停征以及减税、免税、退税、补税和其他同税收法律、行政法规相抵触的决定。(　　)
2. 从事生产、经营的纳税人应当按照国家有关规定，持税务登记证件，在银行或者其他金融机构开立基本存款帐户和其他存款帐户，必要时将其帐号向税务机关报告。(　　)
3. 纳税人、扣缴义务人应当直接到税务机关办理纳税申报或者报送代扣代缴、代收代缴税款报告表，不得采取邮寄方式办理上述申报、报送事项。(　　)
4. 纳税人在限期内已缴纳税款，税务机关未立即解除税收保全措施，使纳税人的合法利益遭受损失的，税务机关应当承担赔偿责任。(　　)
5. 税务机关、税务人员查封、扣押纳税人个人及其所扶养家属维持生活必需的住房和用品的，责令退还，依法给予行政处分；构成犯罪的，依法追究刑事责任。(　　)

（二）单项选择题

1. 关于纳税人的权利，下列说法错误的是：(　　)

   A. 纳税人、扣缴义务人有权向税务机关了解国家税收法律、行政法规的规定以及与纳税程序有关的情况

   B. 纳税人、扣缴义务人有权要求税务机关为纳税人、扣缴义务人的情况保密

   C. 纳税人依法享有申请减税、免税、退税的权利

D. 纳税人、扣缴义务人依法享有申请行政复议、提起行政诉讼等权利，但无权请求国家赔偿

2. 企业，企业在外地设立的分支机构和从事生产、经营的场所，个体工商户和从事生产、经营的事业单位自领取营业执照之日起（　　）日内，持有关证件，向税务机关申报办理税务登记。

A. 20　　B. 30

C. 60　　D. 90

3. 纳税人因有特殊困难，不能按期缴纳税款的，经省、自治区、直辖市国家税务局、地方税务局批准，可以延期缴纳税款，但是最长不得超过（　　）。

A. 1 个月　　B. 3 个月

C. 6 个月　　D. 1 年

4. 税务机关扣押商品、货物或者其他财产时，必须开付（　　）；查封商品、货物或者其他财产时，必须开付（　　）。

A. 收据、收据　　B. 清单、清单

C. 清单、收据　　D. 收据、清单

5. 纳税人、扣缴义务人编造虚假计税依据的，由税务机关责令限期改正，并处（　　）万元以下的罚款。

A. 1　　B. 2

C. 5　　D. 10

（三）多项选择题

1. 根据《税收征收管理法》，对未按照规定办理税务登记的从事生产、经营的纳税人以及临时从事经营的纳税人，税务机关有权采取的措施有：（　　）

A. 由税务机关核定其应纳税额，责令缴纳

B. 不缴纳的，税务机关可以扣押其价值相当于应纳税款的商品、货物

C. 扣押后缴纳应纳税款的，税务机关必须立即解除扣押，并归还所扣押的商品、货物

D. 扣押后仍不缴纳应纳税款的，经县以上税务局（分局）局长批准，依

法拍卖或者变卖所扣押的商品、货物，以拍卖或者变卖所得抵缴税款

2. 根据《税收征收管理法》，税务机关有权进行下列哪些税务检查：(　　)

A. 检查纳税人的帐簿、记帐凭证、报表和有关资料，检查扣缴义务人代扣代缴、代收代缴税款帐簿、记帐凭证和有关资料

B. 到纳税人的生产、经营场所和货物存放地检查纳税人应纳税的商品、货物或者其他财产，检查扣缴义务人与代扣代缴、代收代缴税款有关的经营情况

C. 询问纳税人、扣缴义务人与纳税或者代扣代缴、代收代缴税款有关的问题和情况

D. 到车站、码头、机场、邮政企业及其分支机构检查纳税人托运、邮寄应纳税商品、货物或者其他财产的有关单据、凭证和有关资料

3. 纳税人有下列哪些行为，由税务机关责令限期改正，可以处2000元以下的罚款；情节严重的，处2000元以上1万元以下的罚款：(　　)

A. 未按照规定的期限申报办理税务登记、变更或者注销登记的

B. 未按照规定将财务、会计制度或者财务、会计处理办法和会计核算软件报送税务机关备查的

C. 未按照规定将其全部银行帐号向税务机关报告的

D. 未按照规定安装、使用税控装置，或者损毁或者擅自改动税控装置的

4. 从事生产、经营的纳税人、扣缴义务人未按照规定的期限缴纳或者解缴税款，纳税担保人未按照规定的期限缴纳所担保的税款，由税务机关责令限期缴纳，逾期仍未缴纳的，根据《税收征收管理法》规定，关于税收征收的强制执行，下列说法正确的是：(　　)

A. 税务机关采取强制执行措施，需经市以上税务局局长批准

B. 税务机关可以口头或书面通知其开户银行或者其他金融机构从其存款中扣缴税款

C. 税务机关采取强制执行措施时，对纳税人、扣缴义务人、纳税担保人未缴纳的滞纳金同时强制执行

D. 个人及其所扶养家属维持生活必需的住房和用品，不在强制执行措施的范围之内

5. 关于纳税人、扣缴义务人未缴或者少缴税款的处理，下列说法正确的是：（ ）

A. 因纳税人、扣缴义务人计算错误等失误，未缴或者少缴税款的，税务机关在3年内可以追征税款、滞纳金；有特殊情况的，追征期可以延长到5年

B. 因税务机关的责任，致使纳税人、扣缴义务人未缴或者少缴税款的，税务机关在3年内可以要求纳税人、扣缴义务人补缴税款、滞纳金

C. 对偷税的，税务机关追征其未缴或者少缴的税款、滞纳金，追征期可以延长到10年

D. 对骗税的，税务机关追征其所骗取的税款，追征期不受上述时间限制

（四）填空题

1. 地方各级人民政府应当依法加强对____内税收征收管理工作的领导或者协调，支持税务机关依法执行职务，依照____计算税额，依法征收税款。
2. 国家根据税收征收管理的需要，积极推广使用____。纳税人应当按照规定安装、使用税控装置，不得损毁或者____税控装置。
3. 税务机关采取税收保全措施和强制执行措施必须依照法定权限和____，不得查封、扣押纳税人个人及其所扶养家属____的住房和用品。
4. 纳税人欠缴应纳税款，采取转移或者隐匿财产的手段，妨碍税务机关追缴欠缴的税款的，由税务机关追缴欠缴的税款、滞纳金，并处欠缴税款____以上____倍以下的罚款；构成犯罪的，依法追究刑事责任。
5. 纳税人、扣缴义务人、纳税担保人同税务机关在纳税上发生争议时，必须先依照税务机关的纳税决定缴纳或者解缴税款及滞纳金或者____，然后可以依法申请行政复议；对行政复议决定不服的，可以依法____。

（五）简答题

简述税务机关有权核定纳税人应纳税额的情形。

参考答案

（一）判断题

1. √，解析：根据《税收征收管理法》第 3 条第 2 款规定。
2. ×，解析：根据《税收征收管理法》第 17 条第 1 款规定，从事生产、经营的纳税人应当按照国家有关规定，持税务登记证件，在银行或者其他金融机构开立基本存款帐户和其他存款帐户，并将其全部帐号向税务机关报告。
3. ×，解析：根据《税收征收管理法》第 26 条规定，纳税人、扣缴义务人可以直接到税务机关办理纳税申报或者报送代扣代缴、代收代缴税款报告表，也可以按照规定采取邮寄、数据电文或者其他方式办理上述申报、报送事项。
4. √，解析：根据《税收征收管理法》第 39 条规定。
5. √，解析：根据《税收征收管理法》第 79 条规定。

（二）单项选择题

1. D，解析：根据《税收征收管理法》第 8 条规定，纳税人、扣缴义务人有权向税务机关了解国家税收法律、行政法规的规定以及与纳税程序有关的情况。纳税人、扣缴义务人有权要求税务机关为纳税人、扣缴义务人的情况保密。税务机关应当依法为纳税人、扣缴义务人的情况保密。纳税人依法享有申请减税、免税、退税的权利。纳税人、扣缴义务人对税务机关所作出的决定，享有陈述权、申辩权；依法享有申请行政复议、提起行政诉讼、请求国家赔偿等权利。纳税人、扣缴义务人有权控告和检举税务机关、税务人员的违法违纪行为。故 D 项错误，当选。
2. B，解析：根据《税收征收管理法》第 15 条第 1 款规定，企业，企业在外地设立的分支机构和从事生产、经营的场所，个体工商户和从事生产、经营的事业单位（以下统称从事生产、经营的纳税人）自领取营业执照之日起 30 日内，持有关证件，向税务机关申报办理税务登记。税务机关应当于收到申报的当日办理登记并发给税务登记证件。故 B 项正确。
3. B，解析：根据《税收征收管理法》第 31 条第 2 款规定，纳税人因有特殊困难，不能按期缴纳税款的，经省、自治区、直辖市国家税务局、地方税务局批准，可以延期缴纳税款，但是最长不得超过 3 个月。故 B 项正确。

4. D，解析：根据《税收征收管理法》第 47 条规定，税务机关扣押商品、货物或者其他财产时，必须开付收据；查封商品、货物或者其他财产时，必须开付清单。故 D 项正确。

5. C，解析：根据《税收征收管理法》第 64 条第 1 款规定，纳税人、扣缴义务人编造虚假计税依据的，由税务机关责令限期改正，并处 5 万元以下的罚款。故 C 项正确。

（三）多项选择题

1. ABCD，解析：根据《税收征收管理法》第 37 条规定，对未按照规定办理税务登记的从事生产、经营的纳税人以及临时从事经营的纳税人，由税务机关核定其应纳税额，责令缴纳；不缴纳的，税务机关可以扣押其价值相当于应纳税款的商品、货物。扣押后缴纳应纳税款的，税务机关必须立即解除扣押，并归还所扣押的商品、货物；扣押后仍不缴纳应纳税款的，经县以上税务局（分局）局长批准，依法拍卖或者变卖所扣押的商品、货物，以拍卖或者变卖所得抵缴税款。据此，A、B、C、D 项正确。

2. ABCD，解析：根据《税收征收管理法》第 54 条规定，税务机关有权进行下列税务检查：（1）检查纳税人的帐簿、记帐凭证、报表和有关资料，检查扣缴义务人代扣代缴、代收代缴税款帐簿、记帐凭证和有关资料；（2）到纳税人的生产、经营场所和货物存放地检查纳税人应纳税的商品、货物或者其他财产，检查扣缴义务人与代扣代缴、代收代缴税款有关的经营情况；（3）责成纳税人、扣缴义务人提供与纳税或者代扣代缴、代收代缴税款有关的文件、证明材料和有关资料；（4）询问纳税人、扣缴义务人与纳税或者代扣代缴、代收代缴税款有关的问题和情况；（5）到车站、码头、机场、邮政企业及其分支机构检查纳税人托运、邮寄应纳税商品、货物或者其他财产的有关单据、凭证和有关资料；（6）经县以上税务局（分局）局长批准，凭全国统一格式的检查存款帐户许可证明，查询从事生产、经营的纳税人、扣缴义务人在银行或者其他金融机构的存款帐户。税务机关在调查税收违法案件时，经设区的市、自治州以上税务局（分局）局长批准，可以查询案件涉嫌人员的储蓄存款。税务机关查询所获得的资料，不得用于税收以外的用途。故 A、B、C、D 项正确。

3. ABCD，解析：根据《税收征收管理法》第 60 条第 1 款规定，纳税人有下列行为之一的，由税务机关责令限期改正，可以处 2000 元以下的罚款；情节严重的，处 2000 元以上 1 万元以下的罚款：（1）未按照规定的期限申报办理税务登记、变更或者注销登记的；（2）未按照规定设置、保管帐簿或者保管记帐凭证和有关资料的；（3）未按照规定将财务、会计制度或者财务、会计处理办法和会计核算软件报送税务机关备查的；（4）未按照规定将其全部银行帐号向税务机关报告的；（5）未按照规定安装、使用税控装置，或者损毁或者擅自改动税控装置的。故 A、B、C、D 项正确。

4. CD，解析：根据《税收征收管理法》第 40 条规定，从事生产、经营的纳税人、扣缴义务人未按照规定的期限缴纳或者解缴税款，纳税担保人未按照规定的期限缴纳所担保的税款，由税务机关责令限期缴纳，逾期仍未缴纳的，经县以上税务局（分局）局长批准，税务机关可以采取下列强制执行措施：（1）书面通知其开户银行或者其他金融机构从其存款中扣缴税款；（2）扣押、查封、依法拍卖或者变卖其价值相当于应纳税款的商品、货物或者其他财产，以拍卖或者变卖所得抵缴税款。税务机关采取强制执行措施时，对前款所列纳税人、扣缴义务人、纳税担保人未缴纳的滞纳金同时强制执行。个人及其所扶养家属维持生活必需的住房和用品，不在强制执行措施的范围之内。据此，C、D 项正确。

5. AD，解析：根据《税收征收管理法》第 52 条规定，因税务机关的责任，致使纳税人、扣缴义务人未缴或者少缴税款的，税务机关在 3 年内可以要求纳税人、扣缴义务人补缴税款，但是不得加收滞纳金。因纳税人、扣缴义务人计算错误等失误，未缴或者少缴税款的，税务机关在 3 年内可以追征税款、滞纳金；有特殊情况的，追征期可以延长到 5 年。对偷税、抗税、骗税的，税务机关追征其未缴或者少缴的税款、滞纳金或者所骗取的税款，不受前款规定期限的限制。据此，A、D 项正确。

（四）填空题

1. 本行政区域；法定税率。（《税收征收管理法》第 5 条第 2 款）
2. 税控装置；擅自改动。（《税收征收管理法》第 23 条）
3. 法定程序；维持生活必需。（《税收征收管理法》第 42 条）

4. 50%；5。(《税收征收管理法》第65条)

5. 提供相应的担保；向人民法院起诉。(《税收征收管理法》第88条第1款)

(五) 简答题

答：根据《税收征收管理法》第35条第1款规定，纳税人有下列情形之一的，税务机关有权核定其应纳税额：

(1) 依照法律、行政法规的规定可以不设置帐簿的；

(2) 依照法律、行政法规的规定应当设置帐簿但未设置的；

(3) 擅自销毁帐簿或者拒不提供纳税资料的；

(4) 虽设置帐簿，但帐目混乱或者成本资料、收入凭证、费用凭证残缺不全，难以查帐的；

(5) 发生纳税义务，未按照规定的期限办理纳税申报，经税务机关责令限期申报，逾期仍不申报的；

(6) 纳税人申报的计税依据明显偏低，又无正当理由的。

二、企业所得税法

（一）判断题

1. 非居民企业在中国境内设立机构、场所的，仅就其来源于中国境内的所得缴纳企业所得税。（ ）
2. 企业在汇总计算缴纳企业所得税时，其境外营业机构的亏损可以抵减境内营业机构的盈利。（ ）
3. 企业购置用于环境保护、节能节水、安全生产等专用设备的投资额，应当按一定比例实行税额抵免。（ ）
4. 对非居民企业在中国境内取得工程作业和劳务所得应缴纳的所得税，税务机关可以指定工程价款或者劳务费的支付人为扣缴义务人。（ ）
5. 企业不提供与其关联方之间业务往来资料，或者提供虚假、不完整资料，未能真实反映其关联业务往来情况的，税务机关有权依法核定其应纳税所得额。（ ）

（二）单项选择题

1. 企业所得税的税率为：（ ）

   A. 15%　　B. 20%

   C. 25%　　D. 30%

2. 企业的应纳税所得额乘以适用税率，减除依照《企业所得税法》关于税收优惠的规定减免和抵免的税额后的余额，为（ ）。

   A. 应纳税所得额　　B. 应纳税额

   C. 所得税税额　　D. 抵免限额

3. 国家需要重点扶持的高新技术企业，减按（ ）的税率征收企业所得税。

   A. 15%　　B. 20%

   C. 25%　　D. 30%

4. 根据国民经济和社会发展的需要，或者由于突发事件等原因对企业经营活动产生重大影响的，（　　）可以制定企业所得税专项优惠政策，报全国人民代表大会常务委员会备案。

A. 国务院　　　　B. 全国人民代表大会

C. 国家税务总局　　　　D. 省级人民政府

5. 扣缴义务人每次代扣的税款，应当自代扣之日起（　　）日内缴入国库，并向所在地的税务机关报送扣缴企业所得税报告表。

A. 3　　　　B. 7

C. 10　　　　D. 15

（三）多项选择题

1. 根据《企业所得税法》的规定，下列关于纳税企业的说法正确的是：（　　）

A. 个人独资企业、合伙企业不适用《企业所得税法》

B. 纳税企业分为居民企业和非居民企业

C. 居民企业，是指依法在中国境内成立，或者依照外国（地区）法律成立但实际管理机构在中国境内的企业

D. 非居民企业，是指依照外国（地区）法律成立且实际管理机构不在中国境内，但在中国境内设立机构、场所的，或者在中国境内未设立机构、场所，但有来源于中国境内所得的企业

2. 根据《企业所得税法》的规定，收入总额中为不征税收入的有：（　　）

A. 股息、红利等权益性投资收益

B. 财政拨款

C. 依法收取并纳入财政管理的行政事业性收费、政府性基金

D. 特许使用费收入

3. 在计算应纳税所得额时，企业发生的下列哪些支出作为长期待摊费用，按照规定摊销的，准予扣除：（　　）

A. 已足额提取折旧的固定资产的改建支出

B. 租入固定资产的改建支出

C. 固定资产的大修理支出

D. 向投资者支付的股息、红利等权益性投资收益款项

4. 根据《企业所得税法》的规定，企业的免税收入有：（　　）

A. 国债利息收入

B. 符合条件的居民企业之间的股息、红利等权益性投资收益

C. 在中国境内设立机构、场所的非居民企业从居民企业取得与该机构、场所有实际联系的股息、红利等权益性投资收益

D. 接受捐赠收入

（四）填空题

1. 企业____存货，按照规定计算的____，准予在计算应纳税所得额时扣除。
2. 企业的____由于技术进步等原因，确需____的，可以缩短折旧年限或者采取加速折旧的方法。
3. 企业与其关联方之间的业务往来，不符合____而减少企业或者其关联方应纳税收入或者所得额的，税务机关有权按照____调整。
4. 企业实施其他不具有____的安排而减少其应纳税收入或者所得额的，税务机关有权按照____调整。
5. 企业在一个纳税年度中间开业，或者终止经营活动，使该纳税年度的____不足 12 个月的，应当以其实际经营期为一个____。

（五）简答题

简述在计算应纳税所得额时，不得扣除的支出。

参考答案

（一）判断题

1. ×，解析：根据《企业所得税法》第 3 条第 2、3 款规定，非居民企业在中国境内设立机构、场所的，应当就其所设机构、场所取得的来源于中国境内的所得，以及发生在中国境外但与其所设机构、场所有实际联系的所得，缴纳企业所得税。非居民企业在中国境内未设立机构、场所的，或者虽设立机构、场所但取得的所得与其所设机构、场所没有实际联系的，应当就其来源于中国境内的所得缴纳企业所得税。

2. ×，解析：根据《企业所得税法》第 17 条规定，企业在汇总计算缴纳企业所得税时，其境外营业机构的亏损不得抵减境内营业机构的盈利。
3. ×，解析：根据《企业所得税法》第 34 条规定，企业购置用于环境保护、节能节水、安全生产等专用设备的投资额，可以按一定比例实行税额抵免。
4. √，解析：根据《企业所得税法》第 38 条规定。
5. √，解析：根据《企业所得税法》第 44 条规定。

（二）单项选择题

1. C，解析：根据《企业所得税法》第 4 条第 1 款规定，企业所得税的税率为 25%。故 C 项正确。
2. B，解析：根据《企业所得税法》第 22 条规定，企业的应纳税所得额乘以适用税率，减除依照本法关于税收优惠的规定减免和抵免的税额后的余额，为应纳税额。故 B 项正确。
3. A，解析：根据《企业所得税法》第 28 条第 2 款规定，国家需要重点扶持的高新技术企业，减按 15% 的税率征收企业所得税。故 A 项正确。
4. A，解析：根据《企业所得税法》第 36 条规定，根据国民经济和社会发展的需要，或者由于突发事件等原因对企业经营活动产生重大影响的，国务院可以制定企业所得税专项优惠政策，报全国人民代表大会常务委员会备案。故 A 项正确。
5. B，解析：根据《企业所得税法》第 40 条规定，扣缴义务人每次代扣的税款，应当自代扣之日起 7 日内缴入国库，并向所在地的税务机关报送扣缴企业所得税报告表。故 B 项正确。

（三）多项选择题

1. ABCD，解析：根据《企业所得税法》第 1 条第 2 款规定，个人独资企业、合伙企业不适用本法。据此，A 项正确。根据《企业所得税法》第 2 条规定，企业分为居民企业和非居民企业。本法所称居民企业，是指依法在中国境内成立，或者依照外国（地区）法律成立但实际管理机构在中国境内的企业。本法所称非居民企业，是指依照外国（地区）法律成立且实际管理机构不在中国境内，但在中国境内设立机构、场所的，或者在中国境内未设立机构、场所，但有来源于中国境内所得的企业。据此，B、C、D 项正确。

2. BC，解析：根据《企业所得税法》第 7 条规定，收入总额中的下列收入为不征税收入：(1) 财政拨款；(2) 依法收取并纳入财政管理的行政事业性收费、政府性基金；(3) 国务院规定的其他不征税收入。故 B、C 项正确。
3. ABC，解析：根据《企业所得税法》第 13 条规定，在计算应纳税所得额时，企业发生的下列支出作为长期待摊费用，按照规定摊销的，准予扣除：(1) 已足额提取折旧的固定资产的改建支出；(2) 租入固定资产的改建支出；(3) 固定资产的大修理支出；(4) 其他应当作为长期待摊费用的支出。故 A、B、C 项正确。
4. ABC，解析：根据《企业所得税法》第 26 条规定，企业的下列收入为免税收入：(1) 国债利息收入；(2) 符合条件的居民企业之间的股息、红利等权益性投资收益；(3) 在中国境内设立机构、场所的非居民企业从居民企业取得与该机构、场所有实际联系的股息、红利等权益性投资收益；(4) 符合条件的非营利组织的收入。故 A、B、C 项正确。

(四) 填空题

1. 使用或者销售；存货成本。(《企业所得税法》第 15 条)
2. 固定资产；加速折旧。(《企业所得税法》第 32 条)
3. 独立交易原则；合理方法。(《企业所得税法》第 41 条第 1 款)
4. 合理商业目的；合理方法。(《企业所得税法》第 47 条)
5. 实际经营期；纳税年度。(《企业所得税法》第 53 条第 2 款)

(五) 简答题

答：根据《企业所得税法》第 10 条规定，在计算应纳税所得额时，下列支出不得扣除：

(1) 向投资者支付的股息、红利等权益性投资收益款项；
(2) 企业所得税税款；
(3) 税收滞纳金；
(4) 罚金、罚款和被没收财物的损失；
(5)《企业所得税法》第 9 条规定以外的捐赠支出；
(6) 赞助支出；
(7) 未经核定的准备金支出；
(8) 与取得收入无关的其他支出。

三、个人所得税法

（一）判断题

1. 在中国境内无住所又不居住，或者无住所而一个纳税年度内在中国境内居住累计不满183天的个人，为非居民个人。（　　）
2. 因自然灾害遭受重大损失的应当减征个人所得税。（　　）
3. 纳税人有中国公民身份号码的，以中国公民身份号码为纳税人识别号；纳税人没有中国公民身份号码的，由税务机关赋予其纳税人识别号。扣缴义务人扣缴税款时，纳税人应当向扣缴义务人提供纳税人识别号。（　　）
4. 非居民个人取得工资、薪金所得，劳务报酬所得，稿酬所得和特许权使用费所得，有扣缴义务人的，由扣缴义务人按月或者按次代扣代缴税款，不办理汇算清缴。（　　）
5. 个人转让不动产的，税务机关可以根据不动产登记等相关信息核验应缴的个人所得税，登记机构办理转移登记时，可以查验与该不动产转让相关的个人所得税的完税凭证。（　　）

（二）单项选择题

1. 个人将其所得对教育、扶贫、济困等公益慈善事业进行捐赠，捐赠额未超过纳税人申报的应纳税所得额（　　）的部分，可以从其应纳税所得额中扣除；国务院规定对公益慈善事业捐赠实行全额税前扣除的，从其规定。

   A. 20%　　B. 30%　　C. 50%　　D. 70%
2. 纳税人取得应税所得没有扣缴义务人的，应当在取得所得的次月（　　）日内内向税务机关报送纳税申报表，并缴纳税款。

   A. 5　　B. 15　　C. 20　　D. 30
3. 对扣缴义务人按照所扣缴的税款，付给（　　）的手续费。

   A. 2%　　B. 3%　　C. 5%　　D. 10%

（三）多项选择题

1. 根据《个人所得税法》的规定，关于个人所得税的税率，下列说法正确的是：（　　）

   A. 综合所得，适用3%至45%的超额累进税率

   B. 经营所得，适用5%至35%的超额累进税率

   C. 财产转让所得和偶然所得，适用5%至45%的超额累进税率

   D. 利息、股息、红利所得，财产租赁所得，适用比例税率，税率为20%

2. 根据《个人所得税法》的规定，下列哪些个人所得，免征个人所得税：（　　）

   A. 国债和国家发行的金融债券利息

   B. 福利费、抚恤金、救济金

   C. 军人的转业费、复员费、退役金

   D. 中国政府参加的国际公约、签订的协议中规定免税的所得

3. 根据《个人所得税法》，关于应纳税所得额的计算，下列说法正确的是：（　　）

   A. 居民个人的综合所得，以每一纳税年度的收入额减除费用6万元以及专项扣除、专项附加扣除和依法确定的其他扣除后的余额，为应纳税所得额

   B. 经营所得，以每一纳税年度的收入总额减除成本、费用以及损失后的余额，为应纳税所得额

   C. 财产租赁所得，每次收入不超过4000元的，减除费用800元；4000以上的，减除20%的费用，其余额为应纳税所得额

   D. 利息、股息、红利所得和偶然所得，以每次收入额为应纳税所得额

4. 有下列哪些情形，纳税人应当依法办理纳税申报：（　　）

   A. 取得综合所得需要办理汇算清缴

   B. 取得应税所得没有扣缴义务人

   C. 取得应税所得，扣缴义务人未扣缴税款

   D. 非居民个人在中国境内从两处以上取得工资、薪金所得

（四）填空题

1. 居民个人从____取得的所得，可以从其应纳税额中抵免已在境外缴纳的个人所得税税额，但抵免额不得超过该纳税人境外所得依照《个人所得税法》规定计算的____。
2. 纳税人取得利息、____、红利所得，财产租赁所得，财产转让所得和____，按月或者按次计算个人所得税，有扣缴义务人的，由扣缴义务人按月或者按次代扣代缴税款。
3. 纳税人办理汇算清缴退税或者扣缴义务人为纳税人办理汇算清缴退税的，____审核后，按照____的有关规定办理退税。
4. 各项所得的计算，以____为单位。所得为人民币以外的货币的，按照人民币____折合成人民币缴纳税款。

（五）简答题

简述应当缴纳个人所得税的情形。

参考答案

（一）判断题

1. √，解析：根据《个人所得税法》第1条第2款规定。
2. ×，解析：根据《个人所得税法》第5条第1款规定，有下列情形之一的，可以减征个人所得税，具体幅度和期限，由省、自治区、直辖市人民政府规定，并报同级人民代表大会常务委员会备案：（1）残疾、孤老人员和烈属的所得；（2）因自然灾害遭受重大损失的。
3. √，解析：根据《个人所得税法》第9条第2款规定。
4. √，解析：根据《个人所得税法》第11条第3款规定。
5. ×，解析：根据《个人所得税法》第15条第2款规定，个人转让不动产的，税务机关应当根据不动产登记等相关信息核验应缴的个人所得税，登记机构办理转移登记时，应当查验与该不动产转让相关的个人所得税的完税凭证。个人转让股权办理变更登记的，市场主体登记机关应当查验与该股权交易相关的个人所得税的完税凭证。

（二）单项选择题

1. B，解析：根据《个人所得税法》第 6 条第 3 款规定，个人将其所得对教育、扶贫、济困等公益慈善事业进行捐赠，捐赠额未超过纳税人申报的应纳税所得额 30% 的部分，可以从其应纳税所得额中扣除；国务院规定对公益慈善事业捐赠实行全额税前扣除的，从其规定。故 B 项正确。
2. B，解析：根据《个人所得税法》第 13 条第 1 款规定，纳税人取得应税所得没有扣缴义务人的，应当在取得所得的次月 15 日内向税务机关报送纳税申报表，并缴纳税款。故 B 项正确。
3. A，解析：根据《个人所得税法》第 17 条规定，对扣缴义务人按照所扣缴的税款，付给 2% 的手续费。故 A 项正确。

（三）多项选择题

1. ABD，解析：根据《个人所得税法》第 3 条规定，个人所得税的税率：（1）综合所得，适用 3% 至 45% 的超额累进税率（税率表附后）；（2）经营所得，适用 5% 至 35% 的超额累进税率（税率表附后）；（3）利息、股息、红利所得，财产租赁所得，财产转让所得和偶然所得，适用比例税率，税率为 20%。故 A、B、D 项正确。
2. ABCD，解析：根据《个人所得税法》第 4 条第 1 款规定，下列各项个人所得，免征个人所得税：（1）省级人民政府、国务院部委和中国人民解放军军以上单位，以及外国组织、国际组织颁发的科学、教育、技术、文化、卫生、体育、环境保护等方面的奖金；（2）国债和国家发行的金融债券利息；（3）按照国家统一规定发给的补贴、津贴；（4）福利费、抚恤金、救济金；（5）保险赔款；（6）军人的转业费、复员费、退役金；（7）按照国家统一规定发给干部、职工的安家费、退职费、基本养老金或者退休费、离休费、离休生活补助费；（8）依照有关法律规定应予免税的各国驻华使馆、领事馆的外交代表、领事官员和其他人员的所得；（9）中国政府参加的国际公约、签订的协议中规定免税的所得；（10）国务院规定的其他免税所得。故 A、B、C、D 项正确。
3. ABCD，解析：根据《个人所得税法》第 6 条第 1 款规定，应纳税所得额的计算：（1）居民个人的综合所得，以每一纳税年度的收入额减除费用 6 万元以及专项扣除、专项附加扣除和依法确定的其他扣除后的余额，为应纳税所得额。（2）非居民个人的工资、薪金所得，以每月收入额减除费用5000元后的余额为应纳税所得额；劳务报酬所得、稿酬所得、特许权使用费所得，以每次收入额为应纳税所得额。（3）经营所得，以每一纳税年度的收入总额减除成本、费用以及损失后的余额，为应纳税所得额。（4）财产租赁所得，每次收入不超过4000元的，减除费用800元；4000元以上的，减除20%的费用，其余额为应纳税所得额。（5）财产转让所得，以转让财产的收入额减除财产原值和合理费用后的余额，为应纳税所得额。（6）利息、股息、红利所得和偶然所得，以每次收入额为应纳税所得额。故A、B、C、D项正确。

4. ABCD，解析：根据《个人所得税法》第10条第1款规定，有下列情形之一的，纳税人应当依法办理纳税申报：（1）取得综合所得需要办理汇算清缴；（2）取得应税所得没有扣缴义务人；（3）取得应税所得，扣缴义务人未扣缴税款；（4）取得境外所得；（5）因移居境外注销中国户籍；（6）非居民个人在中国境内从两处以上取得工资、薪金所得；（7）国务院规定的其他情形。故A、B、C、D项正确。

（四）填空题

1. 中国境外；应纳税额。（《个人所得税法》第7条）
2. 股息；偶然所得。（《个人所得税法》第12条第2款）
3. 税务机关；国库管理。（《个人所得税法》第14条第2款）
4. 人民币；汇率中间价。（《个人所得税法》第16条）

（五）简答题

答：根据《个人所得税法》第2条规定，下列各项个人所得，应当缴纳个人所得税：

（1）工资、薪金所得；
（2）劳务报酬所得；
（3）稿酬所得；
（4）特许权使用费所得；
（5）经营所得；
（6）利息、股息、红利所得；
（7）财产租赁所得；
（8）财产转让所得；
（9）偶然所得。

四、城市维护建设税法

（一）判断题

1. 城市维护建设税以纳税人依法实际缴纳的增值税、消费税税额为计税依据。（   ）
2. 根据国民经济和社会发展的需要，国务院对重大公共基础设施建设、特殊产业和群体以及重大突发事件应对等情形应当规定减征或者免征城市维护建设税，报全国人民代表大会常务委员会批准。（   ）

（二）单项选择题

城市维护建设税的扣缴义务人为负有增值税、消费税扣缴义务的（   ），在扣缴增值税、消费税的同时扣缴城市维护建设税。

A. 单位　　B. 个人

C. 单位或个人　　D. 单位和个人

（三）多项选择题

根据《城市维护建设税法》关于城市维护建设税税率的规定，下列说法正确的是：（   ）

A. 纳税人所在地在市区的，税率为7%

B. 纳税人所在地在市区的，税率为5%

C. 纳税人所在地在县城、镇的，税率为5%

D. 纳税人所在地不在市区、县城或者镇的，税率为3%

（四）填空题

1. 对进口货物或者境外单位和个人向境内销售劳务、服务、____缴纳的增值税、消费税税额，____城市维护建设税。
2. 城市维护建设税的应纳税额按照____乘以____计算。

参考答案

（一）判断题

1. √，解析：根据《城市维护建设税法》第 2 条第 1 款规定。
2. ×，解析：根据《城市维护建设税法》第 6 条规定，根据国民经济和社会发展的需要，国务院对重大公共基础设施建设、特殊产业和群体以及重大突发事件应对等情形可以规定减征或者免征城市维护建设税，报全国人民代表大会常务委员会备案。

（二）单项选择题

D，解析：根据《城市维护建设税法》第 8 条规定，城市维护建设税的扣缴义务人为负有增值税、消费税扣缴义务的单位和个人，在扣缴增值税、消费税的同时扣缴城市维护建设税。故 D 项正确。

（三）多项选择题

AC，解析：根据《城市维护建设税法》第 4 条第 1 款规定，城市维护建设税税率如下：（1）纳税人所在地在市区的，税率为 7%；（2）纳税人所在地在县城、镇的，税率为 5%；（3）纳税人所在地不在市区、县城或者镇的，税率为 1%。故 A、C 项正确。

（四）填空题

1. 无形资产；不征收。（《城市维护建设税法》第 3 条）
2. 计税依据；具体适用税率。（《城市维护建设税法》第 5 条）

五、车船税法

（一）判断题

1. 对节约能源、使用新能源的车船应当减征或者免征车船税；对受严重自然灾害影响纳税困难以及有其他特殊原因确需减税、免税的，应当减征或者免征车船税。（　　）
2. 从事机动车第三者责任强制保险业务的保险机构为机动车车船税的扣缴义务人，应当在收取保险费时依法代收车船税，并出具代收税款凭证。（　　）
3. 车辆所有人或者管理人在申请办理车辆相关登记、定期检验手续时，应当向公安机关交通管理部门提交依法纳税或者免税证明。公安机关交通管理部门核查后办理相关手续。（　　）

（二）单项选择题

车船税纳税义务发生时间为取得车船所有权或者管理权的（　　）。

A. 当天　　B. 当月

C. 当季度　　D. 当年

（三）多项选择题

根据《车船税法》的规定，下列哪些车船免征车船税：（　　）

A. 捕捞、养殖渔船

B. 军队、武装警察部队专用的车船

C. 悬挂应急救援专用号牌的国家综合性消防救援车辆和国家综合性消防救援专用船舶

D. 依照法律规定应当予以免税的外国驻华使领馆、国际组织驻华代表机构及其有关人员的车船

（四）填空题

1. 省、自治区、直辖市人民政府根据当地实际情况，可以对____，农村居民拥有并主要在农村地区使用的摩托车、三轮汽车和低速载货汽车定期____或者____车船税。
2. 车船税的纳税地点为车船的____或者车船税扣缴义务人所在地。依法不需要办理登记的车船，车船税的纳税地点为车船的所有人或者____所在地。

参考答案

（一）判断题

1. ×，解析：根据《车船税法》第 4 条规定，对节约能源、使用新能源的车船可以减征或者免征车船税；对受严重自然灾害影响纳税困难以及有其他特殊原因确需减税、免税的，可以减征或者免征车船税。具体办法由国务院规定，并报全国人民代表大会常务委员会备案。
2. √，解析：根据《车船税法》第 6 条规定。
3. √，解析：根据《车船税法》第 10 条第 2 款规定。

（二）单项选择题

B，解析：根据《车船税法》第 8 条规定，车船税纳税义务发生时间为取得车船所有权或者管理权的当月。故 B 项正确。

（三）多项选择题

ABCD，解析：根据《车船税法》第 3 条规定，下列车船免征车船税：（1）捕捞、养殖渔船；（2）军队、武装警察部队专用的车船；（3）警用车船；（4）悬挂应急救援专用号牌的国家综合性消防救援车辆和国家综合性消防救援专用船舶；（5）依照法律规定应当予以免税的外国驻华使领馆、国际组织驻华代表机构及其有关人员的车船。故 A、B、C、D 项正确。

（四）填空题

1. 公共交通车船；减征；免征。（《车船税法》第 5 条）
2. 登记地；管理人。（《车船税法》第 7 条）

六、耕地占用税法

（一）判断题

1. 占用耕地建设农田水利设施的，可以减征或者免征耕地占用税。（　　）
2. 农村居民在规定用地标准以内占用耕地新建自用住宅，按照当地适用税额减半征收耕地占用税；其中农村居民经批准搬迁，新建自用住宅占用耕地不超过原宅基地面积的部分，免征耕地占用税。（　　）
3. 税务机关应当与相关部门建立耕地占用税涉税信息共享机制和工作配合机制。县级以上地方人民政府自然资源、农业农村、水利等相关部门应当定期向税务机关提供农用地转用、临时占地等信息，协助税务机关加强耕地占用税征收管理。（　　）

（二）单项选择题

1. 根据《耕地占用税法》规定，下列哪一项占用耕地，不得免征耕地占用税：（　　）

   A. 社会福利机构　　B. 学校、幼儿园

   C. 医疗机构　　D. 水利工程

2. 纳税人因建设项目施工或者地质勘查临时占用耕地缴纳耕地占用税的，在批准临时占用耕地期满之日起1年内依法复垦，恢复种植条件的，其已经缴纳的耕地占用税应当：（　　）

   A. 全额退还　　B. 退还50%

   C. 批准用以抵扣环境保护税　　D. 批准用以抵扣企业所得税

3. 耕地占用税的纳税义务发生时间为纳税人收到自然资源主管部门办理占用耕地手续的书面通知的当日。纳税人应当自纳税义务发生之日起（　　）日内申报缴纳耕地占用税。

   A. 15　　B. 20

   C. 30　　D. 60

（三）多项选择题

根据《耕地占用税法》，关于耕地占用税的税额的规定，下列说法正确的是：（　　）

A. 人均耕地不超过 1 亩的地区，每平方米为 10 元至 50 元

B. 人均耕地超过 1 亩但不超过 2 亩的地区，每平方米为 8 元至 40 元

C. 人均耕地超过 2 亩但不超过 3 亩的地区，每平方米为 6 元至 30 元

D. 人均耕地超过 3 亩的地区，每平方米为 5 元至 25 元

（四）填空题

1. 耕地占用税以纳税人____的耕地面积为计税依据，按照规定的适用税额____，应纳税额为纳税人实际占用的耕地面积（平方米）乘以适用税额。
2. 占用园地、林地、草地、____、养殖水面、____以及其他农用地建设建筑物、构筑物或者从事非农业建设的，依照《耕地占用税法》的规定缴纳耕地占用税。
3. 税务机关发现纳税人的纳税申报数据资料异常或者纳税人未按照____申报纳税的，可以提请相关部门进行____，相关部门应当自收到税务机关复核申请之日起 30 日内向税务机关出具复核意见。

参考答案

（一）判断题

1. ×，解析：根据《耕地占用税法》第 2 条第 2 款规定，占用耕地建设农田水利设施的，不缴纳耕地占用税。
2. √，解析：根据《耕地占用税法》第 7 条第 3 款规定。
3. √，解析：根据《耕地占用税法》第 13 条第 1 款规定。

（二）单项选择题

1. D，解析：根据《耕地占用税法》第 7 条第 1、2 款规定，军事设施、学校、幼儿园、社会福利机构、医疗机构占用耕地，免征耕地占用税。铁路线路、公路线路、飞机场跑道、停机坪、港口、航道、水利工程占用

耕地，减按每平方米 2 元的税额征收耕地占用税。据此，D 项当选。

2. A，解析：根据《耕地占用税法》第 11 条规定，纳税人因建设项目施工或者地质勘查临时占用耕地，应当依照本法的规定缴纳耕地占用税。纳税人在批准临时占用耕地期满之日起 1 年内依法复垦，恢复种植条件的，全额退还已经缴纳的耕地占用税。据此，A 项当选。

3. C，解析：根据《耕地占用税法》第 10 条第 1 款规定，耕地占用税的纳税义务发生时间为纳税人收到自然资源主管部门办理占用耕地手续的书面通知的当日。纳税人应当自纳税义务发生之日起 30 日内申报缴纳耕地占用税。故 C 项正确。

（三）多项选择题

ABCD，解析：根据《耕地占用税法》第 4 条第 1 款规定，耕地占用税的税额如下：（1）人均耕地不超过 1 亩的地区（以县、自治县、不设区的市、市辖区为单位，下同），每平方米为 10 元至 50 元；（2）人均耕地超过 1 亩但不超过 2 亩的地区，每平方米为 8 元至 40 元；（3）人均耕地超过 2 亩但不超过 3 亩的地区，每平方米为 6 元至 30 元；（4）人均耕地超过 3 亩的地区，每平方米为 5 元至 25 元。故 A、B、C、D 项正确。

（四）填空题

1. 实际占用；一次性征收。（《耕地占用税法》第 3 条）
2. 农田水利用地；渔业水域滩涂。（《耕地占用税法》第 12 条第 1 款）
3. 规定期限；复核。（《耕地占用税法》第 13 条第 2 款）

七、资源税法

（一）判断题

1. 实行从价计征的，应纳税额按照应税资源产品的销售额乘以具体适用税率计算。实行从量计征的，应纳税额按照应税产品的销售数量乘以具体适用税率计算。(　　)
2. 根据国民经济和社会发展需要，国务院对有利于促进资源节约集约利用、保护环境等情形应当规定免征或者减征资源税，报全国人民代表大会常务委员会备案。(　　)
3. 税务机关与自然资源等相关部门应当建立工作配合机制，加强资源税征收管理。(　　)
4. 水资源税根据当地水资源状况、取用水类型和经济发展等情况实行差别税率。(　　)
5. 中外合作开采陆上、海上石油资源的企业减征资源税。(　　)

（二）单项选择题

1. 根据《资源税法》的规定，纳税人开采或者生产不同税目应税产品的，应当分别核算不同税目应税产品的销售额或者销售数量；未分别核算或者不能准确提供不同税目应税产品的销售额或者销售数量的，(　　)适用税率。

   A. 从低　　B. 从高

   C. 从轻　　D. 从重

2. 根据《资源税法》的规定，纳税人销售应税产品，纳税义务发生时间为收讫销售款或者取得索取销售款凭据的(　　)；自用应税产品的，纳税义务发生时间为移送应税产品的(　　)。

   A. 当日；当日　　B. 当日；次日

   C. 次日；当日　　D. 次日；次日

3. 根据《资源税法》的规定，纳税人按月或者按季申报缴纳的，应当自月度或者季度终了之日起（　　）日内，向税务机关办理纳税申报并缴纳税款；按次申报缴纳的，应当自纳税义务发生之日起（　　）日内，向税务机关办理纳税申报并缴纳税款。

A. 10；15　　B. 15；15

C. 15；30　　D. 30；60

（三）多项选择题

根据《资源税法》的规定，下列哪些情形免征资源税：（　　）

A. 开采原油以及在油田范围内运输原油过程中用于加热的原油、天然气

B. 煤炭开采企业因安全生产需要抽采的煤成（层）气

C. 从低丰度油气田开采的原油、天然气

D. 高含硫天然气、三次采油和从深水油气田开采的原油、天然气

（四）填空题

1. 资源税的应税产品为矿产品的，包括____和____产品。
2. 纳税人开采或者生产____自用的，应当依照《资源税法》规定缴纳资源税；但是，自用于连续生产应税产品的，____资源税。
3. 纳税人的免税、减税项目，应当____销售额或者销售数量；未单独核算或者____销售额或者销售数量的，不予免税或者减税。
4. 纳税人应当向应税产品____或者____的税务机关申报缴纳资源税。

参考答案

（一）判断题

1. √，解析：根据《资源税法》第 3 条第 3 款规定。
2. ×，解析：根据《资源税法》第 6 条第 3 款规定，根据国民经济和社会发展需要，国务院对有利于促进资源节约集约利用、保护环境等情形可以规定免征或者减征资源税，报全国人民代表大会常务委员会备案。
3. √，解析：根据《资源税法》第 9 条第 2 款规定。

4. √，解析：根据《资源税法》第14条第2款规定。
5. ×，解析：根据《资源税法》第15条第1款规定，中外合作开采陆上、海上石油资源的企业依法缴纳资源税。

（二）单项选择题

1. B，解析：根据《资源税法》第4条规定，纳税人开采或者生产不同税目应税产品的，应当分别核算不同税目应税产品的销售额或者销售数量；未分别核算或者不能准确提供不同税目应税产品的销售额或者销售数量的，从高适用税率。故B项正确。
2. A，解析：根据《资源税法》第10条规定，纳税人销售应税产品，纳税义务发生时间为收讫销售款或者取得索取销售款凭据的当日；自用应税产品的，纳税义务发生时间为移送应税产品的当日。故A项正确。
3. B，解析：根据《资源税法》第12条第2款规定，纳税人按月或者按季申报缴纳的，应当自月度或者季度终了之日起15日内，向税务机关办理纳税申报并缴纳税款；按次申报缴纳的，应当自纳税义务发生之日起15日内，向税务机关办理纳税申报并缴纳税款。故B项正确。

（三）多项选择题

AB，解析：根据《资源税法》第6条第1款规定，有下列情形之一的，免征资源税：（1）开采原油以及在油田范围内运输原油过程中用于加热的原油、天然气；（2）煤炭开采企业因安全生产需要抽采的煤成（层）气。故A、B项正确。

（四）填空题

1. 原矿；选矿。（《资源税法》第3条第4款）
2. 应税产品；不缴纳。（《资源税法》第5条）
3. 单独核算；不能准确提供。（《资源税法》第8条）
4. 开采地；生产地。（《资源税法》第11条）

八、环境保护税法

（一）判断题

1. 企业事业单位和其他生产经营者向依法设立的污水集中处理、生活垃圾集中处理场所排放应税污染物的，应当依照《环境保护税法》规定缴纳相应污染物的环境保护税。（　　）
2. 企业事业单位和其他生产经营者贮存或者处置固体废物不符合国家和地方环境保护标准的，应当缴纳环境保护税。（　　）
3. 县级以上地方人民政府应当建立税务机关、生态环境主管部门和其他相关单位分工协作工作机制，加强环境保护税征收管理，保障税款及时足额入库。（　　）
4. 纳税人应当向应税污染物排放地的税务机关申报缴纳环境保护税。（　　）
5. 税务机关发现纳税人的纳税申报数据资料异常或者纳税人未按照规定期限办理纳税申报的，可以提请生态环境主管部门进行复核，生态环境主管部门应当自收到税务机关的数据资料之日起10日内向税务机关出具复核意见。（　　）

（二）单项选择题

1. 纳税人排放应税大气污染物或者水污染物的浓度值低于国家和地方规定的污染物排放标准30%的，减按（　　）征收环境保护税。纳税人排放应税大气污染物或者水污染物的浓度值低于国家和地方规定的污染物排放标准50%的，减按（　　）征收环境保护税。

   A. 75%；50%　　B. 50%；50%

   C. 75%；75%　　D. 50%；75%

2. 纳税义务发生时间为纳税人排放应税污染物的（　　）。

   A. 当日　　B. 当月

C. 当季　　D. 当年

3. 纳税人按季申报缴纳的，应当自季度终了之日起(　　)日内，向税务机关办理纳税申报并缴纳税款。

A. 10　　B. 15

C. 20　　D. 30

（三）多项选择题

1. 应税污染物，是指《环境保护税法》所附《环境保护税税目税额表》、《应税污染物和当量值表》规定的(　　)。

A. 大气污染物　　B. 水污染物

C. 固体废物　　D. 噪声

2. 根据《环境保护税法》规定，关于应税污染物的计税依据的确定方法，下列说法正确的是：(　　)

A. 应税大气污染物按照污染物排放量折合的污染当量数确定

B. 应税水污染物按照污染物排放量折合的污染当量数确定

C. 应税固体废物按照污染物排放量折合的污染当量数确定

D. 应税噪声按照超过国家规定标准的分贝数确定

3. 根据《环境保护税法》规定，关于应税大气污染物、水污染物、固体废物的排放量和噪声的分贝数的计算方法和顺序，下列说法正确的是：(　　)

A. 纳税人安装使用符合国家规定和监测规范的污染物自动监测设备的，按照污染物自动监测数据计算

B. 纳税人未安装使用污染物自动监测设备的，按照监测机构出具的符合国家有关规定和监测规范的监测数据计算

C. 因排放污染物种类多等原因不具备监测条件的，按照国务院生态环境主管部门规定的排污系数、物料衡算方法计算

D. 不能按照 A、B、C 项的方法计算的，按照省、自治区、直辖市人民政府生态环境主管部门规定的抽样测算的方法核定计算

4. 根据《环境保护税法》规定，关于环境保护税应纳税额的计算方法，下列说法正确的是：(　　)

A. 应税大气污染物的应纳税额为污染当量数乘以具体适用税额

B. 应税水污染物的应纳税额为污染当量数乘以具体适用税额

C. 应税固体废物的应纳税额为固体废物排放量乘以具体适用税额

D. 应税噪声的应纳税额为超过国家规定标准的分贝数对应的具体适用税额

（四）填空题

1. 依法设立的____集中处理、____集中处理场所超过国家和地方规定的排放标准向环境排放应税污染物的，应当缴纳环境保护税。
2. 应税大气污染物、水污染物的污染当量数，以该污染物的____除以该污染物的____计算。
3. 生态环境主管部门应当将排污单位的____、污染物排放数据、环境违法和____等环境保护相关信息，定期交送税务机关。
4. 环境保护税____计算，____申报缴纳。不能按固定期限计算缴纳的，可以____申报缴纳。
5. 各级人民政府应当鼓励____加大环境保护建设投入，对纳税人用于污染物____的投资予以资金和政策支持。

（五）简答题

简述根据《环境保护税法》，暂予免征环境保护税的情形。

参考答案

（一）判断题

1. ×，解析：根据《环境保护税法》第 4 条规定，有下列情形之一的，不属于直接向环境排放污染物，不缴纳相应污染物的环境保护税：（1）企业事业单位和其他生产经营者向依法设立的污水集中处理、生活垃圾集中处理场所排放应税污染物的；（2）企业事业单位和其他生产经营者在符合国家和地方环境保护标准的设施、场所贮存或者处置固体废物的。
2. √，解析：根据《环境保护税法》第 5 条第 2 款规定。

3. √，解析：根据《环境保护税法》第14条第3款规定。
4. √，解析：根据《环境保护税法》第17条规定。
5. ×，解析：根据《环境保护税法》第20条第2款规定，税务机关发现纳税人的纳税申报数据资料异常或者纳税人未按照规定期限办理纳税申报的，可以提请生态环境主管部门进行复核，生态环境主管部门应当自收到税务机关的数据资料之日起15日内向税务机关出具复核意见。税务机关应当按照生态环境主管部门复核的数据资料调整纳税人的应纳税额。

（二）单项选择题

1. A，解析：根据《环境保护税法》第13条规定，纳税人排放应税大气污染物或者水污染物的浓度值低于国家和地方规定的污染物排放标准30%的，减按75%征收环境保护税。纳税人排放应税大气污染物或者水污染物的浓度值低于国家和地方规定的污染物排放标准50%的，减按50%征收环境保护税。故A项正确。
2. A，解析：根据《环境保护税法》第16条规定，纳税义务发生时间为纳税人排放应税污染物的当日。故A项正确。
3. B，解析：根据《环境保护税法》第19条第1款规定，纳税人按季申报缴纳的，应当自季度终了之日起15日内，向税务机关办理纳税申报并缴纳税款。纳税人按次申报缴纳的，应当自纳税义务发生之日起15日内，向税务机关办理纳税申报并缴纳税款。故B项正确。

（三）多项选择题

1. ABCD，解析：根据《环境保护税法》第3条规定，本法所称应税污染物，是指本法所附《环境保护税税目税额表》、《应税污染物和当量值表》规定的大气污染物、水污染物、固体废物和噪声。故A、B、C、D项正确。
2. ABD，解析：根据《环境保护税法》第7条规定，应税污染物的计税依据，按照下列方法确定：（1）应税大气污染物按照污染物排放量折合的污染当量数确定；（2）应税水污染物按照污染物排放量折合的污染当量数确定；（3）应税固体废物按照固体废物的排放量确定；（4）应税噪声按照超过国家规定标准的分贝数确定。故A、B、D项正确。
3. ABCD，解析：根据《环境保护税法》第10条规定，应税大气污染物、水污染物、固体废物的排放量和噪声的分贝数，按照下列方法和顺序计算：（1）纳税人安装使用符合国家规定和监测规范的污染物自动监测设备的，按照污染物自动监测数据计算；（2）纳税人未安装使用污染物自动监测设备的，按照监测机构出具的符合国家有关规定和监测规范的监测数据计算；（3）因排放污染物种类多等原因不具备监测条件的，按照国务院生态环境主管部门规定的排污系数、物料衡算方法计算；（4）不能按照本条第1项至第3项规定的方法计算的，按照省、自治区、直辖市人民政府生态环境主管部门规定的抽样测算的方法核定计算。故A、B、C、D项正确。

4. ABCD，解析：根据《环境保护税法》第11条规定，环境保护税应纳税额按照下列方法计算：（1）应税大气污染物的应纳税额为污染当量数乘以具体适用税额；（2）应税水污染物的应纳税额为污染当量数乘以具体适用税额；（3）应税固体废物的应纳税额为固体废物排放量乘以具体适用税额；（4）应税噪声的应纳税额为超过国家规定标准的分贝数对应的具体适用税额。故A、B、C、D项正确。

（四）填空题

1. 城乡污水；生活垃圾。（《环境保护税法》第5条第1款）
2. 排放量；污染当量值。（《环境保护税法》第8条）
3. 排污许可；受行政处罚情况。（《环境保护税法》第15条第2款）
4. 按月；按季；按次。（《环境保护税法》第18条第1款）
5. 纳税人；自动监测设备。（《环境保护税法》第24条）

（五）简答题

答：根据《环境保护税法》第12条第1款规定，下列情形，暂予免征环境保护税：

（1）农业生产（不包括规模化养殖）排放应税污染物的；

（2）机动车、铁路机车、非道路移动机械、船舶和航空器等流动污染源排放应税污染物的；

（3）依法设立的城乡污水集中处理、生活垃圾集中处理场所排放相应应税污染物，不超过国家和地方规定的排放标准的；

（4）纳税人综合利用的固体废物，符合国家和地方环境保护标准的；

（5）国务院批准免税的其他情形。

九、契税法

（一）判断题

1. 契税的应纳税额按照计税依据乘以具体适用税率计算。（　　）
2. 根据国民经济和社会发展的需要，国务院对居民住房需求保障、企业改制重组、灾后重建等情形应当规定免征或者减征契税，报全国人民代表大会常务委员会备案。（　　）
3. 纳税人应当在依法办理土地、房屋权属登记手续前申报缴纳契税。（　　）
4. 在依法办理土地、房屋权属登记前，权属转移合同、权属转移合同性质凭证不生效、无效、被撤销或者被解除的，纳税人可以向税务机关申请退还已缴纳的税款，税务机关应当依法办理。（　　）

（二）单项选择题

1. 根据《契税法》的规定，契税税率为：（　　）

A. 1% 至 3%　　B. 3% 至 5%

C. 1% 至 5%　　D. 3% 至 7%

2. 契税的纳税义务发生时间，为纳税人签订土地、房屋权属转移合同的（　　），或者纳税人取得其他具有土地、房屋权属转移合同性质凭证的（　　）。

A. 当日；当日　　B. 当日；次日

C. 次日；当日　　D. 次日；次日

（三）多项选择题

1. 根据《契税法》规定的转移土地、房屋权属，是指下列哪些行为：（　　）

A. 土地所有权出让

B. 土地使用权出让

C. 土地使用权转让，包括出售、赠与、互换

D. 房屋买卖、赠与、互换

2. 根据《契税法》规定，关于契税的计税依据的规定，下列说法正确的是：（　　）

A. 土地使用权出让、出售，为土地权属转移合同确定的成交价格，包括应交付的货币以及实物、其他经济利益对应的价款

B. 房屋买卖，为房屋权属转移合同确定的成交价格，包括应交付的货币以及实物、其他经济利益对应的价款

C. 土地使用权互换、房屋互换，为所互换的土地使用权、房屋价格的差额

D. 土地使用权赠与、房屋赠与以及其他没有价格的转移土地、房屋权属行为，为税务机关参照土地使用权出售、房屋买卖的市场价格依法核定的价格

（四）填空题

1. 契税的具体适用税率，由省、自治区、直辖市人民政府在规定的____内提出，报同级人民代表大会常务委员会决定，并报全国人民代表大会常务委员会和____备案。
2. 纳税人办理土地、房屋____，不动产登记机构应当查验____、减免税凭证或者有关信息。

（五）简答题

简述根据《契税法》的规定，免征契税的情形。

参考答案

（一）判断题

1. √，解析：根据《契税法》第 5 条规定。
2. ×，解析：根据《契税法》第 6 条第 2 款规定，根据国民经济和社会发

展的需要，国务院对居民住房需求保障、企业改制重组、灾后重建等情形可以规定免征或者减征契税，报全国人民代表大会常务委员会备案。

3. √，解析：根据《契税法》第10条规定。
4. √，解析：根据《契税法》第12条规定。

（二）单项选择题

1. B，解析：根据《契税法》第3条第1款规定，契税税率为3%至5%。故B项正确。
2. A，解析：根据《契税法》第9条规定，契税的纳税义务发生时间，为纳税人签订土地、房屋权属转移合同的当日，或者纳税人取得其他具有土地、房屋权属转移合同性质凭证的当日。故A项正确。

（三）多项选择题

1. BCD，解析：根据《契税法》第2条第1款规定，本法所称转移土地、房屋权属，是指下列行为：（1）土地使用权出让；（2）土地使用权转让，包括出售、赠与、互换；（3）房屋买卖、赠与、互换。故B、C、D项正确。
2. ABCD，解析：根据《契税法》第4条第1款规定，契税的计税依据：（1）土地使用权出让、出售，房屋买卖，为土地、房屋权属转移合同确定的成交价格，包括应交付的货币以及实物、其他经济利益对应的价款；（2）土地使用权互换、房屋互换，为所互换的土地使用权、房屋价格的差额；（3）土地使用权赠与、房屋赠与以及其他没有价格的转移土地、房屋权属行为，为税务机关参照土地使用权出售、房屋买卖的市场价格依法核定的价格。故A、B、C、D项正确。

（四）填空题

1. 税率幅度；国务院。（《契税法》第3条第2款）
2. 权属登记；契税完税。（《契税法》第11条）

（五）简答题

答：根据《契税法》第6条第1款规定，有下列情形之一的，免征契税：

（1）国家机关、事业单位、社会团体、军事单位承受土地、房屋权属用于办公、教学、医疗、科研、军事设施；

（2）非营利性的学校、医疗机构、社会福利机构承受土地、房屋权属用于办公、教学、医疗、科研、养老、救助；

（3）承受荒山、荒地、荒滩土地使用权用于农、林、牧、渔业生产；
（4）婚姻关系存续期间夫妻之间变更土地、房屋权属；
（5）法定继承人通过继承承受土地、房屋权属；
（6）依照法律规定应当予以免税的外国驻华使馆、领事馆和国际组织驻华代表机构承受土地、房屋权属。

十、车辆购置税法

（一）判断题

1. 购置已征车辆购置税的车辆，需再次缴纳车辆购置税。（　　）
2. 纳税人以外汇结算应税车辆价款的，按照申报纳税之日的人民币汇率中间价折合成人民币计算缴纳税款。（　　）
3. 车辆购置税的纳税义务发生时间为纳税人购置应税车辆的当日。（　　）
4. 纳税人可以在向公安机关交通管理部门办理车辆注册登记后，缴纳车辆购置税。（　　）
5. 纳税人将已征车辆购置税的车辆退回车辆生产企业或者销售企业的，可以向主管税务机关申请退还车辆购置税。（　　）

（二）单项选择题

1. 根据《车辆购置税法》的规定，车辆购置税的税率为：（　　）

A. 1%　　B. 5%

C. 10%　　D. 20%

2. 纳税人应当自纳税义务发生之日起(　　)日内申报缴纳车辆购置税。

A. 10　　B. 30

C. 60　　D. 90

3. 免税、减税车辆因转让、改变用途等原因不再属于免税、减税范围的，纳税人应当在办理车辆转移登记或者变更登记前缴纳车辆购置税。计税价格以免税、减税车辆初次办理纳税申报时确定的计税价格为基准，每满一年扣减(　　)。

A. 1%　　B. 5%

C. 7%　　D. 10%

（三）多项选择题

根据《车辆购置税法》的规定，关于应税车辆的计税价格的确定，下列说法正确的是：（　　）

A. 纳税人购买自用应税车辆的计税价格，为纳税人实际支付给销售者的全部价款，不包括增值税税款

B. 纳税人进口自用应税车辆的计税价格，为关税完税价格加上关税和消费税

C. 纳税人自产自用应税车辆的计税价格，按照纳税人生产的同类应税车辆的销售价格确定，不包括增值税税款

D. 纳税人以受赠、获奖或者其他方式取得自用应税车辆的计税价格，按照购置应税车辆时相关凭证载明的价格确定，不包括增值税税款

（四）填空题

1. 车辆购置税的应纳税额按照应税车辆的____乘以____计算。
2. 纳税人购置应税车辆，应当向____的主管税务机关申报缴纳车辆购置税；购置不需要办理车辆登记的应税车辆的，应当向____的主管税务机关申报缴纳车辆购置税。
3. 公安机关交通管理部门办理____，应当根据税务机关提供的应税车辆完税或者免税电子信息对纳税人申请登记的车辆信息进行核对，____后依法办理车辆注册登记。

（五）简答题

简述根据《车辆购置税法》的规定，免征车辆购置税的情形。

参考答案

（一）判断题

1. ×，解析：根据《车辆购置税法》第 3 条规定，车辆购置税实行一次性征收。购置已征车辆购置税的车辆，不再征收车辆购置税。

2. √，解析：根据《车辆购置税法》第 8 条规定。
3. √，解析：根据《车辆购置税法》第 12 条规定。
4. ×，解析：根据《车辆购置税法》第 13 条第 1 款规定，纳税人应当在向公安机关交通管理部门办理车辆注册登记前，缴纳车辆购置税。
5. √，解析：根据《车辆购置税法》第 15 条规定。

（二）单项选择题

1. C，解析：根据《车辆购置税法》第 4 条规定，车辆购置税的税率为 10%。故 C 项正确。
2. C，解析：根据《车辆购置税法》第 12 条规定，车辆购置税的纳税义务发生时间为纳税人购置应税车辆的当日。纳税人应当自纳税义务发生之日起 60 日内申报缴纳车辆购置税。故 C 项正确。
3. D，解析：根据《车辆购置税法》第 14 条规定，免税、减税车辆因转让、改变用途等原因不再属于免税、减税范围的，纳税人应当在办理车辆转移登记或者变更登记前缴纳车辆购置税。计税价格以免税、减税车辆初次办理纳税申报时确定的计税价格为基准，每满一年扣减 10%。故 D 项正确。

（三）多项选择题

ABCD，解析：根据《车辆购置税法》第 6 条规定，应税车辆的计税价格，按照下列规定确定：（1）纳税人购买自用应税车辆的计税价格，为纳税人实际支付给销售者的全部价款，不包括增值税税款；（2）纳税人进口自用应税车辆的计税价格，为关税完税价格加上关税和消费税；（3）纳税人自产自用应税车辆的计税价格，按照纳税人生产的同类应税车辆的销售价格确定，不包括增值税税款；（4）纳税人以受赠、获奖或者其他方式取得自用应税车辆的计税价格，按照购置应税车辆时相关凭证载明的价格确定，不包括增值税税款。故 A、B、C、D 项正确。

（四）填空题

1. 计税价格；税率。（《车辆购置税法》第 5 条）
2. 车辆登记地；纳税人所在地。（《车辆购置税法》第 11 条）
3. 车辆注册登记；核对无误。（《车辆购置税法》第 13 条第 2 款）

（五）简答题

答：根据《车辆购置税法》第 9 条第 1 款规定，下列车辆免征车辆购置税：

(1) 依照法律规定应当予以免税的外国驻华使馆、领事馆和国际组织驻华机构及其有关人员自用的车辆；
(2) 中国人民解放军和中国人民武装警察部队列入装备订货计划的车辆；
(3) 悬挂应急救援专用号牌的国家综合性消防救援车辆；
(4) 设有固定装置的非运输专用作业车辆；
(5) 城市公交企业购置的公共汽电车辆。

陆 会计及审计

一、会计法

（一）判断题

1. 各单位必须依法设置会计帐簿，并保证其真实、完整。（　　）
2. 任何单位不得以虚假的经济业务事项或者资料进行会计核算。（　　）
3. 会计机构、会计人员必须按照国家统一的会计制度的规定对原始凭证进行审核，对不真实、不合法的原始凭证有权予以退回，并要求按照国家统一的会计制度的规定更正、补充。（　　）
4. 会计记录的文字应当使用中文。在民族自治地方，会计记录应当同时使用当地通用的一种民族文字。在中华人民共和国境内的外商投资企业、外国企业和其他外国组织的会计记录应当同时使用一种外国文字。（　　）
5. 出纳人员可以兼任稽核、会计档案保管和收入、支出、费用、债权债务帐目的登记工作。（　　）

（二）单项选择题

1. 业务收支以人民币以外的货币为主的单位，（　　）选定其中一种货币作为记帐本位币，但是编报的财务会计报告（　　）折算为人民币。

   A. 可以；可以　　B. 可以；应当

   C. 应当；应当　　D. 应当；可以

2. 根据《会计法》规定，下列关于会计凭证的说法，错误的是：（　　）

   A. 会计凭证包括原始凭证和记帐凭证

   B. 原始凭证记载的各项内容均不得涂改

   C. 原始凭证金额有错误的，应当由出具单位重开

   D. 记帐凭证应当根据原始凭证及有关资料编制

3. 根据《会计法》规定，下列关于会计帐簿登记的说法，错误的是：（　　）
   A. 会计帐簿包括总帐、明细帐和其他辅助性帐簿，不包括日记帐
   B. 会计帐簿应当按照连续编号的页码顺序登记
   C. 会计帐簿记录发生错误的，应当按照国家统一的会计制度规定的方法更正
   D. 会计帐簿登记，必须以经过审核的会计凭证为依据
4. 担任单位会计机构负责人（会计主管人员）的，应当具备会计师以上专业技术职务资格或者从事会计工作(　　)年以上经历。
   A. 1　　B. 2
   C. 3　　D. 5

（三）多项选择题

1. 各单位采用的会计处理方法，前后各期应当一致，不得随意变更；确有必要变更的，应当按照国家统一的会计制度的规定变更，并将变更的(　　)在财务会计报告中说明。
   A. 性质　　B. 原因
   C. 情况　　D. 影响
2. 根据《会计法》的规定，财务会计报告由(　　)组成。
   A. 会计报表　　B. 会计报表附注
   C. 财务情况说明书　　D. 会计师事务所出具的审计报告
3. 根据《会计法》的规定，公司、企业进行会计核算不得有下列哪些行为：（　　）
   A. 随意改变资产、负债、所有者权益的确认标准或者计量方法，虚列、多列、不列或者少列资产、负债、所有者权益
   B. 随意改变费用、成本的确认标准或者计量方法，虚列、多列、不列或者少列费用、成本
   C. 随意调整利润的计算、分配方法，编造虚假利润或者隐瞒利润
   D. 虚列或者隐瞒收入，推迟或者提前确认收入
4. 根据《会计法》的规定，各单位应当建立、健全本单位内部会计监督制

度。单位内部会计监督制度应当符合下列哪些要求：(　　)

A. 记帐人员与经济业务事项和会计事项的审批人员、经办人员、财物保管人员的职责权限应当明确，并相互分离、相互制约

B. 重大对外投资、资产处置、资金调度和其他重要经济业务事项的决策和执行的相互监督、相互制约程序应当明确

C. 财产清查的范围、期限和组织程序应当明确

D. 对会计资料定期进行内部审计的办法和程序应当明确

5. 根据《会计法》的规定，财政部门对各单位的下列哪些行为实施监督：(　　)

A. 是否依法设置会计帐簿

B. 会计凭证、会计帐簿、财务会计报告和其他会计资料是否真实、完整

C. 会计核算是否符合《会计法》和国家统一的会计制度的规定

D. 从事会计工作的人员是否具备专业能力、遵守职业道德

(四) 填空题

1. 单位负责人对本单位的____和会计资料的____、完整性负责。
2. 各单位发生的各项经济业务事项应当在依法设置的____上统一登记、核算，不得违反《会计法》和国家统一的会计制度的规定____会计帐簿登记、核算。
3. 公司、企业必须根据实际发生的____，按照国家统一的会计制度的规定确认、计量和记录____、负债、所有者权益、收入、____、成本和利润。
4. 各单位必须依照有关法律、行政法规的规定，接受有关监督检查部门____的监督检查，如实提供会计凭证、会计帐簿、财务会计报告和其他会计资料以及有关情况，不得____。
5. 单位负责人对依法履行职责、抵制违反《会计法》规定行为的会计人员以降级、____、调离工作岗位、解聘或者开除等方式实行打击报复，构成犯罪的，依法____；尚不构成犯罪的，由其所在单位或者有关单位依法____。对受打击报复的会计人员，应当恢复其名誉和原有职务、级别。

（五）简答题

简述根据《会计法》的规定，应当办理会计手续，进行会计核算的经济业务事项。

参考答案

（一）判断题

1. √，解析：根据《会计法》第 3 条规定。
2. √，解析：根据《会计法》第 9 条第 2 款规定。
3. ×，解析：根据《会计法》第 14 条第 3 款规定，会计机构、会计人员必须按照国家统一的会计制度的规定对原始凭证进行审核，对不真实、不合法的原始凭证有权不予接受，并向单位负责人报告；对记载不准确、不完整的原始凭证予以退回，并要求按照国家统一的会计制度的规定更正、补充。
4. ×，解析：根据《会计法》第 22 条规定，会计记录的文字应当使用中文。在民族自治地方，会计记录可以同时使用当地通用的一种民族文字。在中华人民共和国境内的外商投资企业、外国企业和其他外国组织的会计记录可以同时使用一种外国文字。
5. ×，解析：根据《会计法》第 37 条第 2 款规定，出纳人员不得兼任稽核、会计档案保管和收入、支出、费用、债权债务帐目的登记工作。

（二）单项选择题

1. B，解析：根据《会计法》第 12 条第 2 款规定，业务收支以人民币以外的货币为主的单位，可以选定其中一种货币作为记帐本位币，但是编报的财务会计报告应当折算为人民币。故 B 项正确。
2. D，解析：根据《会计法》第 14 条规定，会计凭证包括原始凭证和记帐凭证。办理本法第 10 条所列的经济业务事项，必须填制或者取得原始凭证并及时送交会计机构。会计机构、会计人员必须按照国家统一的会计制度的规定对原始凭证进行审核，对不真实、不合法的原始凭证有权不予接受，并向单位负责人报告；对记载不准确、不完整的原始凭证予以退回，并要求按照国家统一的会计制度的规定更正、补充。原始凭证记载的各项内容均不得涂改；原始凭证有错误的，应当由出具单位重开或者更正，更正处应当加盖出具单位印章。原始凭证金额有错误的，应当由出具单位重开，不得在原始凭证上更正。记帐凭证应当根据经过审核的原始凭证及有关资料编制。据此，D 项欠缺“经过审核”这一要件，故错误，当选。

3. A，解析：根据《会计法》第 15 条规定，会计帐簿登记，必须以经过审核的会计凭证为依据，并符合有关法律、行政法规和国家统一的会计制度的规定。会计帐簿包括总帐、明细帐、日记帐和其他辅助性帐簿。会计帐簿应当按照连续编号的页码顺序登记。会计帐簿记录发生错误或者隔页、缺号、跳行的，应当按照国家统一的会计制度规定的方法更正，并由会计人员和会计机构负责人（会计主管人员）在更正处盖章。使用电子计算机进行会计核算的，其会计帐簿的登记、更正，应当符合国家统一的会计制度的规定。据此，A 项错误，当选。
4. C，解析：根据《会计法》第 38 条第 2 款规定，担任单位会计机构负责人（会计主管人员）的，应当具备会计师以上专业技术职务资格或者从事会计工作 3 年以上经历。故 C 项正确。

（三）多项选择题

1. BCD，解析：根据《会计法》第 18 条规定，各单位采用的会计处理方法，前后各期应当一致，不得随意变更；确有必要变更的，应当按照国家统一的会计制度的规定变更，并将变更的原因、情况及影响在财务会计报告中说明。故 B、C、D 项正确。
2. ABC，解析：根据《会计法》第 20 条第 2 款规定，财务会计报告由会计报表、会计报表附注和财务情况说明书组成。向不同的会计资料使用者提供的财务会计报告，其编制依据应当一致。有关法律、行政法规规定会计报表、会计报表附注和财务情况说明书须经注册会计师审计的，注册会计师及其所在的会计师事务所出具的审计报告应当随同财务会计报告一并提供。故 A、B、C 项正确。
3. ABCD，解析：根据《会计法》第 26 条规定，公司、企业进行会计核算不得有下列行为：（1）随意改变资产、负债、所有者权益的确认标准或者计量方法，虚列、多列、不列或者少列资产、负债、所有者权益；（2）虚列或者隐瞒收入，推迟或者提前确认收入；（3）随意改变费用、成本的确认标准或者计量方法，虚列、多列、不列或者少列费用、成本；（4）

随意调整利润的计算、分配方法，编造虚假利润或者隐瞒利润；（5）违反国家统一的会计制度规定的其他行为。故 A、B、C、D 项正确。

4. ABCD，解析：根据《会计法》第 27 条规定，各单位应当建立、健全本单位内部会计监督制度。单位内部会计监督制度应当符合下列要求：（1）记帐人员与经济业务事项和会计事项的审批人员、经办人员、财物保管人员的职责权限应当明确，并相互分离、相互制约；（2）重大对外投资、资产处置、资金调度和其他重要经济业务事项的决策和执行的相互监督、相互制约程序应当明确；（3）财产清查的范围、期限和组织程序应当明确；（4）对会计资料定期进行内部审计的办法和程序应当明确。故 A、B、C、D 项正确。

5. ABCD，解析：根据《会计法》第 32 条第 1 款规定，财政部门对各单位的下列情况实施监督：（1）是否依法设置会计帐簿；（2）会计凭证、会计帐簿、财务会计报告和其他会计资料是否真实、完整；（3）会计核算是否符合本法和国家统一的会计制度的规定；（4）从事会计工作的人员是否具备专业能力、遵守职业道德。故 A、B、C、D 项正确。

（四）填空题

1. 会计工作；真实性。（《会计法》第 4 条）
2. 会计帐簿；私设。（《会计法》第 16 条）
3. 经济业务事项；资产；费用。（《会计法》第 25 条）
4. 依法实施；拒绝、隐匿、谎报。（《会计法》第 35 条）
5. 撤职；追究刑事责任；给予行政处分。（《会计法》第 46 条）

（五）简答题

答：根据《会计法》第 10 条规定，下列经济业务事项，应当办理会计手续，进行会计核算：

（1）款项和有价证券的收付；
（2）财物的收发、增减和使用；
（3）债权债务的发生和结算；
（4）资本、基金的增减；
（5）收入、支出、费用、成本的计算；
（6）财务成果的计算和处理；
（7）需要办理会计手续、进行会计核算的其他事项。

二、审计法

（一）判断题

1. 审计机关依照法律规定行使审计监督权，必要时，其他行政机关可以干涉。（　　）
2. 审计机关根据工作需要，经本级人民政府批准，可以在其审计管辖范围内设立派出机构。（　　）
3. 审计机关按照国家有关规定，对国家机关和依法属于审计机关审计监督对象的其他单位的主要负责人，在任职期间对本地区、本部门或者本单位的财政收支、财务收支以及有关经济活动应负经济责任的履行情况，进行审计监督。（　　）
4. 审计机关进行审计时，有权检查被审计单位的会计凭证、会计账簿、财务会计报告和运用电子计算机管理财政收支、财务收支电子数据的系统，以及其他与财政收支、财务收支有关的资料和资产，被审计单位有正当理由的，可以拒绝。（　　）
5. 上级审计机关认为下级审计机关作出的审计决定违反国家有关规定的，可以直接作出变更或者撤销的决定。（　　）

（二）单项选择题

1. 地方各级审计机关对（　　）负责并报告工作，审计业务以上级审计机关领导为主。
   A. 本级人民政府和上一级审计机关
   B. 上一级人民政府和上一级审计机关
   C. 本级人民政府和本级审计机关
   D. 上一级人民政府和本级审计机关
2. 审计机关之间对审计管辖范围有争议的，由（　　）确定。
   A. 国务院　　　　　　B. 其共同的上级人民政府

C. 其共同的上级审计机关　　　　D. 审计署

3. 审计机关根据审计项目计划确定的审计事项组成审计组，并应当在实施审计(　　)日前，向被审计单位送达审计通知书；遇有特殊情况，经本级人民政府批准，审计机关可以直接持审计通知书实施审计。

A. 1　　　　B. 3

C. 5　　　　D. 10

4. 根据《审计法》的规定，下列关于审计人员的说法，错误的是：(　　)

A. 审计人员应当具备与其从事的审计工作相适应的专业知识和业务能力

B. 审计人员办理审计事项，与被审计单位或者审计事项有利害关系的，可以回避

C. 审计人员对其在执行职务中知悉的国家秘密和被审计单位的商业秘密，负有保密的义务

D. 审计人员依法执行职务，受法律保护

(三) 多项选择题

1. 审计机关有权对与国家财政收支有关的特定事项，向有关(　　)进行专项审计调查，并向本级人民政府和上一级审计机关报告审计调查结果。

A. 地方　　　　B. 部门

C. 单位　　　　D. 机关

2. 根据《审计法》的规定，关于审计机关调查取证权的规定，下列说法正确的是：(　　)

A. 审计机关进行审计时，有权就审计事项的有关问题向有关单位和个人进行调查，并取得有关证明材料

B. 有关单位和个人应当支持、协助审计机关工作，如实向审计机关反映情况，提供有关证明材料

C. 审计机关经县级以上人民政府审计机关负责人批准，有权查询被审计单位在金融机构的账户

D. 审计机关有证据证明被审计单位以个人名义存储公款的，经县级以上人民政府审计机关主要负责人批准，有权查询被审计单位以个人名义在金融机构的存款

3. 根据《审计法》的规定，关于审计终结阶段审计报告程序，下列说法正确的是：(　　)
   A. 审计组对审计事项实施审计后，应当向审计机关提出审计组的审计报告
   B. 审计组的审计报告报送审计机关前，应当征求被审计对象的意见
   C. 被审计对象应当自接到审计组的审计报告之日起7日内，将其书面意见送交审计组
   D. 审计组应当将被审计对象的书面意见一并报送审计机关
4. 对本级各部门（含直属单位）和下级政府违反预算的行为或者其他违反国家规定的财政收支行为，审计机关、人民政府或者有关主管部门在法定职权范围内，依照法律、行政法规的规定，区别情况可以分别采取下列哪些处理措施：(　　)
   A. 责令限期缴纳应当上缴的款项
   B. 责令限期退还被侵占的国有资产
   C. 责令按照国家统一的会计制度的有关规定进行处理
   D. 责令限期退还违法所得

（四）填空题

1. 审计机关和____办理审计事项，应当____，实事求是，廉洁奉公，保守秘密。
2. 审计机关负责人依照____任免。审计机关负责人没有违法失职或者其他不符合任职条件的情况的，不得____。
3. 对国有资本占控股地位或者____的企业、金融机构的审计监督，由____规定。
4. 依法属于审计机关审计监督对象的单位，应当按照国家有关规定建立健全____；其内部审计工作应当接受____的业务指导和监督。
5. 审计机关履行____，可以提请公安、监察、财政、税务、海关、价格、工商行政管理等机关____。

参考答案

（一）判断题

1. ×，解析：根据《审计法》第 5 条规定，审计机关依照法律规定独立行使审计监督权，不受其他行政机关、社会团体和个人的干涉。
2. √，解析：根据《审计法》第 10 条第 1 款规定。
3. √，解析：根据《审计法》第 25 条规定。
4. ×，解析：根据《审计法》第 32 条规定，审计机关进行审计时，有权检查被审计单位的会计凭证、会计账簿、财务会计报告和运用电子计算机管理财政收支、财务收支电子数据的系统，以及其他与财政收支、财务收支有关的资料和资产，被审计单位不得拒绝。
5. ×，解析：根据《审计法》第 42 条规定，上级审计机关认为下级审计机关作出的审计决定违反国家有关规定的，可以责成下级审计机关予以变更或者撤销，必要时也可以直接作出变更或者撤销的决定。

（二）单项选择题

1. A，解析：根据《审计法》第 9 条规定，地方各级审计机关对本级人民政府和上一级审计机关负责并报告工作，审计业务以上级审计机关领导为主。故 A 项正确。
2. C，解析：根据《审计法》第 28 条第 2 款规定，审计机关之间对审计管辖范围有争议的，由其共同的上级审计机关确定。故 C 项正确。
3. B，解析：根据《审计法》第 38 条第 1 款规定，审计机关根据审计项目计划确定的审计事项组成审计组，并应当在实施审计 3 日前，向被审计单位送达审计通知书；遇有特殊情况，经本级人民政府批准，审计机关可以直接持审计通知书实施审计。故 B 项正确。
4. B，解析：根据《审计法》第 12、14、15 条规定，A、C、D 项正确。根据《审计法》第 13 条规定，审计人员办理审计事项，与被审计单位或者审计事项有利害关系的，应当回避。故 B 项错误，当选。

（三）多项选择题

1. ABC，解析：根据《审计法》第 27 条规定，审计机关有权对与国家财政收支有关的特定事项，向有关地方、部门、单位进行专项审计调查，并向本级人民政府和上一级审计机关报告审计调查结果。故 A、B、C 项正确。

2. ABCD，解析：根据《审计法》第 33 条规定，审计机关进行审计时，有权就审计事项的有关问题向有关单位和个人进行调查，并取得有关证明材料。有关单位和个人应当支持、协助审计机关工作，如实向审计机关反映情况，提供有关证明材料。审计机关经县级以上人民政府审计机关负责人批准，有权查询被审计单位在金融机构的账户。审计机关有证据证明被审计单位以个人名义存储公款的，经县级以上人民政府审计机关主要负责人批准，有权查询被审计单位以个人名义在金融机构的存款。故 A、B、C、D 项正确。
3. ABD，解析：根据《审计法》第 40 条规定，审计组对审计事项实施审计后，应当向审计机关提出审计组的审计报告。审计组的审计报告报送审计机关前，应当征求被审计对象的意见。被审计对象应当自接到审计组的审计报告之日起 10 日内，将其书面意见送交审计组。审计组应当将被审计对象的书面意见一并报送审计机关。故 A、B、D 项正确。
4. ABCD，解析：根据《审计法》第 45 条规定，对本级各部门（含直属单位）和下级政府违反预算的行为或者其他违反国家规定的财政收支行为，审计机关、人民政府或者有关主管部门在法定职权范围内，依照法律、行政法规的规定，区别情况采取下列处理措施：（1）责令限期缴纳应当上缴的款项；（2）责令限期退还被侵占的国有资产；（3）责令限期退还违法所得；（4）责令按照国家统一的会计制度的有关规定进行处理；（5）其他处理措施。故 A、B、C、D 项正确。

（四）填空题

1. 审计人员；客观公正。（《审计法》第 6 条）
2. 法定程序；随意撤换。（《审计法》第 15 条第 3 款）
3. 主导地位；国务院。（《审计法》第 21 条）
4. 内部审计制度；审计机关。（《审计法》第 29 条）
5. 审计监督职责；予以协助。（《审计法》第 37 条）

柒 知识产权

一、专利法

（一）判断题

1. 对违反法律、行政法规利用遗传资源，并依赖该遗传资源完成的发明创造申请专利的，按照国家有关规定授予专利权。（　　）
2. 职务发明创造申请专利的权利属于发明人或者设计人。（　　）
3. 对发明人或者设计人的非职务发明创造专利申请，任何单位或者个人不得压制。（　　）
4. 两个以上单位或者个人合作完成的发明创造、一个单位或者个人接受其他单位或者个人委托所完成的发明创造，申请专利的权利应当属于完成或者共同完成的单位或者个人。（　　）
5. 一件外观设计专利申请应当限于一项外观设计。（　　）

（二）单项选择题

1. 授予专利权的发明和实用新型，应当具备新颖性、创造性和（　　）。

   A. 显著性　　B. 进步性

   C. 实用性　　D. 科学性

2. 实用性，是指该发明或者实用新型能够制造或者（　　），并且能够产生积极效果。

   A. 销售　　B. 复制

   C. 使用　　D. 进口

3. 授予专利权的外观设计与现有设计或者现有设计特征的组合相比，应当具有（　　）。

   A. 明显区别　　B. 显著进步

   C. 实质性特点　　D. 工业美感

4. 申请专利的发明创造在申请日以前(　　)个月内，在规定的学术会议或者技术会议上首次发表的，不丧失新颖性。

A. 8　　B. 6

C. 5　　D. 3

5. 实行开放许可的专利权人可以与被许可人就许可使用费进行协商后给予(　　)。

A. 独占许可　　B. 排他许可

C. 普通许可　　D. 独占或排他或普通许可

(三) 多项选择题

1. 以下(　　)属于《专利法》所称的发明创造。

A. 发明　　B. 实用新型

C. 外观设计　　D. 发现

2. 同一申请人同日对同样的发明创造既申请实用新型专利又申请发明专利，满足下列哪些条件时，可以授予发明专利权：(　　)

A. 先获得的实用新型专利权尚未终止

B. 发明专利申请权未超过权利保护期

C. 申请人声明放弃该实用新型专利权

D. 申请人已与第三人签订该实用新型专利权转让协议

3. 关于职务发明创造，下列说法正确的是：(　　)

A. 非职务发明创造，申请专利的权利属于该单位

B. 被授予专利权的单位应当对职务发明创造的发明人或者设计人给予奖励

C. 发明创造专利实施后，根据其推广应用的范围和取得的经济效益，对发明人或者设计人给予合理的报酬

D. 国家鼓励被授予专利权的单位实行产权激励，采取股权、期权、分红等方式，使发明人或者设计人合理分享创新收益

4. 下列各项中，不应当授予专利权的有：(　　)

A. 科学发现

B. 动物和植物品种的生产办法

C. 原子核变换方法以及用原子核变换方法获得的物质

D. 对平面印刷品的图案、色彩或者二者的结合作出的主要起标识作用的设计

5. 关于侵犯专利权的赔偿数额，下列说法正确的是：（　　）

A. 侵犯专利权的赔偿数额按照权利人因被侵权所受到的实际损失或者侵权人因侵权所获得的利益确定

B. 权利人的损失或者侵权人获得的利益难以确定的，参照该专利许可使用费的倍数合理确定

C. 赔偿数额应当包括权利人为制止侵权行为所支付的合理开支

D. 权利人的损失、侵权人获得的利益和专利许可使用费均难以确定的，人民法院可以确定给予 5 万元以上 500 万元以下的赔偿

（四）填空题

1. ____或者____专利权的保护范围以其的内容为准，说明书及附图可以用于解释权利要求的内容。

2. 未经专利权人许可，实施其专利，即侵犯其专利权，引起纠纷的，进行处理的管理专利工作的部门应____的请求，可以就侵犯专利权的赔偿数额进行____。

3. 在专利侵权纠纷中，被控侵权人有证据证明其实施的技术或者设计属于____或者____的，不构成侵犯专利权。

4. 假冒专利的，除依法承担民事责任外，由负责专利执法的部门责令改正并予公告，没收____，可以处违法所得____倍以下的罚款。

5. 负责专利执法的部门、管理专利工作的部门对涉嫌假冒专利行为进行查处时，依法采取措施时，当事人应当予以____、配合，不得____、阻挠。

（五）简答题

简述职务发明创造的类型。

参考答案

（一）判断题

1. ×，解析：根据《专利法》第 5 条规定，对违反法律、行政法规的规定获取或者利用遗传资源，并依赖该遗传资源完成的发明创造，不授予专利权。
2. ×，解析：根据《专利法》第 6 条第 1 款规定，职务发明创造申请专利的权利属于该单位，申请被批准后，该单位为专利权人。
3. √，解析：根据《专利法》第 7 条规定。
4. ×，解析：根据《专利法》第 8 条规定，两个以上单位或者个人合作完成的发明创造、一个单位或者个人接受其他单位或者个人委托所完成的发明创造，除另有协议的以外，申请专利的权利属于完成或者共同完成的单位或者个人；申请被批准后，申请的单位或者个人为专利权人。
5. √，解析：根据《专利法》第 31 条规定。

（二）单项选择题

1. C，解析：根据《专利法》第 22 条第 1 款规定，授予专利权的发明和实用新型，应当具备新颖性、创造性和实用性。故 C 项正确。
2. C，解析：根据《专利法》第 22 条第 4 款规定，实用性，是指该发明或者实用新型能够制造或者使用，并且能够产生积极效果。故 C 项正确。
3. A，解析：根据《专利法》第 23 条第 2 款规定，授予专利权的外观设计与现有设计或者现有设计特征的组合相比，应当具有明显区别。故 A 项正确。
4. B，解析：根据《专利法》第 24 条规定，申请专利的发明创造在申请日以前 6 个月内，有下列情形之一的，不丧失新颖性：（1）在国家出现紧急状态或者非常情况时，为公共利益目的首次公开的；（2）在中国政府主办或者承认的国际展览会上首次展出的；（3）在规定的学术会议或者技术会议上首次发表的；（4）他人未经申请人同意而泄露其内容的。故 B 项正确。
5. C，解析：根据《专利法》第 51 条第 3 款规定，实行开放许可的专利权人可以与被许可人就许可使用费进行协商后给予普通许可，但不得就该专利给予独占或者排他许可。故 C 项正确。

（三）多项选择题

1. ABC，解析：根据《专利法》第 2 条规定，本法所称的发明创造是指发明、实用新型和外观设计。故 A、B、C 项正确。
2. AC，解析：根据《专利法》第 9 条规定，同样的发明创造只能授予一项专利权。但是，同一申请人同日对同样的发明创造既申请实用新型专利又申请发明专利，先获得的实用新型专利权尚未终止，且申请人声明放弃该实用新型专利权的，可以授予发明专利权。两个以上的申请人分别就同样的发明创造申请专利的，专利权授予最先申请的人。故 A、C 项正确。
3. BCD，解析：根据《专利法》第 6 条第 2 款规定，非职务发明创造，申请专利的权利属于发明人或者设计人；申请被批准后，该发明人或者设计人为专利权人。故 A 项错误。根据《专利法》第 15 条规定，被授予专利权的单位应当对职务发明创造的发明人或者设计人给予奖励；发明创造专利实施后，根据其推广应用的范围和取得的经济效益，对发明人或者设计人给予合理的报酬。国家鼓励被授予专利权的单位实行产权激励，采取股权、期权、分红等方式，使发明人或者设计人合理分享创新收益。故 B、C、D 项正确。
4. ACD，解析：根据《专利法》第 25 条规定，对下列各项，不授予专利权：（1）科学发现；（2）智力活动的规则和方法；（3）疾病的诊断和治疗方法；（4）动物和植物品种；（4）原子核变换方法以及用原子核变换方法获得的物质；（6）对平面印刷品的图案、色彩或者二者的结合作出的主要起标识作用的设计。对前款第 4 项所列产品的生产方法，可以依照本法规定授予专利权。故 A、C、D 项正确。
5. ABC，解析：根据《专利法》第 71 条第 1、2、3 款规定，侵犯专利权的赔偿数额按照权利人因被侵权所受到的实际损失或者侵权人因侵权所获得的利益确定；权利人的损失或者侵权人获得的利益难以确定的，参照该专利许可使用费的倍数合理确定。对故意侵犯专利权，情节严重的，可以在按照上述方法确定数额的 1 倍以上 5 倍以下确定赔偿数额。权利人的损失、侵权人获得的利益和专利许可使用费均难以确定的，人民法院可以根据专利权的类型、侵权行为的性质和情节等因素，确定给予 3 万元以上 500 万元以下的赔偿。赔偿数额还应当包括权利人为制止侵权行为所支付的合理开支。故 A、B、C 项正确，D 项错误。

（四）填空题

1. 发明；实用新型。（《专利法》第 64 条第 1 款）
2. 当事人；调解。（《专利法》第 65 条）
3. 现有技术；现有设计。（《专利法》第 67 条）
4. 违法所得；5。（《专利法》第 68 条）
5. 协助；拒绝。（《专利法》第 69 条第 3 款）

（五）简答题

答：根据《专利法》第 6 条规定，职务发明创造的类型具体如下：

（1）执行本单位的任务所完成的发明创造。

（2）主要是利用本单位的物质技术条件所完成的发明创造。

二、商标法

（一）判断题

1. 商标注册申请等有关文件，可以以书面方式或者数据电文方式提出。（　　）
2. 注册商标需要在核定使用范围之外的商品上取得商标专用权的，不用另行提出注册申请。（　　）
3. 注册商标需要改变其标志的，无须重新提出注册申请。（　　）
4. 侵犯商标专用权的赔偿数额，按照权利人因被侵权所受到的实际损失确定。（　　）
5. 为制止侵权行为，在证据可能灭失或者以后难以取得的情况下，商标注册人应当依法在起诉前向人民法院申请保全证据。（　　）

（二）单项选择题

1. 任何能够将商品区别开的标志，包括文字、图形、（　　）、数字、三维、标志、颜色组合和声音等，以及上述要素的组合，均可以作为商标申请注册。

   A. 形态　　B. 画像

   C. 语句　　D. 字母

2. 商标注册人有权标明“（　　）”或者注册标记。

   A. 注册商标　　B. 驰名商标

   C. 冠名商标　　D. 认证商标

3. 对驳回申请、不予公告的商标，商标注册申请人不服的，可以自收到通知之日起（　　）日内向商标评审委员会申请复审。

   A. 5　　B. 10

   C. 15　　D. 20

4. 被撤销的注册商标，由商标局予以公告，该注册商标专用权自（　　）之日起终止。

A. 商标局作出撤销决定　　B. 公告

C. 第三人提出撤销申请　　D. 商标局收回商标注册证

5. 伪造、擅自制造他人注册商标标识或者销售伪造、擅自制造的注册商标标识的纠纷，工商行政管理部门处理时，认定侵权行为成立的，没有违法经营额或者违法经营额不足 5 万元的，可以处(　　)万元以下的罚款。

A. 20　　B. 25

C. 30　　D. 50

（三）多项选择题

1. 下列哪些标志不得作为商标使用：(　　)

A. 中华人民共和国的国旗、国徽　　B. WTO、UN

C. 红十字、红新月　　D. 南街村

2. 不得作为商标注册的标志有：(　　)

A. 仅有本商品的通用名称、图形、型号的标志

B. 仅直接表示商品的质量、主要原料、功能、用途、重量、数量及其他特点的标志

C. 其他缺乏显著特征的标志

D. 经过使用取得显著特征，并便于识别的标志

3. 就相同或者类似商品申请注册的商标是复制、摹仿或者翻译他人未在中国注册的驰名商标，容易导致混淆的：(　　)

A. 不予注册　　B. 禁止使用

C. 禁止申请　　D. 禁止转让

4. 根据《商标法》规定，认定驰名商标应当考虑下列哪些因素：(　　)

A. 相关公众对该商标的知晓程度

B. 该商标使用的持续时间

C. 该商标的任何宣传工作的持续时间、程度和地理范围

D. 该商标作为驰名商标受保护的记录

5. 有下列行为之一的，属于侵犯注册商标专用权的行为：(　　)

A. 未经商标注册人的许可，在同一种商品上使用与其注册商标相同的商标

B. 销售侵犯注册商标专用权的商品

C. 伪造、擅自制造他人注册商标标识或者销售伪造、擅自制造的注册商标标识

D. 故意为侵犯他人商标专用权行为提供便利条件，帮助他人实施侵犯商标专用权行为

（四）填空题

1. 商标注册申请人自其商标在外国第一次提出商标注册申请之日起____个月内，又在中国就相同商品以同一商标提出商标注册申请的，依照该外国同中国签订的协议或者共同参加的国际条约，或者按照相互承认优先权的原则，可以享有____。
2. 两个或者两个以上的商标注册申请人，在同一种商品或者类似商品上，以相同或者近似的商标申请注册的，初步审定并公告____的商标；同一天申请的，初步审定并公告使用在先的商标，____其他人的申请，不予公告。
3. 《商标法》所称商标的使用，是指将商标用于商品、____或者容器以及商品交易文书上，或者将商标用于____、展览以及其他商业活动中，用于识别商品来源的行为。
4. 注册商标被宣告无效的，自宣告无效之日起____内，商标局对与该商标相同或者近似的商标注册申请，____。
5. ____他人注册商标标识或者____的注册商标标识，构成犯罪的，除赔偿被侵权人的损失外，依法追究刑事责任。

（五）简答题

根据《商标法》规定，简述注册商标的许可使用。

参考答案

（一）判断题

1. √，解析：根据《商标法》第 22 条第 3 款规定。

2. ×，解析：根据《商标法》第 23 条规定，注册商标需要在核定使用范围之外的商品上取得商标专用权的，应当另行提出注册申请。
3. ×，解析：根据《商标法》第 24 条规定，注册商标需要改变其标志的，应当重新提出注册申请。
4. √，解析：根据《商标法》第 63 条规定。
5. ×，解析：根据《商标法》第 66 条规定，为制止侵权行为，在证据可能灭失或者以后难以取得的情况下，商标注册人或者利害关系人可以依法在起诉前向人民法院申请保全证据。

（二）单项选择题

1. D，解析：根据《商标法》第 8 条规定，任何能够将自然人、法人或者其他组织的商品与他人的商品区别开的标志，包括文字、图形、字母、数字、三维标志、颜色组合和声音等，以及上述要素的组合，均可以作为商标申请注册。故 D 项正确。
2. A，解析：根据《商标法》第 9 条第 2 款规定，商标注册人有权标明“注册商标”或者注册标记。故 A 项正确。
3. C，解析：根据《商标法》第 34 条规定，对驳回申请、不予公告的商标，商标局应当书面通知商标注册申请人。商标注册申请人不服的，可以自收到通知之日起 15 日内向商标评审委员会申请复审。商标评审委员会应当自收到申请之日起 9 个月内做出决定，并书面通知申请人。有特殊情况需要延长的，经国务院工商行政管理部门批准，可以延长 3 个月。当事人对商标评审委员会的决定不服的，可以自收到通知之日起 30 日内向人民法院起诉。故 C 项正确。
4. B，解析：根据《商标法》第 55 条第 2 款规定，被撤销的注册商标，由商标局予以公告，该注册商标专用权自公告之日起终止。故 B 项正确。
5. B，解析：根据《商标法》第 60 条第 1、2 款规定，有本法第 57 条所列侵犯注册商标专用权行为之一，引起纠纷的，由当事人协商解决；不愿协商或者协商不成的，商标注册人或者利害关系人可以向人民法院起诉，也可以请求工商行政管理部门处理。工商行政管理部门处理时，认定侵权行为成立的，责令立即停止侵权行为，没收、销毁侵权商品和主要用于制造侵权商品、伪造注册商标标识的工具，违法经营额 5 万元以上的，可以处违法经营额 5 倍以下的罚款，没有违法经营额或者违法经营额不足5万元的，可以处25万元以下的罚款。对5年内实施2次以上商标侵权行为或者有其他严重情节的，应当从重处罚。销售不知道是侵犯注册商标专用权的商品，能证明该商品是自己合法取得并说明提供者的，由工商行政管理部门责令停止销售。故B项正确。

（三）多项选择题

1. ABC，解析：根据《商标法》第10条规定，下列标志不得作为商标使用：（1）同中华人民共和国的国家名称、国旗、国徽、国歌、军旗、军徽、军歌、勋章等相同或者近似的，以及同中央国家机关的名称、标志、所在地特定地点的名称或者标志性建筑物的名称、图形相同的；（2）同外国的国家名称、国旗、国徽、军旗等相同或者近似的，但经该国政府同意的除外；（3）同政府间国际组织的名称、旗帜、徽记等相同或者近似的，但经该组织同意或者不易误导公众的除外；（4）与表明实施控制、予以保证的官方标志、检验印记相同或者近似的，但经授权的除外；（5）同“红十字”、“红新月”的名称、标志相同或者近似的；（6）带有民族歧视性的；（7）带有欺骗性，容易使公众对商品的质量等特点或者产地产生误认的；（8）有害于社会主义道德风尚或者有其他不良影响的。县级以上行政区划的地名或者公众知晓的外国地名，不得作为商标。但是，地名具有其他含义或者作为集体商标、证明商标组成部分的除外；已经注册的使用地名的商标继续有效。故A、B、C项当选。
2. ABC，解析：根据《商标法》第11条规定，下列标志不得作为商标注册：（1）仅有本商品的通用名称、图形、型号的；（2）仅直接表示商品的质量、主要原料、功能、用途、重量、数量及其他特点的；（3）其他缺乏显著特征的。前款所列标志经过使用取得显著特征，并便于识别的，可以作为商标注册。故A、B、C项当选。
3. AB，解析：根据《商标法》第13条规定，就相同或者类似商品申请注册的商标是复制、摹仿或者翻译他人未在中国注册的驰名商标，容易导致混淆的，不予注册并禁止使用。故A、B项正确。
4. ABCD，解析：根据《商标法》第14条第1款规定，驰名商标应当根据当事人的请求，作为处理涉及商标案件需要认定的事实进行认定。认定驰名商标应当考虑下列因素：（1）相关公众对该商标的知晓程度；（2）该商标使用的持续时间；（3）该商标的任何宣传工作的持续时间、程度和地理范围；（4）该商标作为驰名商标受保护的记录；（5）该商标驰名的其他因素。据此，A、B、C、D 项正确。

5. ABCD，解析：根据《商标法》第 57 条规定，有下列行为之一的，均属侵犯注册商标专用权：（1）未经商标注册人的许可，在同一种商品上使用与其注册商标相同的商标的；（2）未经商标注册人的许可，在同一种商品上使用与其注册商标近似的商标，或者在类似商品上使用与其注册商标相同或者近似的商标，容易导致混淆的；（3）销售侵犯注册商标专用权的商品的；（4）伪造、擅自制造他人注册商标标识或者销售伪造、擅自制造的注册商标标识的；（5）未经商标注册人同意，更换其注册商标并将该更换商标的商品又投入市场的；（6）故意为侵犯他人商标专用权行为提供便利条件，帮助他人实施侵犯商标专用权行为的；（7）给他人的注册商标专用权造成其他损害的。故 A、B、C、D 项正确。

（四）填空题

1. 6；优先权。（《商标法》第 25 条第 1 款）
2. 申请在先；驳回。（《商标法》第 31 条）
3. 商品包装；广告宣传。（《商标法》第 48 条）
4. 1 年；不予核准。（《商标法》第 50 条）
5. 伪造、擅自制造；销售伪造、擅自制造。（《商标法》第 67 条第 2 款）

（五）简答题

答：根据《商标法》第 43 条规定，注册商标许可使用的法律规则如下：

（1）商标注册人可以通过签订商标使用许可合同，许可他人使用其注册商标。

（2）许可人应当监督被许可人使用其注册商标的商品质量。被许可人应当保证使用该注册商标的商品质量。

（3）经许可使用他人注册商标的，必须在使用该注册商标的商品上标明被许可人的名称和商品产地。

（4）许可他人使用其注册商标的，许可人应当将其商标使用许可报商标局备案，由商标局公告。商标使用许可未经备案不得对抗善意第三人。

三、著作权法

（一）判断题

1. 改编已有作品而产生的作品，其著作权由改编人享有，但行使著作权时不得侵犯原作品的著作权。（　　）
2. 两人以上合作创作的作品，著作权由合作作者共同享有。（　　）
3. 使用改编、翻译、注释、整理、汇编已有作品而产生的作品进行出版、演出和制作录音录像制品，仅需取得该作品的著作权人的许可，并支付报酬。（　　）
4. 职务作品完成3年内，未经单位同意，作者不得许可第三人以与单位使用的相同方式使用该作品。（　　）
5. 法人或者非法人组织的作品、著作权（署名权除外）由法人或者非法人组织享有的职务作品，其发表权自法人或者非法人组织注销后50年仍未行使的，《著作权法》不再保护。（　　）

（二）单项选择题

1. 外国人、无国籍人的作品（　　），依照《著作权法》的规定享有著作权。
   A. 首先在中国参加的国际条约的成员国出版的
   B. 首先在中国境内出版的
   C. 已经在中国参加的国际条约的非成员国出版的
   D. 在中国参加的国际条约的成员国和非成员国同时出版的
2. 下列选项中，属于《著作权法》所称的作品的是：（　　）
   A. 单纯事实消息　　B. 通用数表
   C. 法律、法规　　D. 计算机软件
3. 下列选项中，不适用《著作权法》的有：（　　）
   A. 历法　　B. 工程设计图
   C. 产品设计图　　D. 建筑作品

4. 将录音制品用于有线或者无线公开传播，或者通过传送声音的技术设备向公众公开播送的，应当向(　　)支付报酬。

A. 著作权人　　B. 表演者

C. 录音制作者　　D. 著作权人以及表演者

5. 侵犯著作权或者与著作权有关的权利的，权利人的实际损失、侵权人的违法所得、权利使用费难以计算的，由人民法院根据侵权行为的情节，判决给予(　　)的赔偿。

A. 500 元以上 300 万元以下　　B. 300 元以上 500 万元以下

C. 300 元以上 300 万元以下　　D. 500 元以上 500 万元以下

（三）多项选择题

1. 下列选项中，属于作者享有署名权，著作权的其他权利由法人或者非法人组织享有的职务作品的有：(　　)

A. 报社、期刊社、通讯社的工作人员创作的职务作品

B. 广播电台、电视台的工作人员创作的职务作品

C. 主要是利用法人或者非法人组织的物质技术条件创作，并由法人或者非法人组织承担责任的工程设计图、产品设计图、地图、示意图、计算机软件等职务作品

D. 法律、行政法规规定或者合同约定著作权由法人或者非法人组织享有的职务作品

2. 下列选项中，属于可以不经著作权人许可，不向其支付报酬地使用作品的情形有：(　　)

A. 为介绍、评论某一作品或者说明某一问题，在作品中适当引用他人已经发表的作品

B. 图书馆、档案馆、纪念馆、博物馆、美术馆、文化馆等为陈列或者保存版本的需要，复制本馆收藏的作品

C. 国家机关为执行公务在合理范围内使用已经发表的作品

D. 以阅读障碍者能够感知的无障碍方式向其提供已经发表的作品

3. 下列哪些属于可以避开技术措施的情形：(　　)

A. 为学校课堂教学或者科学研究，提供少量已经发表的作品，供教学或

者科研人员使用，而该作品无法通过正常途径获取

B. 国家机关依照行政、监察、司法程序执行公务

C. 进行科学研究或者计算机软件反向工程研究

D. 对计算机及其系统或者网络的安全性能进行测试

4. 有下列哪些情形时，应当根据情况，承担停止侵害、消除影响、赔礼道歉、赔偿损失等民事责任：(　　)

A. 为个人学习、研究或者欣赏，使用他人已经发表的作品

B. 未经合作作者许可，将与他人合作创作的作品当作自己单独创作的作品发表

C. 对设置或者陈列在公共场所的艺术作品进行临摹、绘画、摄影、录像

D. 使用他人作品，应当支付报酬而未支付

（四）填空题

1. 汇编若干作品、作品的片段或者不构成作品的数据或者其他材料，对其内容的选择或者____体现____的作品，为汇编作品。
2. 作者的____、____、____的保护期不受限制。
3. 自然人的作品，其发表权的保护期截止于____后第 50 年的____。
4. 为报道新闻，在报纸、期刊、广播电台、电视台等媒体中____地再现或者引用已经发表的作品，可以不经著作权人许可，不向其支付报酬。
5. 为实施____和国家教育规划而编写出版教科书，可以不经著作权人许可，在教科书中汇编已经发表的作品片段或者短小的文字作品、____或者单幅的美术作品、____、图形作品。

（五）简答题

简述《著作权法》中著作人身权的内容。

参考答案

（一）判断题

1. √，解析：根据《著作权法》第 13 条规定。

2. √，解析：根据《著作权法》第 14 条第 1 款规定。
3. ×，解析：根据《著作权法》第 16 条规定，使用改编、翻译、注释、整理、汇编已有作品而产生的作品进行出版、演出和制作录音录像制品，应当取得该作品的著作权人和原作品的著作权人许可，并支付报酬。
4. ×，解析：根据《著作权法》第 18 条第 1 款规定，自然人为完成法人或者非法人组织工作任务所创作的作品是职务作品，除本条第 2 款的规定以外，著作权由作者享有，但法人或者非法人组织有权在其业务范围内优先使用。作品完成 2 年内，未经单位同意，作者不得许可第三人以与单位使用的相同方式使用该作品。
5. ×，解析：根据《著作权法》第 23 条第 2 款规定，法人或者非法人组织的作品、著作权（署名权除外）由法人或者非法人组织享有的职务作品，其发表权的保护期为 50 年，截止于作品创作完成后第 50 年的 12 月 31 日；本法第 10 条第 1 款第 5 项至第 17 项规定的权利的保护期为 50 年，截止于作品首次发表后第 50 年的 12 月 31 日，但作品自创作完成后 50 年内未发表的，本法不再保护。

（二）单项选择题

1. B，解析：根据《著作权法》第 2 条规定，外国人、无国籍人的作品首先在中国境内出版的，依照本法享有著作权。故 B 项正确。
2. D，解析：根据《著作权法》第 3 条规定，本法所称的作品，是指文学、艺术和科学领域内具有独创性并能以一定形式表现的智力成果，包括：（1）文字作品；（2）口述作品；（3）音乐、戏剧、曲艺、舞蹈、杂技艺术作品；（4）美术、建筑作品；（5）摄影作品；（6）视听作品；（7）工程设计图、产品设计图、地图、示意图等图形作品和模型作品；（8）计算机软件；（9）符合作品特征的其他智力成果。故 D 项正确。
3. A，解析：根据《著作权法》第 5 条规定，本法不适用于：（1）法律、法规，国家机关的决议、决定、命令和其他具有立法、行政、司法性质的文件，及其官方正式译文；（2）单纯事实消息；（3）历法、通用数表、通用表格和公式。故 A 项当选。
4. C，解析：根据《著作权法》第 45 条规定，将录音制品用于有线或者无线公开传播，或者通过传送声音的技术设备向公众公开播送的，应当向录音制作者支付报酬。故 C 项正确。

5. D，解析：根据《著作权法》第 54 条第 2 款规定，权利人的实际损失、侵权人的违法所得、权利使用费难以计算的，由人民法院根据侵权行为的情节，判决给予 500 元以上 500 万元以下的赔偿。故 D 项正确。

（三）多项选择题

1. ABCD，解析：根据《著作权法》第 18 条第 2 款规定，有下列情形之一的职务作品，作者享有署名权，著作权的其他权利由法人或者非法人组织享有，法人或者非法人组织可以给予作者奖励：（1）主要是利用法人或者非法人组织的物质技术条件创作，并由法人或者非法人组织承担责任的工程设计图、产品设计图、地图、示意图、计算机软件等职务作品；（2）报社、期刊社、通讯社、广播电台、电视台的工作人员创作的职务作品；（3）法律、行政法规规定或者合同约定著作权由法人或者非法人组织享有的职务作品。故 A、B、C、D 项正确。
2. ABCD，解析：根据《著作权法》第 24 条第 1 款规定，在下列情况下使用作品，可以不经著作权人许可，不向其支付报酬，但应当指明作者姓名或者名称、作品名称，并且不得影响该作品的正常使用，也不得不合理地损害著作权人的合法权益：（1）为个人学习、研究或者欣赏，使用他人已经发表的作品；（2）为介绍、评论某一作品或者说明某一问题，在作品中适当引用他人已经发表的作品；（3）为报道新闻，在报纸、期刊、广播电台、电视台等媒体中不可避免地再现或者引用已经发表的作品；（4）报纸、期刊、广播电台、电视台等媒体刊登或者播放其他报纸、期刊、广播电台、电视台等媒体已经发表的关于政治、经济、宗教问题的时事性文章，但著作权人声明不许刊登、播放的除外；（5）报纸、期刊、广播电台、电视台等媒体刊登或者播放在公众集会上发表的讲话，但作者声明不许刊登、播放的除外；（6）为学校课堂教学或者科学研究，翻译、改编、汇编、播放或者少量复制已经发表的作品，供教学或者科研人员使用，但不得出版发行；（7）国家机关为执行公务在合理范围内使用已经发表的作品；（8）图书馆、档案馆、纪念馆、博物馆、美术馆、文化馆等为陈列或者保存版本的需要，复制本馆收藏的作品；（9）免费表演已经发表的作品，该表演未向公众收取费用，也未向表演者支付报酬，且不以营利为目的；（10）对设置或者陈列在公共场所的艺术作品进行临摹、绘画、摄影、录像；（11）将中国公民、法人或者非法人组织已经发表的以国家通用语言文字创作的作品翻译成少数民族语言文字作品在国内出版发行；（12）以阅读障碍者能够感知的无障碍方式向其提供已经发表的作品；（13）法律、行政法规规定的其他情形。故 A、B、C、D 项正确。

3. ABD，解析：根据《著作权法》第 50 条规定，下列情形可以避开技术措施，但不得向他人提供避开技术措施的技术、装置或者部件，不得侵犯权利人依法享有的其他权利：（1）为学校课堂教学或者科学研究，提供少量已经发表的作品，供教学或者科研人员使用，而该作品无法通过正常途径获取；（2）不以营利为目的，以阅读障碍者能够感知的无障碍方式向其提供已经发表的作品，而该作品无法通过正常途径获取；（3）国家机关依照行政、监察、司法程序执行公务；（4）对计算机及其系统或者网络的安全性能进行测试；（5）进行加密研究或者计算机软件反向工程研究。前款规定适用于对与著作权有关的权利的限制。故 A、B、D 项正确。

4. BD，解析：根据《著作权法》第 52 条规定，有下列侵权行为的，应当根据情况，承担停止侵害、消除影响、赔礼道歉、赔偿损失等民事责任：（1）未经著作权人许可，发表其作品的；（2）未经合作作者许可，将与他人合作创作的作品当作自己单独创作的作品发表的；（3）没有参加创作，为谋取个人名利，在他人作品上署名的；（4）歪曲、篡改他人作品的；（5）剽窃他人作品的；（6）未经著作权人许可，以展览、摄制视听作品的方法使用作品，或者以改编、翻译、注释等方式使用作品的，本法另有规定的除外；（7）使用他人作品，应当支付报酬而未支付的；（8）未经视听作品、计算机软件、录音录像制品的著作权人、表演者或者录音录像制作者许可，出租其作品或者录音录像制品的原件或者复制件的，本法另有规定的除外；（9）未经出版者许可，使用其出版的图书、期刊的版式设计的；（10）未经表演者许可，从现场直播或者公开传送其现场表演，或者录制其表演的；（11）其他侵犯著作权以及与著作权有关的权利的行为。A、C 项属于合理使用的情形，不构成侵犯著作权，故 B、D 项正确。

（四）填空题

1. 编排；独创性。（《著作权法》第 15 条）

2. 署名权；修改权；保护作品完整权。（《著作权法》第 22 条）
3. 作者死亡；12 月 31 日。（《著作权法》第 23 条第 1 款）
4. 不可避免。（《著作权法》第 24 条第 1 款第 3 项）
5. 义务教育；音乐作品；摄影作品。（《著作权法》第 25 条第 1 款）

（五）简答题

答：根据《著作权法》第 10 条第 1 款第 1 ~ 4 项规定，著作人身权包括以下内容：

（1）发表权，即决定作品是否公之于众的权利；
（2）署名权，即表明作者身份，在作品上署名的权利；
（3）修改权，即修改或者授权他人修改作品的权利；
（4）保护作品完整权，即保护作品不受歪曲、篡改的权利。

捌 环境保护

一、环境保护法

（一）判断题

1. 提起环境损害赔偿诉讼的时效期间为 3 年。（　　）
2. 企业事业单位和其他生产经营者违法排放污染物，受到罚款处罚，被责令改正，拒不改正的，依法作出处罚决定的行政机关可以自责令改正之日起，按照原处罚数额按日连续处罚。（　　）
3. 未依法进行环境影响评价的开发利用规划，不得组织实施；未依法进行环境影响评价的建设项目，不得开工建设。（　　）
4. 企业事业单位和其他生产经营者，为改善环境，依照有关规定转产、搬迁、关闭的，人民政府应当予以支持。（　　）
5. 国家对严重污染环境的工艺、设备和产品实行停产整顿。（　　）

（二）单项选择题

1. 排放污染物的企业事业单位，应当建立（　　）责任制度，明确单位负责人和相关人员的责任。

   A. 环境保护　　B. 污染防治
   C. 终身问责　　D. 首问负责

2. 关于排污费，下列说法错误的是：（　　）

   A. 排放污染物的企业事业单位和其他生产经营者应当缴纳
   B. 排污费应当全部专项用于环境污染防治
   C. 按照排污许可证的要求排放污染物，可以免征排污费
   D. 依照法律规定征收环境保护税的，不再征收排污费

3. 应当由（　　）建立环境污染公共监测预警机制，组织制定预警方案。

   A. 国务院　　B. 省级人民政府

C. 市级人民政府生态环境主管部门　D. 县级以上人民政府

4. 国家对生态保护地区的财政政策是：(　　)

A. 降低财政贷款利率　B. 加大财政转移支付力度

C. 免收环境污染防治税　D. 提高污染企业税收

5. 下列企事业单位的做法，哪一项是错误的：(　　)

A. 企业优先使用清洁能源，采用资源利用率高、污染物排放量少的工艺、设备以及废弃物综合利用技术和污染物无害化处理技术，减少污染物的产生

B. 重点排污单位按照国家有关规定和监测规范安装使用监测设备，保证监测设备正常运行，保存原始监测记录

C. 企业事业单位按照国家有关规定制定突发环境事件应急预案，报所在地市级以上人民政府备案

D. 实行排污许可管理的企业事业单位和其他生产经营者按照排污许可证的要求排放污染物

(三) 多项选择题

1. 国家建立跨行政区域的重点区域、流域环境污染和生态破坏联合防治协调机制，实行下列哪些举措：(　　)

A. 统一规划　B. 统一标准

C. 统一监测　D. 统一的防治措施

2. 国家在哪些区域划定生态保护红线，实行严格保护：(　　)

A. 重点生态功能区

B. 重要的水源涵养区

C. 生态环境敏感区和脆弱区

D. 珍稀、濒危的野生动植物自然分布区域

3. 关于县级以上人民政府环境保护主管部门的职责，下列选项正确的是：(　　)

A. 依法公开环境质量、环境监测、突发环境事件

B. 环境行政许可、行政处罚、排污费的征收和使用情况等信息

C. 本行政区域环境保护工作实施统一监督管理

D. 查封、扣押造成污染物排放的设施、设备

4. 关于环境质量标准的制定，下列说法正确的是：(　　)

A. 国家环境质量标准由国务院环境保护主管部门制定

B. 省、自治区、直辖市可以对国家环境质量标准中未作规定的项目制定地方环境质量标准

C. 地方环境质量标准可以低于国家环境质量标准

D. 地方环境质量标准应当报上一级政府备案

5. 建设项目中防治污染的设施应当与主体工程(　　)。

A. 同时设计　　B. 同时审批

C. 同时施工　　D. 同时投产使用

(四) 填空题

1. 每年____月____日为环境日。

2. 企业事业单位和其他生产经营者超过污染物排放标准或者超过重点污染物排放总量控制指标排放污染物的，县级以上人民政府环境保护主管部门可以责令其采取____、____等措施。

3. 违反《环境保护法》规定，重点排污单位____或者____环境信息的，由县级以上地方人民政府环境保护主管部门责令公开，处以罚款，并予以公告。

4. 公民应当遵守环境保护法律法规，配合实施环境保护措施，按照规定对生活废弃物进行____，减少日常生活对环境造成的损害。

5. 重点排污单位应当如实向社会公开其主要污染物的名称、____、排放浓度和总量、超标排放情况，以及____的建设和运行情况，接受社会监督。

(五) 简答题

简述可以提起环境公益诉讼的公益组织需满足的条件。

参考答案

（一）判断题

1. √，解析：根据《环境保护法》第66条规定。
2. ×，解析：根据《环境保护法》第59条第1款规定，企业事业单位和其他生产经营者违法排放污染物，受到罚款处罚，被责令改正，拒不改正的，依法作出处罚决定的行政机关可以自责令改正之日的次日起，按照原处罚数额按日连续处罚。
3. √，解析：根据《环境保护法》第19条第2款规定。
4. √，解析：根据《环境保护法》第23条规定。
5. ×，解析：根据《环境保护法》第46条第1款规定，国家对严重污染环境的工艺、设备和产品实行淘汰制度。任何单位和个人不得生产、销售或者转移、使用严重污染环境的工艺、设备和产品。

（二）单项选择题

1. A，解析：根据《环境保护法》第42条第2款规定，排放污染物的企业事业单位，应当建立环境保护责任制度，明确单位负责人和相关人员的责任。A项正确。
2. C，解析：根据《环境保护法》第43条规定，排放污染物的企业事业单位和其他生产经营者，应当按照国家有关规定缴纳排污费。排污费应当全部专项用于环境污染防治，任何单位和个人不得截留、挤占或者挪作他用。依照法律规定征收环境保护税的，不再征收排污费。A、B、D项正确，故C项当选。
3. D，解析：根据《环境保护法》第47条第2款规定，县级以上人民政府应当建立环境污染公共监测预警机制，组织制定预警方案；环境受到污染，可能影响公众健康和环境安全时，依法及时公布预警信息，启动应急措施。C项正确。
4. B，解析：根据《环境保护法》第31条规定，国家建立、健全生态保护补偿制度。国家加大对生态保护地区的财政转移支付力度。有关地方人民政府应当落实生态保护补偿资金，确保其用于生态保护补偿。国家指导受益地区和生态保护地区人民政府通过协商或者按照市场规则进行生态保护补偿。B 项正确。

5. C，解析：根据《环境保护法》第 40、42、45 条规定，A、B、D 项正确。根据《环境保护法》第 47 条第 3 款规定，企业事业单位应当按照国家有关规定制定突发环境事件应急预案，报环境保护主管部门和有关部门备案。在发生或者可能发生突发环境事件时，企业事业单位应当立即采取措施处理，及时通报可能受到危害的单位和居民，并向环境保护主管部门和有关部门报告。C 项错误。

（三）多项选择题

1. ABCD，解析：根据《环境保护法》第 20 条第 1 款规定，国家建立跨行政区域的重点区域、流域环境污染和生态破坏联合防治协调机制，实行统一规划、统一标准、统一监测、统一的防治措施。故 A、B、C、D 项正确。
2. AC，解析：根据《环境保护法》第 29 条第 1 款规定，国家在重点生态功能区、生态环境敏感区和脆弱区等区域划定生态保护红线，实行严格保护。故 A、C 项正确。
3. ABCD，解析：根据《环境保护法》第 54 条第 2 款规定，县级以上人民政府环境保护主管部门和其他负有环境保护监督管理职责的部门，应当依法公开环境质量、环境监测、突发环境事件以及环境行政许可、行政处罚、排污费的征收和使用情况等信息。A、B 项正确。根据《环境保护法》第 10 条第 1 款规定，县级以上地方人民政府环境保护主管部门，对本行政区域环境保护工作实施统一监督管理。C 项正确。根据《环境保护法》第 25 条规定，企业事业单位和其他生产经营者违反法律法规规定排放污染物，造成或者可能造成严重污染的，县级以上人民政府环境保护主管部门和其他负有环境保护监督管理职责的部门，可以查封、扣押造成污染物排放的设施、设备。D 项正确。
4. AB，解析：根据《环境保护法》第 15 条规定，国务院环境保护主管部门制定国家环境质量标准。省、自治区、直辖市人民政府对国家环境质量标准中未作规定的项目，可以制定地方环境质量标准；对国家环境质量标准中已作规定的项目，可以制定严于国家环境质量标准的地方环境质量标准。地方环境质量标准应当报国务院环境保护主管部门备案。故 A、B 项正确。

5. ACD，解析：根据《环境保护法》第 41 条规定，建设项目中防治污染的设施，应当与主体工程同时设计、同时施工、同时投产使用。防治污染的设施应当符合经批准的环境影响评价文件的要求，不得擅自拆除或者闲置。故 A、C、D 项正确。

（四）填空题

1. 6；5。（《环境保护法》第 12 条）
2. 限制生产；停产整治。（《环境保护法》第 60 条）
3. 不公开；不如实公开。（《环境保护法》第 62 条）
4. 分类放置。（《环境保护法》第 38 条）
5. 排放方式；防治污染设施。（《环境保护法》第 55 条）

（五）简答题

答：根据《环境保护法》第 58 条的规定，对污染环境、破坏生态，损害社会公共利益的行为，符合下列条件的社会组织可以向人民法院提起诉讼：

（1）依法在设区的市级以上人民政府民政部门登记；

（2）专门从事环境保护公益活动连续 5 年以上且无违法记录。

二、大气污染防治法

（一）判断题

1. 国家对重点大气污染物排放实行总量控制。（　　）
2. 任何单位和个人不得露天烧烤食品或者为露天烧烤食品提供场地。（　　）
3. 任何单位和个人不得在城市人民政府禁止的时段和区域内燃放烟花爆竹。（　　）
4. 进口不符合质量标准的煤炭、石油焦的，由县级以上人民政府生态环境保护部门责令改正。（　　）
5. 省、自治区、直辖市、设区的市人民政府生态环境主管部门应当会同气象主管机构建立会商机制，进行大气环境质量预报。可能发生重污染天气的，应当及时向上一级主管部门报告。（　　）

（二）单项选择题

1. 关于大气污染物排放标准，下列说法错误的是：（　　）
   A. 县级以上人民政府生态环境主管部门应当在其网站上公布
   B. 执行情况应当定期进行评估
   C. 制定时应当组织专家进行审查和论证
   D. 公众可免费查阅、下载
2. 直辖市和设区的市的大气环境质量限期达标规划应当报（　　）备案。
   A. 国务院生态环境主管部门　　B. 上一级人民政府
   C. 同级人民政府　　D. 同级人大常委会
3. 违反《大气污染防治法》规定，使用不符合标准或者要求的船舶用燃油的，由海事管理机构、渔业主管部门按照职责处（　　）的罚款。
   A. 货值金额1倍以上3倍以下　　B. 1万元以上10万元以下
   C. 5万元以上20万元以下　　D. 2万元以上20万元以下
4. 违反《大气污染防治法》法规定，机动车驾驶人驾驶排放检验不合格的机动车上道路行驶的，由(　　)依法予以处罚。

A. 公安机关交通管理部门　　B. 税务机关

C. 环境污染防控部门　　D. 环境保护协会

5. 国家对消耗臭氧层物质的生产、使用、进出口实行总量控制和(　　)。

A. 减额管理　　B. 累加征税

C. 限量使用　　D. 配额管理

(三) 多项选择题

1. 国务院生态环境主管部门或者省、自治区、直辖市人民政府制定大气污染物排放标准，应当以(　　)为依据。

A. 大气环境质量标准　　B. 行业协会约规

C. 国家经济条件　　D. 国家技术条件

2. 企业事业单位和其他生产经营者建设对大气环境有影响的项目时，应当采取的措施有：(　　)

A. 听取当地环保协会的意见

B. 依法进行环境影响评价

C. 向当地生态环境主管部门递交许可申请

D. 公开环境影响评价文件

3. 县级以上地方人民政府应当依据重污染天气的预警等级，及时启动应急预案，根据应急需要可以采取的措施有：(　　)

A. 责令有关企业停产或者限产

B. 限制部分机动车行驶

C. 禁止燃放烟花爆竹

D. 停止工地土石方作业和建筑物拆除施工

4. 施工单位有下列哪些行为之一的，由县级以上人民政府住房城乡建设等主管部门按照职责责令改正，处 1 万元以上 10 万元以下的罚款；拒不改正的，责令停工整治：(　　)

A. 施工工地未设置硬质围挡

B. 施工工地未采取覆盖、分段作业、择时施工、洒水抑尘、冲洗地面和车辆等有效防尘降尘措施

C. 建筑土方、工程渣土、建筑垃圾未及时清运，或者未采用密闭式防尘网遮盖

D. 施工工地未张贴责任人及应急预案

5. 县级以上人民政府生态环境主管部门可对下列哪些违法行为进行责令改正：（　　）

A. 侵占、损毁或者擅自移动、改变大气环境质量监测设施或者大气污染物排放自动监测设备

B. 未依法取得排污许可证排放大气污染物

C. 违反《大气污染防治法》规定，以拒绝进入现场等方式拒不接受生态环境主管部门及其环境执法机构或者其他负有大气环境保护监督管理职责的部门的监督检查

D. 违反《大气污染防治法》规定，单位燃用不符合质量标准的煤炭、石油焦

（四）填空题

1. 重点排污单位应当对自动监测数据的____和____负责。

2. 施工单位应当在施工工地公示扬尘污染____、____、扬尘监督管理主管部门等信息。

3. 排放大气污染物造成损害的，应当依法承担____责任。

4. 对造成一般或者较大大气污染事故的，按照污染事故造成直接损失的1倍以上____倍以下计算罚款；对造成重大或者特大大气污染事故的，按照污染事故造成的直接损失的3倍以上____倍以下计算罚款。

5. 违反《大气污染防治法》规定，擅自向社会发布重污染天气预报预警信息，构成违反治安管理行为的，由____依法予以处罚。

参考答案

（一）判断题

1. √，解析：根据《大气污染防治法》第21条第1款规定。

2. ×，解析：根据《大气污染防治法》第81条第3款规定，任何单位和个

人不得在当地人民政府禁止的区域内露天烧烤食品或者为露天烧烤食品提供场地。

3. √，解析：根据《大气污染防治法》第 82 条第 2 款规定。
4. ×，解析：根据《大气污染防治法》第 104 条规定，违反本法规定，有下列行为之一的，由海关责令改正，没收原材料、产品和违法所得，并处货值金额 1 倍以上 3 倍以下的罚款；构成走私的，由海关依法予以处罚：（1）进口不符合质量标准的煤炭、石油焦的；（2）进口挥发性有机物含量不符合质量标准或者要求的原材料和产品的；（3）进口不符合标准的机动车船和非道路移动机械用燃料、发动机油、氮氧化物还原剂、燃料和润滑油添加剂以及其他添加剂的。
5. ×，解析：根据《大气污染防治法》第 95 条第 1 款规定，省、自治区、直辖市、设区的市人民政府生态环境主管部门应当会同气象主管机构建立会商机制，进行大气环境质量预报。可能发生重污染天气的，应当及时向本级人民政府报告。省、自治区、直辖市、设区的市人民政府依据重污染天气预报信息，进行综合研判，确定预警等级并及时发出预警。预警等级根据情况变化及时调整。任何单位和个人不得擅自向社会发布重污染天气预报预警信息。

（二）单项选择题

1. A，解析：根据《大气污染防治法》第 10、12 条规定，B、C 项正确。根据《大气污染防治法》第 11 条规定，省级以上人民政府生态环境主管部门应当在其网站上公布大气环境质量标准、大气污染物排放标准，供公众免费查阅、下载。A 项错误，D 项正确。
2. A，解析：根据《大气污染防治法》第 15 条规定，城市大气环境质量限期达标规划应当向社会公开。直辖市和设区的市的大气环境质量限期达标规划应当报国务院生态环境主管部门备案。A 项正确。
3. B，解析：根据《大气污染防治法》第 106 条规定，违反本法规定，使用不符合标准或者要求的船舶用燃油的，由海事管理机构、渔业主管部门按照职责处 1 万元以上 10 万元以下的罚款。B 项正确。
4. A，解析：根据《大气污染防治法》第 113 条规定，违反本法规定，机动车驾驶人驾驶排放检验不合格的机动车上道路行驶的，由公安机关交通管理部门依法予以处罚。A 项正确。

5. D，解析：根据《大气污染防治法》第85条规定，国家鼓励、支持消耗臭氧层物质替代品的生产和使用，逐步减少直至停止消耗臭氧层物质的生产和使用。国家对消耗臭氧层物质的生产、使用、进出口实行总量控制和配额管理。具体办法由国务院规定。D项正确。

（三）多项选择题

1. ACD，解析：根据《大气污染防治法》第9条规定，国务院生态环境主管部门或者省、自治区、直辖市人民政府制定大气污染物排放标准，应当以大气环境质量标准和国家经济、技术条件为依据，A、C、D项正确。
2. BD，解析：根据《大气污染防治法》第18条规定，企业事业单位和其他生产经营者建设对大气环境有影响的项目，应当依法进行环境影响评价、公开环境影响评价文件；向大气排放污染物的，应当符合大气污染物排放标准，遵守重点大气污染物排放总量控制要求。B、D项正确。
3. ABCD，解析：根据《大气污染防治法》第96条规定，县级以上地方人民政府应当依据重污染天气的预警等级，及时启动应急预案，根据应急需要可以采取责令有关企业停产或者限产、限制部分机动车行驶、禁止燃放烟花爆竹、停止工地土石方作业和建筑物拆除施工、停止露天烧烤、停止幼儿园和学校组织的户外活动、组织开展人工影响天气作业等应急措施。应急响应结束后，人民政府应当及时开展应急预案实施情况的评估，适时修改完善应急预案。故A、B、C、D项正确。
4. ABC，解析：根据《大气污染防治法》第115条规定，违反本法规定，施工单位有下列行为之一的，由县级以上人民政府住房城乡建设等主管部门按照职责责令改正，处1万元以上10万元以下的罚款；拒不改正的，责令停工整治：（1）施工工地未设置硬质围挡，或者未采取覆盖、分段作业、择时施工、洒水抑尘、冲洗地面和车辆等有效防尘降尘措施的；（2）建筑土方、工程渣土、建筑垃圾未及时清运，或者未采用密闭式防尘网遮盖的。违反本法规定，建设单位未对暂时不能开工的建设用地的裸露地面进行覆盖，或者未对超过3个月不能开工的建设用地的裸露地面进行绿化、铺装或者遮盖的，由县级以上人民政府住房城乡建设等主管部门依照前款规定予以处罚。A、B、C项正确。
5. ABCD，解析：根据《大气污染防治法》第98、99、100、105条规定，A、B、C、D项正确。

（四）填空题

1. 真实性；准确性。（《大气污染防治法》第 25 条）
2. 防治措施；负责人。（《大气污染防治法》第 69 条第 4 款）
3. 侵权。（《大气污染防治法》第 125 条）
4. 3；5。（《大气污染防治法》第 122 条第 2 款）
5. 公安机关。（《大气污染防治法》第 121 条第 1 款）

三、水污染防治法

（一）判断题

1. 任何单位和个人都有义务保护水环境，并有权对污染损害水环境的行为进行检举。(　　)
2. 国务院环境保护主管部门制定国家水环境质量标准。(　　)
3. 城镇污水集中处理设施的运营单位按照国家规定向排污者免费提供污水处理服务。(　　)
4. 可能发生水污染事故的企业事业单位，应当制定有关水污染事故的应急方案，做好应急准备，并定期进行演练。(　　)
5. 市级以上人民政府应当组织编制饮用水安全突发事件应急预案。(　　)

（二）单项选择题

1. (　　)对水污染防治实施统一监督管理。

   A. 县级以上人民政府环境保护主管部门　B. 交通主管部门的海事管理机构

   C. 县级以上人民政府国土资源部门　D. 县级以上人民政府卫生部门

2. 经批准的水污染防治规划是防治水污染的基本依据，规划的修订须(　　)的批准。

   A. 上级主管部门　B. 同级人民政府

   C. 原批准机关　D. 本级人大常委会

3. 下列哪项不是《水污染防治法》规定的禁止性排放物质：(　　)

   A. 油类　B. 酸液

   C. 放射性固体废物　D. 热废水

4. 饮用水供水单位供水水质不符合国家规定标准的，由所在地市、县级人民政府的(　　)责令改正。

   A. 生态环境主管部门　B. 供水主管部门

   C. 卫生部门　D. 社会保障部门

5. 造成渔业污染事故或者渔业船舶造成水污染事故的，应当向(　　)渔业主管部门报告，接受调查处理。

A. 企事业单位所在地　　B. 企事业单位注册地

C. 事故发生地　　D. 船舶登记地

(三) 多项选择题

1. 水污染防治应当坚持下列哪些原则：(　　)

A. 预防为主　　B. 防治结合

C. 综合治理　　D. 奖罚并举

2. 省、市、县、乡建立河长制，分级分段组织领导本行政区域内江河、湖泊的下列哪些工作：(　　)

A. 水资源保护　　B. 水域岸线管理

C. 水污染防治　　D. 水环境治理

3. 国务院环境保护主管部门制定国家水污染物排放标准的根据包括：(　　)

A. 国家水环境质量标准　　B. 行业规约

C. 国家经济条件　　D. 国家技术条件

4. 针对直接或间接向水体排放污染物的建设项目和其他水上设施的下列哪些行为，应当依法进行环境影响评价：(　　)

A. 新建　　B. 改建

C. 扩建　　D. 拆除

5. 下列选项中，属于县级以上地方人民政府职责的有：(　　)

A. 在准保护区内采取工程措施防止水污染物直接排入饮用水水体，确保饮用水安全

B. 组织环境保护等部门，对饮用水水源保护区、地下水型饮用水源的补给区及供水单位周边区域的环境状况和污染风险进行调查评估

C. 合理安排、布局农村饮用水水源

D. 组织有关部门监测、评估本行政区域内饮用水水源、供水单位供水和用户水龙头出水的水质等饮用水安全状态

（四）填空题

1. 地方各级人民政府对本行政区域的水环境____负责，应当及时采取措施防治____。
2. 国家通过____等方式，建立健全对位于饮用水水源保护区区域和江河、湖泊、水库上游地区的水环境____。
3. 省、自治区、直辖市人民政府对国家水污染物排放标准中已作规定的项目，可以制定____的地方水污染物排放标准。
4. 防治水污染应当按流域或者按区域进行____。
5. 实行排污许可管理的企业事业单位和其他生产经营者应当对监测数据的____和____负责。

（五）简答题

简述城镇污水集中处理设施的运营单位或者污泥处理处置单位对污泥处置不符合法律规定需承担的后果。

参考答案

（一）判断题

1. √，解析：根据《水污染防治法》第 11 条第 1 款规定。
2. √，解析：根据《水污染防治法》第 12 条第 1 款规定。
3. ×，解析：根据《水污染防治法》第 49 条第 4 款规定，城镇污水集中处理设施的运营单位按照国家规定向排污者提供污水处理的有偿服务，收取污水处理费用，保证污水集中处理设施的正常运行。收取的污水处理费用应当用于城镇污水集中处理设施的建设运行和污泥处理处置，不得挪作他用。
4. √，解析：根据《水污染防治法》第 77 条第 1 款规定。
5. ×，解析：根据《水污染防治法》第 79 条第 1 款规定，市、县级人民政府应当组织编制饮用水安全突发事件应急预案。

（二）单项选择题

1. A，解析：根据《水污染防治法》第 9 条第 1 款规定，县级以上人民政府环境保护主管部门对水污染防治实施统一监督管理。A 项正确。
2. C，解析：根据《水污染防治法》第 16 条第 4 款规定，经批准的水污染防治规划是防治水污染的基本依据，规划的修订须经原批准机关批准。C 项正确。
3. D，解析：根据《水污染防治法》第 35 条规定，向水体排放含热废水，应当采取措施，保证水体的水温符合水环境质量标准。据此，可以排放热废水，D 项当选。
4. B，解析：根据《水污染防治法》第 92 条规定，饮用水供水单位供水水质不符合国家规定标准的，由所在地市、县级人民政府供水主管部门责令改正，处 2 万元以上 20 万元以下的罚款；情节严重的，报经有批准权的人民政府批准，可以责令停业整顿；对直接负责的主管人员和其他直接责任人员依法给予处分。B 项正确。
5. C，解析：根据《水污染防治法》第 78 条规定，企业事业单位发生事故或者其他突发性事件，造成或者可能造成水污染事故的，应当立即启动本单位的应急方案，采取隔离等应急措施，防止水污染物进入水体，并向事故发生地的县级以上地方人民政府或者环境保护主管部门报告。环境保护主管部门接到报告后，应当及时向本级人民政府报告，并抄送有关部门。造成渔业污染事故或者渔业船舶造成水污染事故的，应当向事故发生地的渔业主管部门报告，接受调查处理。其他船舶造成水污染事故的，应当向事故发生地的海事管理机构报告，接受调查处理；给渔业造成损害的，海事管理机构应当通知渔业主管部门参与调查处理。C 项正确。

（三）多项选择题

1. ABC，解析：根据《水污染防治法》第 3 条规定，水污染防治应当坚持预防为主、防治结合、综合治理的原则，优先保护饮用水水源，严格控制工业污染、城镇生活污染，防治农业面源污染，积极推进生态治理工程建设，预防、控制和减少水环境污染和生态破坏。A、B、C 项正确。
2. ABCD，解析：根据《水污染防治法》第 5 条规定，省、市、县、乡建立河长制，分级分段组织领导本行政区域内江河、湖泊的水资源保护、水域岸线管理、水污染防治、水环境治理等工作。A、B、C、D项正确。

3. ACD，解析：根据《水污染防治法》第14条规定，国务院环境保护主管部门根据国家水环境质量标准和国家经济、技术条件，制定国家水污染物排放标准。省、自治区、直辖市人民政府对国家水污染物排放标准中未作规定的项目，可以制定地方水污染物排放标准；对国家水污染物排放标准中已作规定的项目，可以制定严于国家水污染物排放标准的地方水污染物排放标准。地方水污染物排放标准须报国务院环境保护主管部门备案。向已有地方水污染物排放标准的水体排放污染物的，应当执行地方水污染物排放标准。A、C、D项正确。

4. ABC，解析：根据《水污染防治法》第19条第1款规定，新建、改建、扩建直接或者间接向水体排放污染物的建设项目和其他水上设施，应当依法进行环境影响评价。A、B、C项正确。

5. ABCD，解析：根据《水污染防治法》第68、69、70、72条规定，A、B、C、D项正确。

（四）填空题

1. 质量；水污染。（《水污染防治法》第4条第2款）
2. 财政转移支付；生态保护补偿机制。（《水污染防治法》第8条）
3. 严于国家水污染物排放标准。（《水污染防治法》第14条第2款）
4. 统一规划。（《水污染防治法》第16条第1款）
5. 真实性；准确性。（《水污染防治法》第24条第1款）

（五）简答题

答：根据《水污染防治法》第88条的规定，城镇污水集中处理设施的运营单位或者污泥处理处置单位，处理处置后的污泥不符合国家标准，或者对污泥去向等未进行记录的，由城镇排水主管部门责令限期采取治理措施，给予警告；造成严重后果的，处10万元以上20万元以下的罚款；逾期不采取治理措施的，城镇排水主管部门可以指定有治理能力的单位代为治理，所需费用由违法者承担。

四、固体废物污染环境防治法

（一）判断题

1. 禁止任何单位或者个人向江河、湖泊、运河、渠道、水库及其最高水位线以下的滩地和岸坡以及法律法规规定的其他地点倾倒、堆放、贮存固体废物。（　　）
2. 禁止中华人民共和国境外的固体废物进境倾倒、堆放、处置。（　　）
3. 任何单位和个人都应当依法在指定的地点分类投放生活垃圾。禁止随意倾倒、抛撒、堆放或者焚烧生活垃圾。（　　）
4. 县级以上地方人民政府应当加强建筑垃圾污染环境的防治，建立建筑垃圾集中处理制度。（　　）
5. 国家鼓励和引导消费者使用绿色包装和减量包装。（　　）

（二）单项选择题

1. 海关发现进口货物疑似固体废物的，可以委托（　　）开展属性鉴别，并根据鉴别结论依法管理。

A. 专业机构　　B. 环保机构
C. 鉴定机构　　D. 生态环境主管部门

2. 生活垃圾处理收费制度中应当遵循（　　）原则。

A. 产生者付费　　B. 处理者付费
C. 回收者付费　　D. 公益免费

3. 生活垃圾处理费不得用于（　　）活动。

A. 生活垃圾的收集　　B. 生活垃圾的运输
C. 生活垃圾的处理　　D. 环保活动的宣传

4. 关于一次性用品，下列说法错误的是：（　　）

A. 国家鼓励和引导减少使用、积极回收塑料袋等一次性塑料制品，推广应用可循环、易回收、可降解的替代产品

B. 国家依法禁止、限制生产、销售和使用不可降解塑料袋等一次性塑料制品

C. 旅游、住宿等行业应当按照国家有关规定不提供一次性用品

D. 机关、企业事业单位等的办公场所应当使用有利于保护环境的产品、设备和设施，减少使用一次性办公用品

5. 从事固体废物综合利用等固体废物污染环境防治工作的可享受(　　)政策优惠。

A. 贷款免息　　B. 税收优惠

C. 保险减免　　D. 就业补助

（三）多项选择题

1. 固体废物污染环境防治应当遵循下列哪些原则：(　　)

A. 减量化　　B. 资源化

C. 无害化　　D. 污染担责

2. 生活垃圾分类应当遵循下列哪些原则：(　　)

A. 政府推动　　B. 全民参与

C. 城乡统筹　　D. 因地制宜

3. 建设项目的环境影响评价文件确定需要配套建设的固体废物污染环境防治设施，与主体工程(　　)。

A. 同时设计　　B. 同时审批

C. 同时施工　　D. 同时投入使用

4. 关于产生工业固体废物的单位，下列说法正确的有：(　　)

A. 委托他人运输、利用、处置工业固体废物的，应当对受托方的主体资格和技术能力进行核实

B. 应当依法实施清洁生产审核，合理选择和利用原材料、能源和其他资源

C. 应当取得排污许可证

D. 应当向所在地生态环境主管部门提供工业固体废物的种类、数量、流向、贮存、利用、处置等有关资料

5. 县级以上地方人民政府应当加快建立(　　)的生活垃圾管理系统，实现

生活垃圾分类制度有效覆盖。

A. 分类投放　　B. 分类收集

C. 分类运输　　D. 分类处理

（四）填空题

1. 国家倡导____、____的生活方式，引导公众积极参与固体废物污染环境防治。
2. 接到举报的部门应当及时处理并对举报人的相关信息____；对实名举报并查证属实的，____。
3. 收集、贮存、运输、利用、处置危险废物的单位，应当按照国家有关规定，投保____保险。
4. 违反《固体废物污染环境防治法》规定，未依法取得排污许可证产生工业固体废物的，由生态环境主管部门责令改正或者限制生产、停产整治，处____万元以上____万元以下的罚款
5. 违反《固体废物污染环境防治法》规定，将中华人民共和国境外的固体废物输入境内的，由____责令退运该固体废物，处 50 万元以上 500 万元以下的罚款；承运人对前述固体废物的退运、处置，与进口者承担____责任。

参考答案

（一）判断题

1. √，解析：根据《固体废物污染环境防治法》第 20 条第 2 款规定。
2. √，解析：根据《固体废物污染环境防治法》第 23 条规定。
3. √，解析：根据《固体废物污染环境防治法》第 49 条第 2 款规定。
4. ×，解析：根据《固体废物污染环境防治法》第 60 条第 1 款规定，县级以上地方人民政府应当加强建筑垃圾污染环境的防治，建立建筑垃圾分类处理制度。
5. √，解析：根据《固体废物污染环境防治法》第 68 条第 5 款规定。

（二）单项选择题

1. A，解析：根据《固体废物污染环境防治法》第 25 条规定，海关发现进口货物疑似固体废物的，可以委托专业机构开展属性鉴别，并根据鉴别结论依法管理。A 项正确。
2. A，解析：根据《固体废物污染环境防治法》第 58 条第 1 款规定，县级以上地方人民政府应当按照产生者付费原则，建立生活垃圾处理收费制度。A 项正确。
3. D，解析：根据《固体废物污染环境防治法》第 58 条第 3 款规定，生活垃圾处理费应当专项用于生活垃圾的收集、运输和处理等，不得挪作他用。D 项当选。
4. C，解析：根据《固体废物污染环境防治法》第 69 条规定，A、B 项正确。根据《固体废物污染环境防治法》第 70 条第 1 款规定，旅游、住宿等行业应当按照国家有关规定推行不主动提供一次性用品，D 项正确，C 项错误，当选。
5. B，解析：根据《固体废物污染环境防治法》第 98 条规定，从事固体废物综合利用等固体废物污染环境防治工作的，依照法律、行政法规的规定，享受税收优惠。国家鼓励并提倡社会各界为防治固体废物污染环境捐赠财产，并依照法律、行政法规的规定，给予税收优惠。B 项正确。

（三）多项选择题

1. ABCD，解析：根据《固体废物污染环境防治法》第 4 条第 1 款规定，固体废物污染环境防治坚持减量化、资源化和无害化的原则。根据《固体废物污染环境防治法》第 5 条第 1 款规定，固体废物污染环境防治坚持污染担责的原则。故 A、B、C、D 项正确。
2. ABCD，解析：根据《固体废物污染环境防治法》第 6 条规定，国家推行生活垃圾分类制度。生活垃圾分类坚持政府推动、全民参与、城乡统筹、因地制宜、简便易行的原则。故 A、B、C、D 项正确。
3. ACD，解析：根据《固体废物污染环境防治法》第 18 条第 1 款规定，建设项目的环境影响评价文件确定需要配套建设的固体废物污染环境防治设施，应当与主体工程同时设计、同时施工、同时投入使用。建设项目的初步设计，应当按照环境保护设计规范的要求，将固体废物污染环境防治内容纳入环境影响评价文件，落实防治固体废物污染环境和破坏生态的措施以及固体废物污染环境防治设施投资概算。故 A、C、D 项正确。

4. ABCD，解析：根据《固体废物污染环境防治法》第 37 条第 1 款规定，产生工业固体废物的单位委托他人运输、利用、处置工业固体废物的，应当对受托方的主体资格和技术能力进行核实，依法签订书面合同，在合同中约定污染防治要求。A 项正确。根据《固体废物污染环境防治法》第 38 条规定，产生工业固体废物的单位应当依法实施清洁生产审核，合理选择和利用原材料、能源和其他资源，采用先进的生产工艺和设备，减少工业固体废物的产生量，降低工业固体废物的危害性。B 项正确。根据《固体废物污染环境防治法》第 39 条规定，产生工业固体废物的单位应当取得排污许可证。排污许可的具体办法和实施步骤由国务院规定。产生工业固体废物的单位应当向所在地生态环境主管部门提供工业固体废物的种类、数量、流向、贮存、利用、处置等有关资料，以及减少工业固体废物产生、促进综合利用的具体措施，并执行排污许可管理制度的相关规定。故 C、D 项正确。

5. ABCD，解析：根据《固体废物污染环境防治法》第 43 条第 1 款规定，县级以上地方人民政府应当加快建立分类投放、分类收集、分类运输、分类处理的生活垃圾管理系统，实现生活垃圾分类制度有效覆盖。故 A、B、C、D 项正确。

（四）填空题

1. 简约适度；绿色低碳。（《固体废物污染环境防治法》第 3 条第 2 款）
2. 予以保密；给予奖励。（《固体废物污染环境防治法》第 31 条第 3 款）
3. 环境污染责任。（《固体废物污染环境防治法》第 99 条）
4. 10；100。（《固体废物污染环境防治法》第 104 条）
5. 海关；连带。（《固体废物污染环境防治法》第 115 条）

五、环境噪声污染防治法

（一）判断题

1. 任何单位和个人都有保护声环境的义务，并有权对造成环境噪声污染的单位和个人进行检举和控告。(　　)
2. 《环境噪声污染防治法》适用于所有受到噪声危害的防治。(　　)
3. 在城市市区噪声敏感建筑物集中区域内，任何情况下都禁止夜间进行产生环境噪声污染的建筑施工作业。(　　)
4. 违反《环境噪声污染防治法》规定，拒报或者谎报规定的环境噪声排放申报事项的，县级以上地方人民政府生态环境主管部门可以根据不同情节，给予警告或者处以罚款。(　　)
5. 城市人民政府公安机关可以根据本地城市市区区域声环境保护的需要，划定禁止机动车辆行驶和禁止其使用声响装置的路段和时间，并向社会公告。(　　)

（二）单项选择题

1. 建设项目可能产生环境噪声污染的，建设单位必须提出环境影响报告书，该报告书中无须包括下列哪项内容：(　　)

   A. 环境噪声污染的防治措施　　B. 所在地单位意见

   C. 所在地居民的意见　　D. 环境噪声污染产生的原因
2. 征收的超标准排污费可用于下列哪一用途：(　　)

   A. 污染的防治　　B. 环保奖励

   C. 环保活动宣传　　D. 政府财政补贴
3. 国务院经济综合主管部门会同国务院有关部门公布的环境噪声污染严重的设备名录中，不包括下列哪项情形：(　　)

   A. 限期禁止生产　　B. 限期禁止销售

   C. 限期禁止进口　　D. 限期禁止研发

4. 在城市范围内从事生产活动确需排放偶发性强烈噪声的，必须事先向(　　)提出申请，经批准后方可进行。

A. 当地公安机关　　B. 当地市场监督管理部门

C. 当地生态环境主管部门　　D. 当地街道办公室

5. 在城市市区范围内，建筑施工过程中使用机械设备，可能产生环境噪声污染的，施工单位必须在工程开工(　　)日以前向工程所在地县级以上地方人民政府生态环境主管部门申报相关情况。

A. 5　　B. 10

C. 15　　D. 30

(三) 多项选择题

1. 下列哪些活动所产生的干扰周围生活环境的声音被称为环境噪声：(　　)

A. 工业生产　　B. 建筑施工

C. 交通运输　　D. 社会生活

2. 建设项目的环境噪声污染防治设施应当与主体工程(　　)。

A. 同时设计　　B. 同时审批

C. 同时施工　　D. 同时投产使用

3. 下列哪些违反《环境噪声污染防治法》规定的行为，公安机关有权给予警告，可以并处罚款：(　　)

A. 在城市市区噪声敏感建筑物集中区域内使用高音广播喇叭

B. 机动船舶不按照规定使用声响装置

C. 违反当地公安机关的规定，在城市市区街道、广场、公园等公共场所组织娱乐、集会等活动，使用音响器材，产生干扰周围生活环境的过大音量

D. 铁路机车不按照规定使用声响装置

(四) 填空题

1. 国务院生态环境主管部门对全国环境噪声污染防治实施____管理。

2. 国家对环境噪声污染严重的落后设备实行____制度。

3. 禁止任何单位、个人在城市市区噪声敏感建筑物集中区域内使用____。
4. 违反《环境噪声污染防治法》规定，拒报或者谎报规定的环境噪声排放申报事项的，县级以上地方人民政府生态环境主管部门可以根据不同情节，____或者____。
5. “夜间”是指晚____点至晨____之间的期间。

参考答案

（一）判断题

1. √，解析：根据《环境噪声污染防治法》第 7 条规定。
2. ×，解析：根据《环境噪声污染防治法》第 3 条规定，本法适用于中华人民共和国领域内环境噪声污染的防治。因从事本职生产、经营工作受到噪声危害的防治，不适用本法。
3. ×，解析：根据《环境噪声污染防治法》第 30 条第 1 款规定，在城市市区噪声敏感建筑物集中区域内，禁止夜间进行产生环境噪声污染的建筑施工作业，但抢修、抢险作业和因生产工艺上要求或者特殊需要必须连续作业的除外。
4. √，解析：根据《环境噪声污染防治法》第 49 条规定。
5. √，解析：根据《环境噪声污染防治法》第 35 条规定。

（二）单项选择题

1. D，解析：根据《环境噪声污染防治法》第 13 条规定，新建、改建、扩建的建设项目，必须遵守国家有关建设项目环境保护管理的规定。建设项目可能产生环境噪声污染的，建设单位必须提出环境影响报告书，规定环境噪声污染的防治措施，并按照国家规定的程序报生态环境主管部门批准。环境影响报告书中，应当有该建设项目所在地单位和居民的意见。D 项当选。
2. A，解析：根据《环境噪声污染防治法》第 16 条规定，产生环境噪声污染的单位，应当采取措施进行治理，并按照国家规定缴纳超标准排污费。征收的超标准排污费必须用于污染的防治，不得挪作他用。A 项正确。
3. D，解析：根据《环境噪声污染防治法》第 18 条第 2 款规定，国务院经济综合主管部门应当会同国务院有关部门公布限期禁止生产、禁止销售、禁止进口的环境噪声污染严重的设备名录。D 项当选。

4. A，解析：根据《环境噪声污染防治法》第 19 条规定，在城市范围内从事生产活动确需排放偶发性强烈噪声的，必须事先向当地公安机关提出申请，经批准后方可进行。当地公安机关应当向社会公告。A 项正确。
5. C，解析：根据《环境噪声污染防治法》第 29 条规定，在城市市区范围内，建筑施工过程中使用机械设备，可能产生环境噪声污染的，施工单位必须在工程开工 15 日以前向工程所在地县级以上地方人民政府生态环境主管部门申报该工程的项目名称、施工场所和期限、可能产生的环境噪声值以及所采取的环境噪声污染防治措施的情况。C 项正确。

（三）多项选择题

1. ABCD，解析：根据《环境噪声污染防治法》第 2 条规定，本法所称环境噪声，是指在工业生产、建筑施工、交通运输和社会生活中所产生的干扰周围生活环境的声音。本法所称环境噪声污染，是指所产生的环境噪声超过国家规定的环境噪声排放标准，并干扰他人正常生活、工作和学习的现象。A、B、C、D 项正确。
2. ACD，解析：根据《环境噪声污染防治法》第 14 条第 1 款规定，建设项目的环境噪声污染防治设施必须与主体工程同时设计、同时施工、同时投产使用。A、C、D 项正确。
3. AC，解析：根据《环境噪声污染防治法》第 58 条规定，违反本法规定，有下列行为之一的，由公安机关给予警告，可以并处罚款：（1）在城市市区噪声敏感建筑物集中区域内使用高音广播喇叭；（2）违反当地公安机关的规定，在城市市区街道、广场、公园等公共场所组织娱乐、集会等活动，使用音响器材，产生干扰周围生活环境的过大音量的；（3）未按本法第 46 条和第 47 条规定采取措施，从家庭室内发出严重干扰周围居民生活的环境噪声的。A、C 项正确。根据《环境噪声污染防治法》第 57 条规定，违反本法第 34 条的规定，机动车辆不按照规定使用声响装置的，由当地公安机关根据不同情节给予警告或者处以罚款。机动船舶有前款违法行为的，由港务监督机构根据不同情节给予警告或者处以罚款。铁路机车有第 1 款违法行为的，由铁路主管部门对有关责任人员给予行政处分。B、D 项错误。

（四）填空题

1. 统一监督。(《环境噪声污染防治法》第 6 条第 1 款)
2. 淘汰。(《环境噪声污染防治法》第 18 条第 1 款)
3. 高音广播喇叭。(《环境噪声污染防治法》第 45 条第 1 款)
4. 给予警告；处以罚款。(《环境噪声污染防治法》第 49 条)
5. 22 点；6 点。(《环境噪声污染防治法》第 63 条第 4 项)

六、放射性污染防治法

(一) 判断题

1. 任何单位和个人有权对造成放射性污染的行为提出检举和控告。(　　)
2. 进口核设施，应当符合国家放射性污染防治标准；没有相应的国家放射性污染防治标准的，可以参照国外有关标准。(　　)
3. 向环境排放放射性废气、废液，必须符合国家放射性污染防治标准。(　　)
4. 低、中水平放射性固体废物在符合国家规定的区域实行深地质处置。(　　)
5. 国家建立健全核事故应急制度。(　　)

(二) 单项选择题

1. 针对放射性同位素，国家应当建立(　　)制度。

   A. 限制出口制度　　B. 限制进口制度

   C. 备案制度　　D. 淘汰制度

2. 公安部门、卫生行政部门和环境保护行政主管部门接到放射源丢失、被盗和放射性污染事故报告后，应当向(　　)报告。

   A. 国务院　　B. 本级人民政府

   C. 上一级主管部门　　D. 上一级人民政府

3. 铀（钍）矿开发利用单位应当制定铀（钍）矿退役计划。铀矿退役费用由(　　)安排。

   A. 实际使用单位　　B. 开采单位

   C. 国家财政预算　　D. 回收单位

4. 下列哪一主体无权参与放射性固体废物处置费用收取和使用管理办法的制定：(　　)

   A. 国务院财政部门　　B. 国务院价格主管部门

   C. 国务院环境保护行政主管部门　　D. 国务院税务部门

（三）多项选择题

1. 国家对放射性污染的防治应当遵循下列哪些方针：（　　）

   A. 预防为主　　B. 防治结合

   C. 严格管理　　D. 安全第一

2. 国家放射性污染防治标准由国务院环境保护行政主管部门根据（　　）因素制定。

   A. 环境安全要求　　B. 国家经济条件

   C. 国家技术条件　　D. 行业规约

3. 放射性物质和射线装置应当设置的内容有：（　　）

   A. 放射性物质全称　　B. 放射性标识

   C. 中文警示说明　　D. 衰减周期

4. 关于放射性废物和被放射性污染的物品的转移，下列说法正确的是：（　　）

   A. 禁止输入中华人民共和国境内

   B. 禁止经中华人民共和国境内转移

   C. 禁止输出中华人民共和国境外

   D. 禁止输入中华人民共和国邻国境内

（四）填空题

1. ____人民政府应当将放射性污染防治工作纳入环境保护规划。
2. 国家对从事放射性污染防治的专业人员实行____；对从事放射性污染监测工作的机构实行____。
3. 放射性污染防治设施应当与主体工程____；验收合格的，主体工程方可投入生产或者使用。
4. 因放射性污染造成他人损害的，应当依法承担____责任。
5. 违反《放射性污染防治法》规定，未经许可或者批准，核设施营运单位擅自进行核设施的建造、装料、运行、____等活动的，由国务院环境保护行政主管部门责令停止违法行为，限期改正，并处20万元以上____万元以下罚款；构成犯罪的，依法追究刑事责任。

参考答案

（一）判断题

1. √，解析：根据《放射性污染防治法》第 6 条规定。
2. ×，解析：根据《放射性污染防治法》第 22 条规定，进口核设施，应当符合国家放射性污染防治标准；没有相应的国家放射性污染防治标准的，采用国务院环境保护行政主管部门指定的国外有关标准。
3. √，解析：根据《放射性污染防治法》第 40 条规定。
4. ×，解析：根据《放射性污染防治法》第 43 条第 1 款规定，低、中水平放射性固体废物在符合国家规定的区域实行近地表处置。
5. √，解析：根据《放射性污染防治法》第 26 条第 1 款规定。

（二）单项选择题

1. C，解析：根据《放射性污染防治法》第 29 条第 2 款规定，国家建立放射性同位素备案制度。具体办法由国务院规定。C 项正确。
2. B，解析：根据《放射性污染防治法》第 33 条第 2 款规定，公安部门、卫生行政部门和环境保护行政主管部门接到放射源丢失、被盗和放射性污染事故报告后，应当报告本级人民政府，并按照各自的职责立即组织采取有效措施，防止放射性污染蔓延，减少事故损失。当地人民政府应当及时将有关情况告知公众，并做好事故的调查、处理工作。B 项正确。
3. C，解析：根据《放射性污染防治法》第 38 条规定，铀（钍）矿开发利用单位应当制定铀（钍）矿退役计划。铀矿退役费用由国家财政预算安排。C 项正确。
4. D，解析：根据《放射性污染防治法》第 45 条第 2 款规定，放射性固体废物处置费用收取和使用管理办法，由国务院财政部门、价格主管部门会同国务院环境保护行政主管部门规定。D 项当选。

（三）多项选择题

1. ABCD，解析：根据《放射性污染防治法》第 3 条规定，国家对放射性污染的防治，实行预防为主、防治结合、严格管理、安全第一的方针。故 A、B、C、D 项正确。
2. ABC，解析：根据《放射性污染防治法》第 9 条规定，国家放射性污染防治标准由国务院环境保护行政主管部门根据环境安全要求、国家经济技术条件制定。国家放射性污染防治标准由国务院环境保护行政主管部门和国务院标准化行政主管部门联合发布。故 A、B、C 项正确。

3. BC，解析：根据《放射性污染防治法》第 16 条规定，放射性物质和射线装置应当设置明显的放射性标识和中文警示说明。生产、销售、使用、贮存、处置放射性物质和射线装置的场所，以及运输放射性物质和含放射源的射线装置的工具，应当设置明显的放射性标志。故 B、C 项正确。
4. AB，解析：根据《放射性污染防治法》第 47 条规定，禁止将放射性废物和被放射性污染的物品输入中华人民共和国境内或者经中华人民共和国境内转移。故 A、B 项正确。

（四）填空题

1. 县级以上。（《放射性污染防治法》第 5 条第 1 款）
2. 资格管理制度；资质管理制度。（《放射性污染防治法》第 14 条）
3. 同时验收。（《放射性污染防治法》第 35 条第 2 款）
4. 民事。（《放射性污染防治法》第 59 条）
5. 退役；50。（《放射性污染防治法》第 52 条）

七、土壤污染防治法

（一）判断题

1. 任何组织和个人都有保护土壤、防止土壤污染的义务。(　　)
2. 省级以上人民政府生态环境主管部门应当在其网站上公布土壤污染风险管控标准，供公众有偿查阅、下载。(　　)
3. 企事业单位拆除设施、设备或者建筑物、构筑物的，应当采取相应的土壤污染防治措施。(　　)
4. 实施风险管控、修复活动，不得对土壤和周边环境造成新的污染。(　　)
5. 国家实行建设用地土壤污染风险管控和修复名录制度。(　　)

（二）单项选择题

1. 设区的市级以上地方人民政府生态环境主管部门编制土壤污染防治规划，报(　　)批准后公布实施。

   A. 上级主管部门　　B. 本级人民政府

   C. 本级人大常委会　　D. 上级人民政府

2. 土壤污染风险管控标准是：(　　)

   A. 强制性标准　　B. 严格性标准

   C. 平衡性标准　　D. 调整型标准

3. (　　)生态环境主管部门应当按照国务院生态环境主管部门的规定，根据有毒有害物质排放等情况，制定本行政区域土壤污染重点监管单位名录，向社会公开并适时更新。

   A. 县级以上人民政府　　B. 设区的市级以上地方人民政府

   C. 省、自治区、直辖市人民政府　　D. 国务院

4. 因实施或者组织实施土壤污染状况调查和土壤污染风险评估、风险管控、修复、风险管控效果评估、修复效果评估、后期管理等活动所支出的费

用，由(　　)承担。

A. 土壤污染责任人　　B. 土壤污染修复人

C. 生态环境主管部门　　D. 人民政府

5. 从事土壤污染风险管控和修复的单位依照法律、行政法规的规定，享受(　　)优惠。

A. 就业　　B. 保险

C. 税收　　D. 补贴

(三) 多项选择题

1. 土壤污染防治应当遵循下列哪些原则：(　　)

A. 预防为主、保护优先　　B. 分类管理、风险管控

C. 污染担责、公众参与　　D. 国家带头、首问负责

2. 下列农用地地块应当进行重点监测的是：(　　)

A. 产出的农产品污染物含量超标

B. 作为或者曾作为污水灌溉区

C. 用于或者曾用于规模化养殖，固体废物堆放、填埋

D. 曾作为工矿用地或者发生过重大、特大污染事故

3. 对开发建设过程中剥离的符合条件的表土，应当优先用于哪些活动：(　　)

A. 土地复垦　　B. 土壤改良

C. 土地轮休　　D. 造地和绿化

4. 土壤污染风险评估报告应当主要包括下列哪些内容：(　　)

A. 主要污染物状况

B. 土壤及地下水污染范围

C. 农产品质量安全风险、公众健康风险或者生态风险

D. 风险管控、修复的目标和基本要求

5. 按照土壤污染程度和相关标准，农用地划分为：(　　)

A. 优先保护类　　B. 安全利用类

C. 禁止使用类　　D. 严格管控类

（四）填空题

1. 土壤污染风险管控标准的执行情况应当____，并根据评估结果对标准____。
2. 环境影响评价文件应当包括对土壤可能造成的____及应当采取的相应____等内容
3. 土壤污染重点监管单位应当对监测数据的____和准确性负责。生态环境主管部门发现土壤污染重点监管单位____，应当及时进行调查。
4. 实施土壤污染状况调查活动，应当编制____。
5. 列入建设用地土壤污染风险管控和修复名录的地块，不得作为____用地。

（五）简答题

根据《土壤污染防治法》规定，简述国家鼓励和支持农业生产者采取的措施。

参考答案

（一）判断题

1. √，解析：根据《土壤污染防治法》第4条第1款规定。
2. ×，解析：根据《土壤污染防治法》第13条第3款规定，省级以上人民政府生态环境主管部门应当在其网站上公布土壤污染风险管控标准，供公众免费查阅、下载。
3. √，解析：根据《土壤污染防治法》第22条第1款规定。
4. √，解析：根据《土壤污染防治法》第38条第2款规定。
5. √，解析：根据《土壤污染防治法》第58条第1款规定。

（二）单项选择题

1. B，解析：根据《土壤污染防治法》第11条第2款规定，设区的市级以上地方人民政府生态环境主管部门应当会同发展改革、农业农村、自然资源、住房城乡建设、林业草原等主管部门，根据环境保护规划要求、土地用途、土壤污染状况普查和监测结果等，编制土壤污染防治规划，报本级人民政府批准后公布实施。B项正确。

2. A，解析：根据《土壤污染防治法》第 12 条第 3 款规定，土壤污染风险管控标准是强制性标准。A 项正确。
3. B，解析：根据《土壤污染防治法》第 21 条第 1 款规定，设区的市级以上地方人民政府生态环境主管部门应当按照国务院生态环境主管部门的规定，根据有毒有害物质排放等情况，制定本行政区域土壤污染重点监管单位名录，向社会公开并适时更新。B 项正确。
4. A，解析：根据《土壤污染防治法》第 46 条规定，因实施或者组织实施土壤污染状况调查和土壤污染风险评估、风险管控、修复、风险管控效果评估、修复效果评估、后期管理等活动所支出的费用，由土壤污染责任人承担。A 项正确。
5. C，解析：根据《土壤污染防治法》第 73 条规定，从事土壤污染风险管控和修复的单位依照法律、行政法规的规定，享受税收优惠。C 项正确。

（三）多项选择题

1. ABC，解析：根据《土壤污染防治法》第 3 条规定，土壤污染防治应当坚持预防为主、保护优先、分类管理、风险管控、污染担责、公众参与的原则。A、B、C 项正确。
2. ABCD，解析：根据《土壤污染防治法》第 16 条规定，地方人民政府农业农村、林业草原主管部门应当会同生态环境、自然资源主管部门对下列农用地地块进行重点监测：（1）产出的农产品污染物含量超标的；（2）作为或者曾作为污水灌溉区的；（3）用于或者曾用于规模化养殖，固体废物堆放、填埋的；（4）曾作为工矿用地或者发生过重大、特大污染事故的；（5）有毒有害物质生产、贮存、利用、处置设施周边的；（6）国务院农业农村、林业草原、生态环境、自然资源主管部门规定的其他情形。A、B、C、D 项正确。
3. ABD，解析：根据《土壤污染防治法》第 33 条第 1 款规定，国家加强对土壤资源的保护和合理利用。对开发建设过程中剥离的表土，应当单独收集和存放，符合条件的应当优先用于土地复垦、土壤改良、造地和绿化等。A、B、D 项正确。
4. ABCD，解析：根据《土壤污染防治法》第 37 条第 2 款规定，土壤污染风险评估报告应当主要包括下列内容：（1）主要污染物状况；（2）土壤及地下水污染范围；（3）农产品质量安全风险、公众健康风险或者生态风险；（4）风险管控、修复的目标和基本要求等。A、B、C、D 项正确。

5. ABD，解析：根据《土壤污染防治法》第 49 条规定，国家建立农用地分类管理制度。按照土壤污染程度和相关标准，将农用地划分为优先保护类、安全利用类和严格管控类。A、B、D 项正确。

（四）填空题

1. 定期评估；适时修订。（《土壤污染防治法》第 13 条第 2 款）
2. 不良影响；预防措施。（《土壤污染防治法》第 18 条）
3. 真实性；监测数据异常。（《土壤污染防治法》第 21 条第 4 款）
4. 土壤污染状况调查报告。（《土壤污染防治法》第 36 条第 1 款）
5. 住宅、公共管理与公共服务。（《土壤污染防治法》第 61 条第 2 款）

（五）简答题

答：根据《土壤污染防治法》第 29 条规定，国家鼓励和支持农业生产者采取下列措施：

（1）使用低毒、低残留农药以及先进喷施技术；

（2）使用符合标准的有机肥、高效肥；

（3）采用测土配方施肥技术、生物防治等病虫害绿色防控技术；

（4）使用生物可降解农用薄膜；

（5）综合利用秸秆、移出高富集污染物秸秆；

（6）按照规定对酸性土壤等进行改良。

八、清洁生产促进法

（一）判断题

1. 禁止将有毒、有害废物用作肥料或者用于造田。（　　）
2. 承担评估验收工作的部门或者单位向被评估验收企业收取必要费用。（　　）
3. 企业用于清洁生产审核和培训的费用，可以列入企业经营成本。（　　）

（二）单项选择题

1. 企业可以根据（　　）原则，按照国家有关环境管理体系等认证的规定，委托经国务院认证认可监督管理部门认可的认证机构进行认证，提高清洁生产水平。

   A. 自愿　　B. 强制

   C. 必要　　D. 平衡

2. 对在清洁生产工作中做出显著成绩的单位和个人，由（　　）给予表彰和奖励。

   A. 国家主席　　B. 受益单位或个人

   C. 人民政府　　D. 人民代表大会

（三）多项选择题

企业在进行技术改造过程中，应当采取以下哪些清洁生产措施：（　　）

A. 采用无毒、无害或者低毒、低害的原料，替代毒性大、危害严重的原料

B. 采用资源利用率高、污染物产生量少的工艺和设备，替代资源利用率低、污染物产生量多的工艺和设备

C. 对生产过程中产生的废物、废水和余热等进行综合利用或者循环使用

D. 采用能够达到国家或者地方规定的污染物排放标准和污染物排放总量控制指标的污染防治技术

（四）填空题

1. 国家对浪费资源和严重污染环境的落后生产技术、工艺、设备和产品实行限期____制度。
2. 建筑工程应当采用____、____等有利于环境与资源保护的建筑设计方案、建筑和装修材料、建筑构配件及设备。

参考答案

（一）判断题

1. √，解析：根据《清洁生产促进法》第 22 条第 2 款规定。
2. ×，解析：根据《清洁生产促进法》第 27 条第 5 款规定，县级以上地方人民政府有关部门应当对企业实施强制性清洁生产审核的情况进行监督，必要时可以组织对企业实施清洁生产的效果进行评估验收，所需费用纳入同级政府预算。承担评估验收工作的部门或者单位不得向被评估验收企业收取费用。
3. √，解析：根据《清洁生产促进法》第 34 条规定。

（二）单项选择题

1. A，解析：根据《清洁生产促进法》第 29 条规定，企业可以根据自愿原则，按照国家有关环境管理体系等认证的规定，委托经国务院认证认可监督管理部门认可的认证机构进行认证，提高清洁生产水平。A 项正确。
2. C，解析：根据《清洁生产促进法》第 30 条规定，国家建立清洁生产表彰奖励制度。对在清洁生产工作中做出显著成绩的单位和个人，由人民政府给予表彰和奖励。C 项正确。

（三）多项选择题

ABCD，解析：根据《清洁生产促进法》第 19 条规定，企业在进行技术改造过程中，应当采取以下清洁生产措施：（1）采用无毒、无害或者低毒、低害的原料，替代毒性大、危害严重的原料；（2）采用资源利用率高、污染物产生量少的工艺和设备，替代资源利用率低、污染物产生量多的工艺和设备；（3）对生产过程中产生的废物、废水和余热等进行综合利用或者循环使用；（4）采用能够达到国家或者地方规定的污染物排放标准和污染物排放总量控制指标的污染防治技术。故 A、B、C、D 项正确。

（四）填空题

1. 淘汰。（《清洁生产促进法》第 12 条）
2. 节能；节水。（《清洁生产促进法》第 24 条第 1 款）

九、节约能源法

（一）判断题

1. 节约资源是我国的基本国策。国家实施节约与开发并举、把节约放在首位的能源发展战略。(　　)
2. 国家鼓励企业制定严于国家标准、行业标准的企业节能标准。(　　)
3. 能源生产经营单位可以向本单位职工无偿提供能源。(　　)
4. 使用空调采暖、制冷的公共建筑应当实行室内温度控制制度。(　　)

（二）单项选择题

1. 国家实行固定资产投资项目节能评估和审查制度。不符合强制性节能标准的项目，建设单位(　　)。

   A. 缓期再审　　B. 延期开工

   C. 申请整改　　D. 不得开工建设

2. 用能产品的生产者、销售者可以向(　　)提出节能产品认证申请。

   A. 国务院

   B. 国务院认证认可监督管理部门

   C. 从事节能产品认证的机构

   D. 国务院认证认可监督管理部门认可的从事节能产品认证的机构

3. 国家通过(　　)支持节能照明器具等节能产品的推广和使用。

   A. 价格补助　　B. 财政补助

   C. 税收优惠　　D. 企业就业扶持

（三）多项选择题

1. 国务院标准化主管部门和国务院有关部门依法组织制定并适时修订有关节能的(　　)，建立健全节能标准体系。

   A. 地区标准　　B. 国家标准

C. 行业标准　　D. 国际标准

2. 关于建筑工程的节能，下列说法正确的是：（　　）
   A. 建筑工程的建设、设计、施工和监理单位应当遵守建筑节能标准
   B. 不符合建筑节能标准的建筑工程，建设主管部门不得批准开工建设
   C. 不符合建筑节能标准的建筑工程，已经开工建设的，应当责令停止施工、限期改正
   D. 不符合建筑节能标准的建筑工程，已经建成的，对建设单位处以罚款后，可以销售或者使用
3. 关于国家实行的电价制度，下列选项正确的是：（　　）
   A. 峰谷分时电价　　B. 季节性电价
   C. 可中断负荷电价　　D. 地区差异电价

（四）填空题

1. 国家实行有利于节能和环境保护的产业政策，限制发展____、____行业，发展节能环保型产业。
2. 用能单位应当建立____，对节能工作取得成绩的集体、个人给予奖励。
3. 用能单位应当定期开展____和____培训。
4. 房地产开发企业在销售房屋时，应当向购买人明示所售房屋的节能措施、____等信息，在____、质量保证书和使用说明书中载明，并对其真实性、准确性负责。

参考答案

（一）判断题

1. √，解析：根据《节约能源法》第 4 条规定。
2. √，解析：根据《节约能源法》第 13 条第 3 款规定。
3. ×，解析：根据《节约能源法》第 28 条规定，能源生产经营单位不得向本单位职工无偿提供能源。任何单位不得对能源消费实行包费制。
4. √，解析：根据《节约能源法》第 37 条规定。

（二）单项选择题

1. D，解析：根据《节约能源法》第 15 条规定，国家实行固定资产投资项目节能评估和审查制度。不符合强制性节能标准的项目，建设单位不得开工建设；已经建成的，不得投入生产、使用。政府投资项目不符合强制性节能标准的，依法负责项目审批的机关不得批准建设。具体办法由国务院管理节能工作的部门会同国务院有关部门制定。D 项正确。
2. D，解析：根据《节约能源法》第 20 条第 1 款规定，用能产品的生产者、销售者，可以根据自愿原则，按照国家有关节能产品认证的规定，向经国务院认证认可监督管理部门认可的从事节能产品认证的机构提出节能产品认证申请；经认证合格后，取得节能产品认证证书，可以在用能产品或者其包装物上使用节能产品认证标志。D 项正确。
3. B，解析：根据《节约能源法》第 61 条第 2 款规定，国家通过财政补贴支持节能照明器具等节能产品的推广和使用。B 项正确。

（三）多项选择题

1. BC，解析：根据《节约能源法》第 13 条第 1 款规定，国务院标准化主管部门和国务院有关部门依法组织制定并适时修订有关节能的国家标准、行业标准，建立健全节能标准体系。B、C 项正确。
2. ABC，解析：根据《节约能源法》第 35 条规定，建筑工程的建设、设计、施工和监理单位应当遵守建筑节能标准。不符合建筑节能标准的建筑工程，建设主管部门不得批准开工建设；已经开工建设的，应当责令停止施工、限期改正；已经建成的，不得销售或者使用。建设主管部门应当加强对在建建筑工程执行建筑节能标准情况的监督检查。A、B、C 项正确，D 项错误。
3. ABC，解析：根据《节约能源法》第 66 条规定，国家实行有利于节能的价格政策，引导用能单位和个人节能。国家运用财税、价格等政策，支持推广电力需求侧管理、合同能源管理、节能自愿协议等节能办法。国家实行峰谷分时电价、季节性电价、可中断负荷电价制度，鼓励电力用户合理调整用电负荷；对钢铁、有色金属、建材、化工和其他主要耗能行业的企业，分淘汰、限制、允许和鼓励类实行差别电价政策。A、B、C 项正确。

（四）填空题

1. 高耗能；高污染。（《节约能源法》第7条第1款）
2. 节能目标责任制。（《节约能源法》第25条）
3. 节能教育；岗位节能。（《节约能源法》第26条）
4. 保温工程保修期；房屋买卖合同。（《节约能源法》第36条）

十、环境影响评价法

（一）判断题

1. 国家鼓励有关单位、专家和公众以适当方式参与环境影响评价。（　　）
2. 专项规划的编制机关在报批规划草案时，可以将环境影响报告书分别报审批机关审查。（　　）

（二）单项选择题

1. 国家根据建设项目对环境的影响程度，对建设项目的环境影响评价实行（　　）。

A. 统一管理　　B. 集中管理

C. 分类管理　　D. 分级管理

2. 建设项目的环境影响评价文件自批准之日起超过（　　）年，方决定该项目开工建设的，其环境影响评价文件应当报原审批部门重新审核。

A. 2　　B. 5

C. 10　　D. 20

（三）多项选择题

1. 专项规划的环境影响报告书应当包括下列哪些内容：（　　）

A. 实施该规划对环境可能造成影响的分析、预测和评估

B. 预防或者减轻不良环境影响的对策和措施

C. 环境影响评价的结论

D. 可能采取的惩罚措施

2. 关于编制建设项目环境影响报告书、环境影响报告表的技术单位，下列说法正确的是：（　　）

A. 可以受建设单位委托对其建设项目开展环境影响评价

B. 接受委托的技术单位不得与负责审批建设项目环境影响报告书、环境

影响报告表的生态环境主管部门或者其他有关审批部门存在任何利益关系

C. 建设单位应当对建设项目环境影响报告书、环境影响报告表的内容和结论负责，技术单位不承担责任

D. 任何单位和个人不得为建设单位指定编制建设项目环境影响报告书、环境影响报告表的技术单位

3. 建设项目建设过程中，建设单位应当同时实施下列哪些文件中提出的环境保护对策措施：（　　）

A. 公众提出的意见书

B. 环境影响报告书

C. 环境影响报告表

D. 环境影响评价文件审批部门审批意见

（四）填空题

1. 编制建设项目环境影响报告书、环境影响报告表应当遵守国家____、技术规范等规定。
2. 审批部门应当自收到环境影响报告书之日起____日内，收到环境影响报告表之日起____日内，分别作出审批决定并书面通知建设单位。
3. 建设单位未依法备案建设项目环境影响登记表的，由县级以上生态环境主管部门责令备案，处____万元以下的罚款。

（五）简答题

简述建设项目的环境影响报告书应包括的内容。

参考答案

（一）判断题

1. √，解析：根据《环境影响评价法》第 5 条规定。
2. ×，解析：根据《环境影响评价法》第 12 条规定，专项规划的编制机关在报批规划草案时，应当将环境影响报告书一并附送审批机关审查；未

附送环境影响报告书的，审批机关不予审批。

（二）单项选择题

1. C，解析：根据《环境影响评价法》第16条规定，国家根据建设项目对环境的影响程度，对建设项目的环境影响评价实行分类管理。建设单位应当按照下列规定组织编制环境影响报告书、环境影响报告表或者填报环境影响登记表（以下统称环境影响评价文件）：（1）可能造成重大环境影响的，应当编制环境影响报告书，对产生的环境影响进行全面评价；（2）可能造成轻度环境影响的，应当编制环境影响报告表，对产生的环境影响进行分析或者专项评价；（3）对环境影响很小、不需要进行环境影响评价的，应当填报环境影响登记表。建设项目的环境影响评价分类管理名录，由国务院生态环境主管部门制定并公布。C项正确。

2. B，解析：根据《环境影响评价法》第24条第2款规定，建设项目的环境影响评价文件自批准之日起超过5年，方决定该项目开工建设的，其环境影响评价文件应当报原审批部门重新审核；原审批部门应当自收到建设项目环境影响评价文件之日起10日内，将审核意见书面通知建设单位。B项正确。

（三）多项选择题

1. ABC，解析：根据《环境影响评价法》第10条规定，专项规划的环境影响报告书应当包括下列内容：（1）实施该规划对环境可能造成影响的分析、预测和评估；（2）预防或者减轻不良环境影响的对策和措施；（3）环境影响评价的结论。故A、B、C项正确。

2. ABD，解析：根据《环境影响评价法》第19条规定，A、B项正确。根据《环境影响评价法》第20条第1款规定，建设单位应当对建设项目环境影响报告书、环境影响报告表的内容和结论负责，接受委托编制建设项目环境影响报告书、环境影响报告表的技术单位对其编制的建设项目环境影响报告书、环境影响报告表承担相应责任。C项错误。根据《环境影响评价法》第20条第4款规定，D项正确。

3. BCD，解析：根据《环境影响评价法》第26条规定，建设项目建设过程中，建设单位应当同时实施环境影响报告书、环境影响报告表以及环境影响评价文件审批部门审批意见中提出的环境保护对策措施。故B、C、D项正确。

（四）填空题

1. 有关环境影响评价标准。（《环境影响评价法》第19条第2款）

2. 60；30。（《环境影响评价法》第22条第3款）

3. 5。（《环境影响评价法》第31条第3款）

（五）简答题

答：根据《环境影响评价法》第17条第1款规定，建设项目的环境影响报告书应当包括下列内容：

（1）建设项目概况；

（2）建设项目周围环境现状；

（3）建设项目对环境可能造成影响的分析、预测和评估；

（4）建设项目环境保护措施及其技术、经济论证；

（5）建设项目对环境影响的经济损益分析；

（6）对建设项目实施环境监测的建议；

（7）环境影响评价的结论。

玖 劳动用工与安全生产

一、劳动法

（一）判断题

1. 劳动者就业，不因民族、种族、性别、宗教信仰不同而受歧视。(　　)
2. 工资分配应当遵循按劳分配原则，实行区别待遇。(　　)
3. 女职工生育享受不少于120天的产假。(　　)
4. 国家对女职工和未成年工实行特殊劳动保护。(　　)
5. 用人单位招用尚未解除劳动合同的劳动者，对原用人单位造成经济损失的，该用人单位应当依法承担补充赔偿责任。(　　)

（二）单项选择题

1. 用人单位濒临破产进行法定整顿期间或者生产经营状况发生严重困难，确需裁减人员的，应当提前(　　)天向工会或者全体职工说明情况，听取工会或者职工的意见，经向劳动行政部门报告后，可以裁减人员。

   A. 45　　B. 30

   C. 15　　D. 7

2. 用人单位应当保证劳动者每周至少休息(　　)日。

   A. 1　　B. 2

   C. 2.5　　D. 3

3. 安排劳动者延长工作时间的，用人单位应当支付工资报酬的数额不低于工资的(　　)。

   A. 150%　　B. 200%

   C. 300%　　D. 250%

4. 对怀孕(　　)个月以上的女职工，不得安排其延长工作时间和夜班劳动。

   A. 6　　B. 7

C. 8　　D. 9

5. 劳动争议当事人对仲裁裁决不服的，可以自收到仲裁裁决书之日起(　　)日内向人民法院提起诉讼。

A. 5　　B. 10

C. 15　　D. 30

(三) 多项选择题

1. 劳动者享有的权利有：(　　)

A. 平等就业和选择职业　　B. 取得劳动报酬

C. 休息休假　　D. 获得劳动安全卫生保护

2. 劳动合同应当包括以下哪些条款：(　　)

A. 劳动合同期限　　B. 工作内容

C. 劳动保护和劳动条件　　D. 劳动报酬

3. 劳动合同期限有以下哪几种：(　　)

A. 固定期限　　B. 无固定期限

C. 以完成一定的工作为期限　　D. 不定时期限

4. 有下列哪些情形，劳动者可以随时通知用人单位解除劳动合同：(　　)

A. 在试用期内的

B. 失去劳动能力的

C. 用人单位以暴力、威胁或者非法限制人身自由的手段强迫劳动的

D. 用人单位未按照劳动合同约定支付劳动报酬或者提供劳动条件的

5. 确定和调整最低工资标准应当综合参考的因素有：(　　)

A. 社会平均工资水平　　B. 劳动生产率

C. 就业状况　　D. 地区之间经济发展水平的差异

(四) 填空题

1. 禁止用人单位招用未满____周岁的未成年人。

2. 劳动合同应当以____形式订立。

3. 国家实行劳动者每日工作时间不超过____、平均每周工作时间不超过____的工时制度。

4. 劳动者连续工作____以上的，享受带薪年休假。
5. 工资应当以____形式____支付给劳动者本人。不得克扣或者无故拖欠劳动者的工资。

（五）简答题

简述解除劳动合同需要支付经济补偿金的情形。

参考答案

（一）判断题

1. √，解析：根据《劳动法》第 12 条规定。
2. ×，解析：根据《劳动法》第 46 条第 1 款规定，工资分配应当遵循按劳分配原则，实行同工同酬。
3. ×，解析：根据《劳动法》第 62 条规定，女职工生育享受不少于 90 天的产假。
4. √，解析：根据《劳动法》第 58 条第 1 款规定。
5. ×，解析：根据《劳动法》第 99 条规定，用人单位招用尚未解除劳动合同的劳动者，对原用人单位造成经济损失的，该用人单位应当依法承担连带赔偿责任。

（二）单项选择题

1. B，解析：根据《劳动法》第 27 条第 1 款规定，用人单位濒临破产进行法定整顿期间或者生产经营状况发生严重困难，确需裁减人员的，应当提前 30 日向工会或者全体职工说明情况，听取工会或者职工的意见，经向劳动行政部门报告后，可以裁减人员。B 项正确。
2. A，解析：根据《劳动法》第 38 条规定，用人单位应当保证劳动者每周至少休息 1 日。A 项正确。
3. A，解析：根据《劳动法》第 44 条规定，有下列情形之一的，用人单位应当按照下列标准支付高于劳动者正常工作时间工资的工资报酬：（1）安排劳动者延长工作时间的，支付不低于工资的 150% 的工资报酬；（2）休息日安排劳动者工作又不能安排补休的，支付不低于工资的 200% 的工资报酬；（3）法定休假日安排劳动者工作的，支付不低于工资的 300% 的工资报酬。A 项正确。

4. B，解析：根据《劳动法》第61条规定，不得安排女职工在怀孕期间从事国家规定的第三级体力劳动强度的劳动和孕期禁忌从事的劳动。对怀孕7个月以上的女职工，不得安排其延长工作时间和夜班劳动。B 项正确。

5. C，解析：根据《劳动法》第83条规定，劳动争议当事人对仲裁裁决不服的，可以自收到仲裁裁决书之日起15日内向人民法院提起诉讼。一方当事人在法定期限内不起诉又不履行仲裁裁决的，另一方当事人可以申请人民法院强制执行。C 项正确。

（三）多项选择题

1. ABCD，解析：根据《劳动法》第3条第1款规定，劳动者享有平等就业和选择职业的权利、取得劳动报酬的权利、休息休假的权利、获得劳动安全卫生保护的权利、接受职业技能培训的权利、享受社会保险和福利的权利、提请劳动争议处理的权利以及法律规定的其他劳动权利。A、B、C、D 项正确。

2. ABCD，解析：根据《劳动法》第19条第1款规定，劳动合同应当以书面形式订立，并具备以下条款：（1）劳动合同期限；（2）工作内容；（3）劳动保护和劳动条件；（4）劳动报酬；（5）劳动纪律；（6）劳动合同终止的条件；（7）违反劳动合同的责任。A、B、C、D 项正确。

3. ABC，解析：根据《劳动法》第20条第1款规定，劳动合同的期限分为有固定期限、无固定期限和以完成一定的工作为期限。A、B、C 项正确。

4. ACD，解析：根据《劳动法》第32条规定，有下列情形之一的，劳动者可以随时通知用人单位解除劳动合同：（1）在试用期内的；（2）用人单位以暴力、威胁或者非法限制人身自由的手段强迫劳动的；（3）用人单位未按照劳动合同约定支付劳动报酬或者提供劳动条件的。A、C、D 项正确。

5. ABCD，解析：根据《劳动法》第49条规定，确定和调整最低工资标准应当综合参考下列因素：（1）劳动者本人及平均赡养人口的最低生活费用；（2）社会平均工资水平；（3）劳动生产率；（4）就业状况；（5）地区之间经济发展水平的差异。A、B、C、D 项正确。

（四）填空题

1. 16。（《劳动法》第15条第1款）

2. 书面。(《劳动法》第 19 条第 1 款)

3. 8 小时;44 小时。(《劳动法》第 36 条)

4. 1 年。(《劳动法》第 45 条第 2 款)

5. 货币;按月。(《劳动法》第 50 条)

(五) 简答题

答:根据《劳动法》第 28 条规定,用人单位依据本法第 24 条、第 26 条、第 27 条的规定解除劳动合同的,应当依照国家有关规定给予经济补偿:

(1) 根据《劳动法》第 24 条的规定,经劳动合同当事人协商一致,劳动合同可以解除。

(2) 根据《劳动法》第 26 条规定,有下列情形之一的,用人单位可以解除劳动合同,但是应当提前 30 日以书面形式通知劳动者本人:①劳动者患病或者非因工负伤,医疗期满后,不能从事原工作也不能从事由用人单位另行安排的工作的;②劳动者不能胜任工作,经过培训或者调整工作岗位,仍不能胜任工作的;③劳动合同订立时所依据的客观情况发生重大变化,致使原劳动合同无法履行,经当事人协商不能就变更劳动合同达成协议的。

(3) 根据《劳动法》第 27 条第 1 款规定,用人单位濒临破产进行法定整顿期间或者生产经营状况发生严重困难,确需裁减人员的,应当提前 30 日向工会或者全体职工说明情况,听取工会或者职工的意见,经向劳动行政部门报告后,可以裁减人员。

二、劳动合同法

（一）判断题

1. 劳动者在该用人单位连续工作满 10 年的，除劳动者提出订立固定期限劳动合同外，应当订立无固定期限劳动合同。（　　）
2. 试用期包含在劳动合同期限内。劳动合同仅约定试用期的，试用期不成立，该期限为劳动合同期限。（　　）
3. 劳动者违反服务期约定的，应当按照约定向用人单位支付违约金。违约金的数额不得超过用人单位提供的培训费用。（　　）
4. 用人单位拖欠或者未足额支付劳动报酬的，劳动者可以依法向当地劳动仲裁院申请支付令。（　　）
5. 用人单位变更名称、法定代表人、主要负责人或者投资人等事项后，应当及时变更原合同，否则影响劳动合同的履行。（　　）

（二）单项选择题

1. 用人单位何日起与劳动者建立劳动关系：（　　）

   A. 自用工之日起　　B. 自签订劳动合同之日起

   C. 自试用期期满之日　　D. 自入职满 1 个月起

2. 下列哪一人员不属于竞业限制的人员：（　　）

   A. 高级管理人员　　B. 资深销售人员

   C. 高级技术人员　　D. 其他负有保密义务的人员

3. 试用期内，劳动者提前（　　）天可解除劳动合同。

   A. 1　　B. 3

   C. 30　　D. 15

4. 经济补偿金支付标准中，月工资计算标准是指：（　　）

   A. 劳动者在劳动合同解除或者终止当月的工资

   B. 劳动者所在地的社会平均工资

C. 劳动者入职时双方约定的工资

D. 劳动者在劳动合同解除或者终止前 12 个月的平均工资

5. 非全日制用工劳动报酬结算支付周期为：（　　）

A. 按月支付　　B. 每 15 日支付

C. 最长不得超过 15 日　　D. 按日支付

（三）多项选择题

1. 订立劳动合同，应当遵循下列的原则是：（　　）

A. 合法、公平　　B. 平等自愿

C. 协商一致　　D. 诚实信用

2. 关于试用期的期限，下列说法正确的是：（　　）

A. 劳动合同期限 3 个月以上不满 1 年的，试用期不得超过 1 个月

B. 劳动合同期限 1 年以上不满 3 年的，试用期不得超过 2 个月

C. 3 年以上固定期限和无固定期限的劳动合同，试用期不得超过 6 个月

D. 同一用人单位与同一劳动者可根据实际用工情况约定多次试用期

3. 用人单位有下列哪些情形之一的，劳动者可以解除劳动合同：（　　）

A. 未按照劳动合同约定提供劳动保护或者劳动条件

B. 未及时足额支付劳动报酬

C. 未依法为劳动者缴纳社会保险费

D. 用人单位的规章制度违反法律、法规的规定，损害劳动者权益

4. 关于经济补偿金的计算及支付，下列说法正确的是：（　　）

A. 按劳动者在本单位工作的年限，每满 1 年支付 1 个月工资的标准向劳动者支付

B. 6 个月以上不满 1 年的，按 1 年计算向劳动者支付

C. 不满 6 个月的，向劳动者支付半个月工资的经济补偿

D. 原劳动合同约定条件不变，劳动者不同意续签的，用人单位应当支付经济补偿金

5. 企业职工一方与用人单位可以就下列哪些事项达成专项集体合同：（　　）

A. 劳动安全卫生　　B. 女职工权益保护

C. 退休人员权益保护　　D. 工资调整机制

（四）填空题

1. 已建立劳动关系，未同时订立书面劳动合同的，应当自____订立书面劳动合同。
2. 以完成一定工作任务为期限的劳动合同，是指用人单位与劳动者约定____为合同期限的劳动合同。
3. 劳动者在试用期的工资不得低于本单位相同岗位最低档工资或者劳动合同约定工资的____，并不得低于用人单位所在地的____。
4. 在本单位连续工作满____年，且距法定退休年龄不足____年的，用人单位不得依照《劳动合同法》第40条、第41条的规定解除劳动合同。
5. 经营劳务派遣业务，应当向____依法申请行政许可。

（五）简答题

简述劳动合同终止的情形。

参考答案

（一）判断题

1. √，解析：根据《劳动合同法》第14条第2款第1项规定。
2. √，解析：根据《劳动合同法》第19条第4款规定。
3. √，解析：根据《劳动合同法》第22条第2款规定。
4. ×，解析：根据《劳动合同法》第30条第2款规定，用人单位拖欠或者未足额支付劳动报酬的，劳动者可以依法向当地人民法院申请支付令，人民法院应当依法发出支付令。
5. ×，解析：根据《劳动合同法》第33条规定，用人单位变更名称、法定代表人、主要负责人或者投资人等事项，不影响劳动合同的履行。

（二）单项选择题

1. A，解析：根据《劳动合同法》第7条规定，用人单位自用工之日起即与劳动者建立劳动关系。用人单位应当建立职工名册备查。A项正确。
2. B，解析：根据《劳动合同法》第24条第1款规定，竞业限制的人员限于用人单位的高级管理人员、高级技术人员和其他负有保密义务的人员。竞业限制的范围、地域、期限由用人单位与劳动者约定，竞业限制的约定不得违反法律、法规的规定。故 B 项当选。

3. B，解析：根据《劳动合同法》第 37 条规定，劳动者提前 30 日以书面形式通知用人单位，可以解除劳动合同。劳动者在试用期内提前 3 日通知用人单位，可以解除劳动合同。B 项正确。
4. D，解析：根据《劳动合同法》第 47 条第 3 款规定，本条所称月工资是指劳动者在劳动合同解除或者终止前 12 个月的平均工资。D 项正确。
5. C，解析：根据《劳动合同法》第 72 条规定，非全日制用工小时计酬标准不得低于用人单位所在地人民政府规定的最低小时工资标准。非全日制用工劳动报酬结算支付周期最长不得超过 15 日。C 项正确。

（三）多项选择题

1. ABCD，解析：根据《劳动合同法》第 3 条规定，订立劳动合同，应当遵循合法、公平、平等自愿、协商一致、诚实信用的原则。依法订立的劳动合同具有约束力，用人单位与劳动者应当履行劳动合同约定的义务。A、B、C、D 项正确。
2. ABC，解析：根据《劳动合同法》第 19 条第 1、2 款规定，劳动合同期限 3 个月以上不满 1 年的，试用期不得超过 1 个月；劳动合同期限 1 年以上不满 3 年的，试用期不得超过 2 个月；3 年以上固定期限和无固定期限的劳动合同，试用期不得超过 6 个月。同一用人单位与同一劳动者只能约定一次试用期。故 A、B、C 项正确。
3. ABCD，解析：根据《劳动合同法》第 38 条第 1 款规定，用人单位有下列情形之一的，劳动者可以解除劳动合同：（1）未按照劳动合同约定提供劳动保护或者劳动条件的；（2）未及时足额支付劳动报酬的；（3）未依法为劳动者缴纳社会保险费的；（4）用人单位的规章制度违反法律、法规的规定，损害劳动者权益的；（5）因本法第 26 条第 1 款规定的情形致使劳动合同无效的；（6）法律、行政法规规定劳动者可以解除劳动合同的其他情形。A、B、C、D 项正确。
4. ABC，解析：根据《劳动合同法》第 47 条规定，A、B、C 项正确。根据《劳动合同法》第 46 条第 5 项规定，除用人单位维持或者提高劳动合同约定条件续订劳动合同，劳动者不同意续订的情形外，用人单位应当向劳动者支付经济补偿。D 项错误。

5. ABD，解析：根据《劳动合同法》第 52 条规定，企业职工一方与用人单位可以订立劳动安全卫生、女职工权益保护、工资调整机制等专项集体合同。A、B、D 项正确。

（四）填空题

1. 用工之日起 1 个月内。（《劳动合同法》第 10 条第 2 款）
2. 以某项工作的完成。（《劳动合同法》第 15 条第 1 款）
3. 80%；最低工资标准。（《劳动合同法》第 20 条）
4. 15；5。（《劳动合同法》第 42 条第 5 项）
5. 劳动行政部门。（《劳动合同法》第 57 条第 2 款）

（五）简答题

答：根据《劳动合同法》第 44 条规定，有下列情形之一的，劳动合同终止：

（1）劳动合同期满的；
（2）劳动者开始依法享受基本养老保险待遇的；
（3）劳动者死亡，或者被人民法院宣告死亡或者宣告失踪的；
（4）用人单位被依法宣告破产的；
（5）用人单位被吊销营业执照、责令关闭、撤销或者用人单位决定提前解散的；
（6）法律、行政法规规定的其他情形。

三、社会保险法

（一）判断题

1. 基本养老保险实行社会统筹与个人账户相结合。（　　）
2. 参加基本养老保险的个人，达到法定退休年龄时累计缴费不足 15 年的，不能领取基本养老金。（　　）
3. 职工应当参加职工基本医疗保险，由用人单位和职工按照国家规定共同缴纳基本医疗保险费。（　　）
4. 职工应当参加工伤保险并缴纳工伤保险费。（　　）
5. 外国人在中国境内就业的，不参加社会保险。（　　）

（二）单项选择题

1. 职工基本医疗保险、新型农村合作医疗和城镇居民基本医疗保险的待遇标准按照（　　）规定执行。

   A. 用工单位规定　　B. 行业协会规定

   C. 所在地区规定　　D. 国家规定

2. 医疗费用依法应当由第三人负担，第三人不支付或者无法确定第三人的，下列做法正确的是：（　　）

   A. 向法院起诉第三人

   B. 由基本医疗保险基金代为追偿后支付

   C. 由基本医疗保险基金先行支付

   D. 要求行政执法部门向第三方追偿

3. 用人单位缴纳工伤保险费的基数数额是：（　　）

   A. 本单位职工工资总额

   B. 本单位上一年度收益总额

   C. 本单位上一年度职工平均工资数额

   D. 本地区社会平均工资

4. 下列因工伤发生的费用，不由工伤保险基金支付的是：（　　）

A. 住院伙食补助费

B. 到统筹地区以外就医的交通食宿费

C. 治疗工伤期间的工资福利

D. 劳动能力鉴定费

5. 领取失业金最长期限为(　　)个月。

A. 12　　B. 24

C. 36　　D. 48

（三）多项选择题

1. 社会保险制度坚持下列的方针有：（　　）

A. 广覆盖　　B. 保基本

C. 多层次　　D. 可持续

2. 社会保险经办机构负责的工作有：（　　）

A. 提供社会保险服务　　B. 负责社会保险登记

C. 负责个人权益记录　　D. 负责社会保险待遇支付

3. 城镇居民基本医疗保险中哪类人群的个人缴费部分，政府给予补贴：（　　）

A. 享受最低生活保障的人

B. 丧失劳动能力的残疾人

C. 低收入家庭60周岁以上的老年人

D. 未成年人

4. 工伤职工有下列哪些情形之一的，停止享受工伤保险待遇：（　　）

A. 返回原岗位工作的

B. 丧失享受待遇条件的

C. 拒不接受劳动能力鉴定的

D. 拒绝治疗的

5. 社会保险基金包括基本养老基金及下列哪些保险基金：（　　）

A. 基本医疗保险基金　　B. 工伤保险基金

C. 失业保险基金　　D. 生育保险基金

（四）填空题

1. 职工应当参加基本养老保险，由____和____共同缴纳基本养老保险费。
2. 基本养老金由____和____组成。
3. 个人跨统筹地区就业的，其基本医疗保险关系随本人转移，缴费年限____计算。
4. 失业保险金的标准，由省、自治区、直辖市人民政府确定，不得低于城市居民____。
5. 失业人员凭____和个人身份证明，到社会保险经办机构办理领取失业保险金的手续。失业保险金领取期限自____起计算。

（五）简答题

简述失业人员领取失业金的条件。

参考答案

（一）判断题

1. √，解析：根据《社会保险法》第 11 条规定。
2. ×，解析：根据《社会保险法》第 16 条第 2 款规定，参加基本养老保险的个人，达到法定退休年龄时累计缴费不足 15 年的，可以缴费至满 15 年，按月领取基本养老金；也可以转入新型农村社会养老保险或者城镇居民社会养老保险，按照国务院规定享受相应的养老保险待遇。
3. √，解析：根据《社会保险法》第 23 条第 1 款规定。
4. ×，解析：根据《社会保险法》第 33 条规定，职工应当参加工伤保险，由用人单位缴纳工伤保险费，职工不缴纳工伤保险费。
5. ×，解析：根据《社会保险法》第 97 条规定，外国人在中国境内就业的，参照本法规定参加社会保险。

（二）单项选择题

1. D，解析：根据《社会保险法》第 26 条规定，职工基本医疗保险、新型农村合作医疗和城镇居民基本医疗保险的待遇标准按照国家规定执行。D 项正确。

2. C，解析：根据《社会保险法》第 30 条第 2 款规定，医疗费用依法应当由第三人负担，第三人不支付或者无法确定第三人的，由基本医疗保险基金先行支付。基本医疗保险基金先行支付后，有权向第三人追偿。C 项正确。
3. A，解析：根据《社会保险法》第 35 条规定，用人单位应当按照本单位职工工资总额，根据社会保险经办机构确定的费率缴纳工伤保险费。A 项正确。
4. C，解析：根据《社会保险法》第 39 条规定，因工伤发生的下列费用，按照国家规定由用人单位支付：(1) 治疗工伤期间的工资福利；(2) 五级、六级伤残职工按月领取的伤残津贴；(3) 终止或者解除劳动合同时，应当享受的一次性伤残就业补助金。故 C 项不由工伤保险基金支付，由用人单位支付，当选。
5. B，解析：根据《社会保险法》第 46 条规定，失业人员失业前用人单位和本人累计缴费满 1 年不足 5 年的，领取失业保险金的期限最长为 12 个月；累计缴费满 5 年不足 10 年的，领取失业保险金的期限最长为 18 个月；累计缴费 10 年以上的，领取失业保险金的期限最长为 24 个月。重新就业后，再次失业的，缴费时间重新计算，领取失业保险金的期限与前次失业应当领取而尚未领取的失业保险金的期限合并计算，最长不超过 24 个月。B 项正确。

(三) 多项选择题

1. ABCD，解析：根据《社会保险法》第 3 条规定，社会保险制度坚持广覆盖、保基本、多层次、可持续的方针，社会保险水平应当与经济社会发展水平相适应。A、B、C、D 项正确。
2. ABCD，解析：根据《社会保险法》第 8 条规定，社会保险经办机构提供社会保险服务，负责社会保险登记、个人权益记录、社会保险待遇支付等工作。A、B、C、D 项正确。
3. ABCD，解析：根据《社会保险法》第 25 条第 3 款规定，享受最低生活保障的人、丧失劳动能力的残疾人、低收入家庭 60 周岁以上的老年人和未成年人等所需个人缴费部分，由政府给予补贴。A、B、C、D 项正确。
4. BCD，解析：根据《社会保险法》第 43 条规定，工伤职工有下列情形之一的，停止享受工伤保险待遇：(1) 丧失享受待遇条件的；(2) 拒不接受劳动能力鉴定的；(3) 拒绝治疗的。B、C、D 项正确。

5. ABCD，解析：根据《社会保险法》第 64 条第 1 款规定，社会保险基金包括基本养老保险基金、基本医疗保险基金、工伤保险基金、失业保险基金和生育保险基金。除基本医疗保险基金与生育保险基金合并建账及核算外，其他各项社会保险基金按照社会保险险种分别建账，分账核算。社会保险基金执行国家统一的会计制度。A、B、C、D 项正确。

(四) 填空题

1. 用人单位；职工。(《社会保险法》第 10 条第 1 款)
2. 统筹养老金；个人账户养老金。(《社会保险法》第 15 条第 1 款)
3. 累计。(《社会保险法》第 32 条)
4. 最低生活保障标准。(《社会保险法》第 47 条)
5. 失业登记证明；办理失业登记之日。(《社会保险法》第 50 条第 3 款)

(五) 简答题

答：根据《社会保险法》第 45 条规定，失业人员符合下列条件的，从失业保险基金中领取失业保险金：

(1) 失业前用人单位和本人已经缴纳失业保险费满 1 年的；

(2) 非因本人意愿中断就业的；

(3) 已经进行失业登记，并有求职要求的。

四、工会法

（一）判断题

1. 县级以上地方建立地方各级总工会。（　　）
2. 任何组织和个人不得随意撤销、合并工会组织。（　　）
3. 企业、事业单位处分职工，工会认为不适当的，单位不得处分。（　　）
4. 职工因工伤亡事故和其他严重危害职工健康问题的调查处理，工会可以参加。（　　）
5. 集体企业的工会委员会，应当支持和组织职工参加民主管理和民主监督，维护职工选举和罢免管理人员、决定经营管理的重大问题的权力。（　　）

（二）单项选择题

1. 工会的基本职责是：（　　）

A. 制定行业规范　　B. 监督行业内违法情况

C. 维护职工合法权益　　D. 提供职工福利

2. 上级工会组织与下级工会组织的关系是：（　　）

A. 领导关系　　B. 指导关系

C. 合作关系　　D. 协商关系

3. 基层工会、地方各级总工会、全国或者地方产业工会组织的建立应当报（　　）部门批准。

A. 本级政府　　B. 上一级工会

C. 中华总工会　　D. 上级政府

（三）多项选择题

1. 工会通过（　　）制度，协调劳动关系，维护企业职工劳动权益。

A. 平等协商　　B. 民主决议

C. 集体合同　　D. 职工代表大会

2. 工会具有下列哪些情形，由县级以上人民政府责令改正，依法处理：（　　）

A. 妨碍工会组织职工通过职工代表大会和其他形式依法行使民主权利

B. 非法撤销、合并工会组织

C. 妨碍工会参加职工因工伤亡事故以及其他侵犯职工合法权益问题的调查处理

D. 无正当理由拒绝进行平等协商

（四）填空题

1. 工会发现企业违章指挥、____，或者生产过程中发现明显重大事故隐患和职业危害，有权提出解决的建议，企业应当及时研究答复；发现危及职工生命安全的情况时，工会有权向企业____组织职工撤离危险现场，企业必须及时作出处理决定。
2. 工会参加企业的____工作。地方劳动争议仲裁组织应当有____参加。
3. 企业、事业单位、机关工会委员会的专职工作人员的工资、奖励、补贴，由____支付。社会保险和其他福利待遇等，享受本单位职工____。
4. 工会的财产、经费和国家拨给工会使用的____，任何组织和个人不得侵占、挪用和____。
5. 违反《工会法》规定，对依法履行职责的工会工作人员____调动工作岗位，进行打击报复的，由劳动行政部门责令改正、____；造成损失的，给予赔偿。

（五）简答题

简述工会经费的来源。

参考答案

（一）判断题

1. √，解析：根据《工会法》第 10 条第 3 款规定。
2. √，解析：根据《工会法》第 12 条第 1 款规定。

3. ×，解析：根据《工会法》第 21 条第 1 款规定，企业、事业单位处分职工，工会认为不适当的，有权提出意见。
4. ×，解析：根据《工会法》第 26 条规定，职工因工伤亡事故和其他严重危害职工健康问题的调查处理，必须有工会参加。工会应当向有关部门提出处理意见，并有权要求追究直接负责的主管人员和有关责任人员的责任。对工会提出的意见，应当及时研究，给予答复。
5. √，解析：根据《工会法》第 36 条规定。

（二）单项选择题

1. C，解析：根据《工会法》第 6 条第 1 款规定，维护职工合法权益是工会的基本职责。工会在维护全国人民总体利益的同时，代表和维护职工的合法权益。C 项正确。
2. A，解析：根据《工会法》第 9 条第 5 款规定，上级工会组织领导下级工会组织。A 项正确。
3. B，解析：根据《工会法》第 11 条第 1 款规定，基层工会、地方各级总工会、全国或者地方产业工会组织的建立，必须报上一级工会批准。B 项正确。

（三）多项选择题

1. AC，解析：根据《工会法》第 6 条第 2 款规定，工会通过平等协商和集体合同制度，协调劳动关系，维护企业职工劳动权益。故 A、C 项正确。
2. ABCD，解析：根据《工会法》第 53 条规定，违反本法规定，有下列情形之一的，由县级以上人民政府责令改正，依法处理：（1）妨碍工会组织职工通过职工代表大会和其他形式依法行使民主权利的；（2）非法撤销、合并工会组织的；（3）妨碍工会参加职工因工伤亡事故以及其他侵犯职工合法权益问题的调查处理的；（4）无正当理由拒绝进行平等协商的。A、B、C、D 项正确。

（四）填空题

1. 强令工人冒险作业；建议。（《工会法》第 24 条）
2. 劳动争议调解；同级工会代表。（《工会法》第 28 条）
3. 所在单位；同等待遇。（《工会法》第 41 条）
4. 不动产；任意调拨。（《工会法》第 46 条）
5. 无正当理由；恢复原工作。（《工会法》第 51 条第 1 款）

（五）简答题

答：根据《工会法》第42条规定，工会经费的来源：

（1）工会会员缴纳的会费；

（2）建立工会组织的企业、事业单位、机关按每月全部职工工资总额的2%向工会拨缴的经费；

（3）工会所属的企业、事业单位上缴的收入；

（4）人民政府的补助；

（5）其他收入。

五、劳动争议调解仲裁法

（一）判断题

1. 达成调解协议后，一方当事人在协议约定期限内不履行调解协议的，另一方当事人可以依法申请仲裁。（　　）
2. 劳动争议申请仲裁的时效期间为3年。（　　）
3. 劳动争议仲裁委员会受理仲裁申请后，应当在5日内将仲裁申请书副本送达被申请人。（　　）
4. 仲裁庭在作出裁决前，可以先行调解。（　　）
5. 追索劳动报酬、工伤医疗费、经济补偿或者赔偿金，不超过当地月最低工资标准12个月金额的争议，仲裁裁决为终局裁决。（·　　）

（二）单项选择题

1. 自劳动争议调解组织收到调解申请之日起（　　）日内未达成调解协议的，当事人可以依法申请仲裁。

   A. 5　　　　B. 10

   C. 15　　　　D. 20

2. 劳务派遣单位或者用工单位与劳动者发生劳动争议的，当事人为：（　　）

   A. 劳务派遣单位

   B. 用工单位

   C. 工会

   D. 劳务派遣单位和用工单位为共同当事人

3. 劳动关系存续期间发生的下列哪一争议，劳动者申请仲裁不受仲裁时效期间的限制：（　　）

   A. 福利待遇　　　　B. 社会保险

   C. 非工资性奖励　　　　D. 劳动报酬

4. 下列哪一案件不可裁决先予执行：(　　)

A. 劳动报酬　　B. 工伤医疗费

C. 奖金福利　　D. 经济补偿或者赔偿金

5. 仲裁审理时限最长不超过(　　)日。

A. 15　　B. 45

C. 60　　D. 90

(三) 多项选择题

1. 劳动争议处理应当遵循的原则有：(　　)

A. 合法　　B. 公正

C. 及时　　D. 着重调解

2. 用人单位的哪些违法行为，劳动者可以向劳动行政部门投诉，劳动行政部门应当依法处理：(　　)

A. 拖欠或者未足额支付劳动报酬

B. 拖欠工伤医疗费

C. 拖欠经济补偿

D. 拖欠赔偿金

3. 劳动争议仲裁委员会依法履行的职责有：(　　)

A. 聘任、解聘专职或者兼职仲裁员

B. 受理劳动争议案件

C. 讨论重大或者疑难的劳动争议案件

D. 对仲裁活动进行监督

4. 发生劳动争议，当事人可以到下列哪些调解组织申请调解：(　　)

A. 企业劳动争议调解委员会

B. 依法设立的基层人民调解组织

C. 在乡镇、街道设立的具有劳动争议调解职能的组织

D. 经济贸易仲裁委员会

5. 下列哪些情形，仲裁庭可缺席裁决：(　　)

A. 被申请人收到书面通知，无正当理由拒不到庭

B. 未经仲裁庭同意中途退庭

C. 未按规定时间提交证据

D. 未收到书面通知

（四）填空题

1. 与争议事项有关的证据属于用人单位掌握管理的，用人单位____；用人单位不提供的，应当____。
2. 企业劳动争议调解委员会由____和____组成。
3. 劳动争议由____或者____的劳动争议仲裁委员会管辖。
4. 委托他人参加仲裁活动，应当向劳动争议仲裁委员会提交有委托人____的委托书，委托书应当载明____。
5. 当事人对发生法律效力的调解书、____，应当依照规定的期限履行。一方当事人逾期不履行的，另一方当事人可以依照____的有关规定向人民法院____。

（五）简答题

简述当事人有权以口头或者书面方式提出仲裁员回避申请的情形。

参考答案

（一）判断题

1. √，解析：根据《劳动争议调解仲裁法》第 15 条规定。
2. ×，解析：根据《劳动争议调解仲裁法》第 27 条第 1 款规定，劳动争议申请仲裁的时效期间为 1 年。仲裁时效期间从当事人知道或者应当知道其权利被侵害之日起计算。
3. √，解析：根据《劳动争议调解仲裁法》第 30 条第 1 款规定。
4. ×，解析：根据《劳动争议调解仲裁法》第 42 条第 1 款规定，仲裁庭在作出裁决前，应当先行调解。
5. √，解析：根据《劳动争议调解仲裁法》第 47 条规定。

（二）单项选择题

1. C，解析：根据《劳动争议调解仲裁法》第 14 条规定，经调解达成协议的，应当制作调解协议书。调解协议书由双方当事人签名或者盖章，经调解员签名并加盖调解组织印章后生效，对双方当事人具有约束力，当事人应当履行。自劳动争议调解组织收到调解申请之日起 15 日内未达成调解协议的，当事人可以依法申请仲裁。C 项正确。

2. D，解析：根据《劳动争议调解仲裁法》第 22 条规定，发生劳动争议的劳动者和用人单位为劳动争议仲裁案件的双方当事人。劳务派遣单位或者用工单位与劳动者发生劳动争议的，劳务派遣单位和用工单位为共同当事人。D 项正确。
3. D，解析：根据《劳动争议调解仲裁法》第 27 条第 4 款规定，劳动关系存续期间因拖欠劳动报酬发生争议的，劳动者申请仲裁不受本条第一款规定的仲裁时效期间的限制；但是，劳动关系终止的，应当自劳动关系终止之日起 1 年内提出。D 项正确。
4. C，解析：根据《劳动争议调解仲裁法》第 44 条第 1 款规定，仲裁庭对追索劳动报酬、工伤医疗费、经济补偿或者赔偿金的案件，根据当事人的申请，可以裁决先予执行，移送人民法院执行。C 项符合题意，当选。
5. C，解析：根据《劳动争议调解仲裁法》第 43 条第 1 款规定，仲裁庭裁决劳动争议案件，应当自劳动争议仲裁委员会受理仲裁申请之日起 45 日内结束。案情复杂需要延期的，经劳动争议仲裁委员会主任批准，可以延期并书面通知当事人，但是延长期限不得超过 15 日。逾期未作出仲裁裁决的，当事人可以就该劳动争议事项向人民法院提起诉讼。C 项正确。

（三）多项选择题

1. ABCD，解析：根据《劳动争议调解仲裁法》第 3 条规定，解决劳动争议，应当根据事实，遵循合法、公正、及时、着重调解的原则，依法保护当事人的合法权益。A、B、C、D 项正确。
2. ABCD，解析：根据《劳动争议调解仲裁法》第 9 条规定，用人单位违反国家规定，拖欠或者未足额支付劳动报酬，或者拖欠工伤医疗费、经济补偿或者赔偿金的，劳动者可以向劳动行政部门投诉，劳动行政部门应当依法处理。A、B、C、D 项正确。
3. ABCD，解析：根据《劳动争议调解仲裁法》第 19 条第 2 款规定，劳动争议仲裁委员会依法履行下列职责：（1）聘任、解聘专职或者兼职仲裁员；（2）受理劳动争议案件；（3）讨论重大或者疑难的劳动争议案件；

（4）对仲裁活动进行监督。A、B、C、D 项正确。

4. ABC，解析：根据《劳动争议调解仲裁法》第 10 条第 1 款规定，发生劳动争议，当事人可以到下列调解组织申请调解：（1）企业劳动争议调解委员会；（2）依法设立的基层人民调解组织；（3）在乡镇、街道设立的具有劳动争议调解职能的组织。A、B、C 项正确。

5. AB，解析：根据《劳动争议调解仲裁法》第 36 条规定，申请人收到书面通知，无正当理由拒不到庭或者未经仲裁庭同意中途退庭的，可以视为撤回仲裁申请。被申请人收到书面通知，无正当理由拒不到庭或者未经仲裁庭同意中途退庭的，可以缺席裁决。A、B 项正确。

（四）填空题

1. 应当提供；承担不利后果。（《劳动争议调解仲裁法》第 6 条）
2. 职工代表；企业代表。（《劳动争议调解仲裁法》第 10 条第 2 款）
3. 劳动合同履行地；用人单位所在地。（《劳动争议调解仲裁法》第 21 条第 2 款）
4. 签名或盖章；委托事项和权限。（《劳动争议调解仲裁法》第 24 条）
5. 裁决书；《民事诉讼法》；申请执行。（《劳动争议调解仲裁法》第 51 条）

（五）简答题

答：根据《劳动争议调解仲裁法》第 33 条第 1 款的规定，仲裁员有下列情形之一，应当回避，当事人也有权以口头或者书面方式提出回避申请：

（1）是本案当事人或者当事人、代理人的近亲属的；

（2）与本案有利害关系的；

（3）与本案当事人、代理人有其他关系，可能影响公正裁决的；

（4）私自会见当事人、代理人，或者接受当事人、代理人的请客送礼的。

六、安全生产法

（一）判断题

1. 工会依法对安全生产工作进行监督。(　　)
2. 生产经营场所和员工宿舍应当设有符合紧急疏散要求、标志明显、保持畅通的出口、疏散通道。禁止占用、锁闭、封堵生产经营场所或者员工宿舍出口、疏散通道。(　　)
3. 生产经营单位使用被派遣劳动者的，被派遣劳动者享有本法规定的从业人员的权利，并应当履行本法规定的从业人员的义务。(　　)
4. 负有安全生产监督管理职责的部门对涉及安全生产的事项进行审查、验收，可以收取必要费用。(　　)
5. 危险物品的生产、经营、储存单位以及矿山、金属冶炼、城市轨道交通运营、建筑施工单位必须建立应急救援组织。(　　)

（二）单项选择题

1. 生产经营单位安全生产第一责任人是：(　　)
   A. 生产经营单位的主要负责人
   B. 生产经营单位的负责人
   C. 生产经营单位的主管领导
   D. 生产经营单位的生产负责人
2. 不强制设置安全生产管理机构的单位是：(　　)
   A. 矿山、金属冶炼单位
   B. 建筑施工、运输单位
   C. 危险物品的生产、经营、储存、装卸单位
   D. 从业人员在100人以下的其他生产经营单位
3. 生产经营单位不得以任何形式与从业人员订立协议，(　　)其对从业人员因生产安全事故伤亡依法应承担的责任。

A. 免除

B. 减轻

C. 免除或者减轻

D. 从轻或者减轻

4. 负有安全生产监督管理职责的部门应当建立举报制度。涉及人员死亡的举报事项，应当由(　　)组织核查处理。

A. 县级以上人民政府

B. 县级以上监察机关

C. 负有安全生产监督管理职责的部门

D. 公安机关

5. 国务院(　　)牵头建立全国统一的生产安全事故应急救援信息系统。

A. 应急管理部门

B. 安全生产监督管理部门

C. 交通运输行政管理部门

D. 住房和城乡建设行政管理部门

(三) 多项选择题

1. 下列关于生产经营单位的说法正确的有：(　　)

A. 对安全生产实行集体负责制

B. 构建安全风险分级管控和隐患排查治理双重预防机制

C. 健全风险防范化解机制

D. 平台经济等新兴行业的生产经营单位应当建立健全并落实全员安全生产责任制

2. 下列关于安全生产费用的说法正确的有：(　　)

A. 生产经营单位应当具备的安全生产条件所必需的资金投入，由生产经营单位的决策机构、主要负责人或者个人经营的投资人予以保证

B. 安全生产必要费用不得低于生产经营单位上一年收入的10%

C. 安全生产费用在成本中据实列支

D. 生产经营单位应当按照规定提取和使用安全生产费用，专门用于改善安全生产条件

3. 下列关于生产经营单位的从业人员的安全生产权利的说法正确的有：（　　）
   A. 有权对本单位安全生产工作中存在的问题提出批评、检举、控告
   B. 有权了解其作业场所和工作岗位存在的危险因素、防范措施及事故应急措施
   C. 有权拒绝违章指挥和强令冒险作业
   D. 有权对本单位的安全生产工作提出建议
4. 下列关于安全生产监督检查人员的说法正确的有：（　　）
   A. 安全生产监督检查人员应当忠于职守，坚持原则，秉公执法
   B. 工作时应穿着统一的制式服装
   C. 执行检查任务时应出示有效的行政执法证件
   D. 对涉及被检查单位的技术秘密和业务秘密，应当为其保密
5. 生产经营单位发生生产安全事故，经调查确定为责任事故的，除了应当查明事故单位的责任并依法予以追究外，还应当查明对安全生产的有关事项负有（　　）职责的行政部门的责任，对有失职、渎职行为的，依照《安全生产法》第90条的规定追究法律责任。
   A. 审查批准　　　　B. 审查核准
   C. 监督　　　　　　D. 管理

（四）填空题

1. 生产经营单位制定或者修改有关安全生产的规章制度，应当听取____的意见。
2. 生产经营单位应当在____的生产经营场所和有关设施、设备上，设置明显的____标志。
3. 从业人员发现直接危及____的紧急情况时，有权____或者在采取可能的应急措施后撤离作业场所。
4. 应急管理部门应当按照____ 监督管理的要求，制定安全生产____计划。
5. 负责事故调查处理的国务院有关部门和地方人民政府应当在批复事故调查报告后____内，组织有关部门对事故整改和防范措施落实情况进行评估，并及时向社会公开评估结果。

（五）简答题

简述生产经营单位的主要负责人对本单位安全生产工作负有的职责。

参考答案

（一）判断题

1. √，解析：根据《安全生产法》第7条第1款规定。
2. √，解析：根据《安全生产法》第42条第2款规定。
3. √，解析：根据《安全生产法》第61条规定。
4. ×，解析：根据《安全生产法》第64条规定，负有安全生产监督管理职责的部门对涉及安全生产的事项进行审查、验收，不得收取费用。
5. ×，解析：根据《安全生产法》第82条第1款规定，危险物品的生产、经营、储存单位以及矿山、金属冶炼、城市轨道交通运营、建筑施工单位应当建立应急救援组织；生产经营规模较小的，可以不建立应急救援组织，但应当指定兼职的应急救援人员。

（二）单项选择题

1. A，解析：根据《安全生产法》第5条规定，生产经营单位的主要负责人是本单位安全生产第一责任人，对本单位的安全生产工作全面负责。其他负责人对职责范围内的安全生产工作负责。
2. D，解析：根据《安全生产法》第24条规定，矿山、金属冶炼、建筑施工、运输单位和危险物品的生产、经营、储存、装卸单位，应当设置安全生产管理机构或者配备专职安全生产管理人员。前款规定以外的其他生产经营单位，从业人员超过100人的，应当设置安全生产管理机构或者配备专职安全生产管理人员；从业人员在100人以下的，应当配备专职或者兼职的安全生产管理人员。
3. C，解析：根据《安全生产法》第52条第2款规定，生产经营单位不得以任何形式与从业人员订立协议，免除或者减轻其对从业人员因生产安全事故伤亡依法应承担的责任。
4. A，解析：根据《安全生产法》第73条规定，负有安全生产监督管理职责的部门应当建立举报制度，公开举报电话、信箱或者电子邮件地址等网络举报平台，受理有关安全生产的举报；受理的举报事项经调查核实后，应当形成书面材料；需要落实整改措施的，报经有关负责人签字并督促落实。对不属于本部门职责，需要由其他有关部门进行调查处理的，转交其他有关部门处理。涉及人员死亡的举报事项，应当由县级以上人民政府组织核查处理。

5. A，解析：根据《安全生产法》第 79 条第 2 款规定，国务院应急管理部门牵头建立全国统一的生产安全事故应急救援信息系统，国务院交通运输、住房和城乡建设、水利、民航等有关部门和县级以上地方人民政府建立健全相关行业、领域、地区的生产安全事故应急救援信息系统，实现互联互通、信息共享，通过推行网上安全信息采集、安全监管和监测预警，提升监管的精准化、智能化水平。

（三）多项选择题

1. BCD，解析：根据《安全生产法》第 4 条规定，生产经营单位必须遵守本法和其他有关安全生产的法律、法规，加强安全生产管理，建立健全全员安全生产责任制和安全生产规章制度，加大对安全生产资金、物资、技术、人员的投入保障力度，改善安全生产条件，加强安全生产标准化、信息化建设，构建安全风险分级管控和隐患排查治理双重预防机制，健全风险防范化解机制，提高安全生产水平，确保安全生产。平台经济等新兴行业、领域的生产经营单位应当根据本行业、领域的特点，建立健全并落实全员安全生产责任制，加强从业人员安全生产教育和培训，履行本法和其他法律、法规规定的有关安全生产义务。

2. ACD，解析：根据《安全生产法》第 23 条规定，生产经营单位应当具备的安全生产条件所必需的资金投入，由生产经营单位的决策机构、主要负责人或者个人经营的投资人予以保证，并对由于安全生产所必需的资金投入不足导致的后果承担责任。有关生产经营单位应当按照规定提取和使用安全生产费用，专门用于改善安全生产条件。安全生产费用在成本中据实列支。安全生产费用提取、使用和监督管理的具体办法由国务院财政部门会同国务院应急管理部门征求国务院有关部门意见后制定。

3. ABCD，解析：根据《安全生产法》第 53 条规定，生产经营单位的从业人员有权了解其作业场所和工作岗位存在的危险因素、防范措施及事故应急措施，有权对本单位的安全生产工作提出建议。第 54 条第 1 款规定，从业人员有权对本单位安全生产工作中存在的问题提出批评、检举、控告；有权拒绝违章指挥和强令冒险作业。

4. ACD，解析：根据《安全生产法》第 67 条规定，安全生产监督检查人员应当忠于职守，坚持原则，秉公执法。安全生产监督检查人员执行监督检查任务时，必须出示有效的行政执法证件；对涉及被检查单位的技术秘密和业务秘密，应当为其保密。

5. AC，解析：根据《安全生产法》第 87 条规定，生产经营单位发生生产安全事故，经调查确定为责任事故的，除了应当查明事故单位的责任并依法予以追究外，还应当查明对安全生产的有关事项负有审查批准和监督职责的行政部门的责任，对有失职、渎职行为的，依照本法第 90 条的规定追究法律责任。

（四）填空题

1. 工会。（《安全生产法》第 7 条第 2 款）
2. 有较大危险因素；安全警示。（《安全生产法》第 35 条）
3. 人身安全；停止作业。（《安全生产法》第 55 条第 1 款）
4. 分类分级；年度监督检查。（《安全生产法》第 62 条第 2 款）
5. 1 年。（《安全生产法》第 86 条第 3 款）

（五）简答题

答：根据《安全生产法》第 21 条规定，生产经营单位的主要负责人对本单位安全生产工作负有下列职责：

（1）建立健全并落实本单位全员安全生产责任制，加强安全生产标准化建设；

（2）组织制定并实施本单位安全生产规章制度和操作规程；

（3）组织制定并实施本单位安全生产教育和培训计划；

（4）保证本单位安全生产投入的有效实施；

（5）组织建立并落实安全风险分级管控和隐患排查治理双重预防工作机制，督促、检查本单位的安全生产工作，及时消除生产安全事故隐患；

（6）组织制定并实施本单位的生产安全事故应急救援预案；

（7）及时、如实报告生产安全事故。

七、矿山安全法

（一）判断题

1. 国务院劳动行政主管部门对全国矿山安全工作实施统一监督。(　　)
2. 矿山企业必须对机电设备及其防护装置、安全检测仪器，定期检查、维修，保证使用安全。(　　)
3. 矿山企业可以录用16周岁以上的人从事矿山井下劳动。(　　)
4. 发生一般矿山事故，由矿山企业负责调查和处理。(　　)

（二）单项选择题

1. 矿山建设工程安全设施竣工后，由管理矿山企业的主管部门验收，并须有(　　)参加。

   A. 市场监督管理部门　　B. 劳动行政主管部门

   C. 监察执法部门　　D. 审计部门

2. 矿山企业的安全生产工作负责人为：(　　)

   A. 企业安全部门　　B. 矿长

   C. 工会负责人　　D. 企业监管部门

3. 矿山企业职工对危害安全的行为，无权作出下列哪一举措：(　　)

   A. 批评　　B. 检举

   C. 控告　　D. 罢工

（三）多项选择题

1. 必须符合矿山安全规程和行业技术规范的矿山设计项目有：(　　)

   A. 供电系统

   B. 提升、运输系统

   C. 防水、排水系统和防火、灭火系统

   D. 防瓦斯系统和防尘系统

2. 县级以上人民政府管理矿山企业的主管部门对矿山安全工作行使的管理职责有（　　）
   A. 检查矿山企业贯彻执行矿山安全法律、法规的情况
   B. 审查批准矿山建设工程安全设施的设计
   C. 负责矿山建设工程安全设施的竣工验收
   D. 检查矿山企业职工安全教育、培训工作
3. 矿山企业主管人员可被追究刑事责任的行为有：（　　）
   A. 违章指挥，因而发生重大伤亡事故
   B. 强令工人冒险作业，因而发生重大伤亡事故
   C. 恶意拖欠工人工资
   D. 对矿山事故隐患不采取措施，因而发生重大伤亡事故

（四）填空题

1. 矿山必须有与外界相通的、符合安全要求的____和____设施。
2. 矿长应当定期向____或者____报告安全生产工作，发挥职工代表大会的监督作用。
3. 矿山企业安全工作人员必须具备必要的安全专业知识和____。

（五）简答题

简述矿山企业必须采取措施进行预防的危害安全的事故隐患类型。

参考答案

（一）判断题

1. √，解析：根据《矿山安全法》第4条第1款规定。
2. √，解析：根据《矿山安全法》第16条规定。
3. ×，解析：根据《矿山安全法》第29条规定，矿山企业不得录用未成年人从事矿山井下劳动。
4. √，解析：根据《矿山安全法》第37条第1款规定。

（二）单项选择题

1. B，解析：根据《矿山安全法》第12条规定，矿山建设工程必须按照管理矿山企业的主管部门批准的设计文件施工。矿山建设工程安全设施竣工后，由管理矿山企业的主管部门验收，并须有劳动行政主管部门参加；不符合矿山安全规程和行业技术规范的，不得验收，不得投入生产。B项正确。
2. B，解析：根据《矿山安全法》第20条规定，矿山企业必须建立、健全安全生产责任制。矿长对本企业的安全生产工作负责。B项正确。
3. D，解析：根据《矿山安全法》第22条规定，矿山企业职工有权对危害安全的行为，提出批评、检举和控告。D项符合题意，当选。

（三）多项选择题

1. ABCD，解析：根据《矿山安全法》第9条规定，矿山设计下列项目必须符合矿山安全规程和行业技术规范：（1）矿井的通风系统和供风量、风质、风速；（2）露天矿的边坡角和台阶的宽度、高度；（3）供电系统；（4）提升、运输系统；（5）防水、排水系统和防火、灭火系统；（6）防瓦斯系统和防尘系统；（7）有关矿山安全的其他项目。故A、B、C、D项正确。
2. ABC，解析：根据《矿山安全法》第34条规定，A、B、C正确。根据《矿山安全法》第33条第4项规定，县级以上各级人民政府劳动行政主管部门对矿山安全工作行使下列监督职责：……（4）检查矿山企业职工安全教育、培训工作；……D项错误。
3. ABD，解析：根据《矿山安全法》第46条规定，矿山企业主管人员违章指挥、强令工人冒险作业，因而发生重大伤亡事故的，依照刑法有关规定追究刑事责任。根据《矿山安全法》第47条规定，矿山企业主管人员对矿山事故隐患不采取措施，因而发生重大伤亡事故的，依照刑法有关规定追究刑事责任。A、B、D项正确。

（四）填空题

1. 运输；通讯。（《矿山安全法》第11条）
2. 职工代表大会；职工大会。（《矿山安全法》第21条）
3. 矿山安全工作经验。（《矿山安全法》第27条第2款）

（五）简答题

答：根据《矿山安全法》第18条的规定，矿山企业必须对下列危害安全的事故隐患采取预防措施：

（1）冒顶、片帮、边坡滑落和地表塌陷；

（2）瓦斯爆炸、煤尘爆炸；

（3）冲击地压、瓦斯突出、井喷；

（4）地面和井下的火灾、水害；

（5）爆破器材和爆破作业发生的危害；

（6）粉尘、有毒有害气体、放射性物质和其他有害物质引起的危害；

（7）其他危害。

八、职业病防治法

（一）判断题

1. 劳动者依法享有职业卫生保护的权利。（ ）
2. 用人单位的工会负责人对本单位的职业病防治工作负主要责任。（ ）
3. 建设项目的职业病防护设施所需费用应当纳入建设项目工程预算，并与主体工程同时设计，同时施工，同时投入生产和使用。（ ）
4. 任何单位和个人不得生产、经营、进口和使用国家明令禁止使用的可能产生职业病危害的设备或者材料。（ ）
5. 承担职业病诊断的医疗卫生机构不得拒绝劳动者进行职业病诊断的要求。（ ）

（二）单项选择题

1. 用人单位必须依法参加哪类保险：（ ）
   A. 工伤　　B. 医疗
   C. 生育　　D. 失业
2. 用人单位实施的职业病危害因素日常监测应当由（ ），并确保监测系统处于正常运行状态。
   A. 专人负责　　B. 领导负责
   C. 工会负责　　D. 职工选举代表负责
3. 没有证据否定职业病危害因素与病人临床表现之间的必然联系的，应当如何处理：（ ）
   A. 诊断为职业病　　B. 诊断为非职业病
   C. 另行就诊　　D. 专家会诊后诊断
4. 职业病诊断、鉴定机构需要了解工作场所职业病危害因素情况时，可以对工作场所进行现场调查，也可以向卫生行政部门提出，卫生行政部门应当在（ ）日内组织现场调查。用人单位不得拒绝、阻挠。

A. 3　　　　B. 5

C. 10　　　　D. 15

5. 用人单位对仲裁裁决不服的，可以在职业病诊断、鉴定程序结束之日起15日内依法向人民法院提起诉讼；诉讼期间，劳动者的治疗费用应当如何支付：（　　）

A. 用人单位按工资支付

B. 社会保险机构支付

C. 劳动者自行承担

D. 按照职业病待遇规定的途径支付

（三）多项选择题

1. 职业病防治工作坚持下列哪些方针：（　　）

A. 预防为主　　　　B. 防治结合

C. 应收尽收　　　　D. 应治尽治

2. 产生职业病危害的用人单位的设立除应当符合法律、行政法规规定的设立条件外，其工作场所还应当符合下列哪些职业卫生要求：（　　）

A. 有与职业病危害防护相适应的设施

B. 生产布局合理，符合有害与无害作业分开的原则

C. 有配套的更衣间、洗浴间、孕妇休息间等卫生设施

D. 设备、工具、用具等设施符合保护劳动者生理、心理健康的要求

3. 用人单位与劳动者订立劳动合同（含聘用合同，下同）时，应当将下列哪些内容如实告知劳动者：（　　）

A. 工作过程中可能产生的职业病危害及其后果

B. 职业病防护措施

C. 待遇

D. 职业病治疗方法

4. 劳动者享有下列哪些职业卫生保护权利：（　　）

A. 获得职业健康检查、职业病诊疗、康复等职业病防治服务

B. 了解工作场所产生或者可能产生的职业病危害因素、危害后果和应当采取的职业病防护措施

C. 要求用人单位提供符合防治职业病要求的职业病防护设施和个人使用的职业病防护用品，改善工作条件

D. 对违反职业病防治法律、法规以及危及生命健康的行为提出批评、检举和控告

5. 关于职业病诊断鉴定委员会，下列说法正确的是：（　　）

A. 由相关专业的专家组成

B. 应当按照国务院卫生行政部门颁布的职业病诊断标准和职业病诊断、鉴定办法进行职业病诊断鉴定，向当事人出具职业病诊断鉴定书

C. 组成人员应当遵守职业道德，客观、公正地进行诊断鉴定，并承担相应的责任

D. 需要对职业病争议作出诊断鉴定时，由当事人或者当事人委托有关卫生行政部门从专家库中以随机抽取的方式确定参加诊断鉴定委员会的专家

（四）填空题

1. 用人单位必须采用有效的职业病防护设施，并为劳动者提供个人使用的____。
2. 国内首次____或者首次____与职业病危害有关的化学材料，使用单位或者进口单位按照国家规定经国务院有关部门批准后，应当向____报送该化学材料的毒性鉴定以及经有关部门登记注册或者批准进口的文件等资料。
3. 用人单位应当为劳动者建立____档案，并按照规定的期限妥善保存。
4. ____负责本行政区域内的职业病统计报告的管理工作，并按照规定上报。
5. 疑似职业病病人在诊断、医学观察期间的费用，由____承担。

（五）简答题

简述用人单位应当采取的职业病防治管理措施。

参考答案

（一）判断题

1. √，解析：根据《职业病防治法》第 4 条第 1 款规定。
2. ×，解析：根据《职业病防治法》第 6 条规定，用人单位的主要负责人对本单位的职业病防治工作全面负责。
3. √，解析：根据《职业病防治法》第 18 条第 1 款规定。
4. √，解析：根据《职业病防治法》第 30 条规定。
5. √，解析：根据《职业病防治法》第 43 条第 3 款规定。

（二）单项选择题

1. A，解析：根据《职业病防治法》第 7 条规定，用人单位必须依法参加工伤保险。国务院和县级以上地方人民政府劳动保障行政部门应当加强对工伤保险的监督管理，确保劳动者依法享受工伤保险待遇。A 项正确。
2. A，解析：根据《职业病防治法》第 26 条第 1 款规定，用人单位应当实施由专人负责的职业病危害因素日常监测，并确保监测系统处于正常运行状态。A 项正确。
3. A，解析：根据《职业病防治法》第 46 条第 2 款规定，没有证据否定职业病危害因素与病人临床表现之间的必然联系的，应当诊断为职业病。A 项正确。
4. C，解析：根据《职业病防治法》第 47 条第 2 款规定，职业病诊断、鉴定机构需要了解工作场所职业病危害因素情况时，可以对工作场所进行现场调查，也可以向卫生行政部门提出，卫生行政部门应当在 10 日内组织现场调查。用人单位不得拒绝、阻挠。C 项正确。
5. D，解析：根据《职业病防治法》第 49 条第 4 款规定，用人单位对仲裁裁决不服的，可以在职业病诊断、鉴定程序结束之日起 15 日内依法向人民法院提起诉讼；诉讼期间，劳动者的治疗费用按照职业病待遇规定的途径支付。D 项正确。

（三）多项选择题

1. AB，解析：根据《职业病防治法》第 3 条规定，职业病防治工作坚持预防为主、防治结合的方针，建立用人单位负责、行政机关监管、行业自律、职工参与和社会监督的机制，实行分类管理、综合治理。故 A、B 项正确。

2. ABCD，解析：根据《职业病防治法》第 15 条规定，产生职业病危害的用人单位的设立除应当符合法律、行政法规规定的设立条件外，其工作场所还应当符合下列职业卫生要求：（1）职业病危害因素的强度或者浓度符合国家职业卫生标准；（2）有与职业病危害防护相适应的设施；（3）生产布局合理，符合有害与无害作业分开的原则；（4）有配套的更衣间、洗浴间、孕妇休息间等卫生设施；（5）设备、工具、用具等设施符合保护劳动者生理、心理健康的要求；（6）法律、行政法规和国务院卫生行政部门关于保护劳动者健康的其他要求。故 A、B、C、D 项正确。
3. ABC，解析：根据《职业病防治法》第 33 条规定，用人单位与劳动者订立劳动合同（含聘用合同，下同）时，应当将工作过程中可能产生的职业病危害及其后果、职业病防护措施和待遇等如实告知劳动者，并在劳动合同中写明，不得隐瞒或者欺骗。劳动者在已订立劳动合同期间因工作岗位或者工作内容变更，从事与所订立劳动合同中未告知的存在职业病危害的作业时，用人单位应当依照前款规定，向劳动者履行如实告知的义务，并协商变更原劳动合同相关条款。用人单位违反前两款规定的，劳动者有权拒绝从事存在职业病危害的作业，用人单位不得因此解除与劳动者所订立的劳动合同。故 A、B、C 项正确。
4. ABCD，解析：根据《职业病防治法》第 39 条规定，劳动者享有下列职业卫生保护权利：（1）获得职业卫生教育、培训；（2）获得职业健康检查、职业病诊疗、康复等职业病防治服务；（3）了解工作场所产生或者可能产生的职业病危害因素、危害后果和应当采取的职业病防护措施；（4）要求用人单位提供符合防治职业病要求的职业病防护设施和个人使用的职业病防护用品，改善工作条件；（5）对违反职业病防治法律、法规以及危及生命健康的行为提出批评、检举和控告；（6）拒绝违章指挥和强令进行没有职业病防护措施的作业；（7）参与用人单位职业卫生工作的民主管理，对职业病防治工作提出意见和建议。用人单位应当保障劳动者行使前款所列权利。因劳动者依法行使正当权利而降低其工资、福利等待遇或者解除、终止与其订立的劳动合同的，其行为无效。故 A、B、C、D 项正确。

5. ABCD，解析：根据《职业病防治法》第 53 条规定，职业病诊断鉴定委员会由相关专业的专家组成。省、自治区、直辖市人民政府卫生行政部门应当设立相关的专家库，需要对职业病争议作出诊断鉴定时，由当事人或者当事人委托有关卫生行政部门从专家库中以随机抽取的方式确定参加诊断鉴定委员会的专家。职业病诊断鉴定委员会应当按照国务院卫生行政部门颁布的职业病诊断标准和职业病诊断、鉴定办法进行职业病诊断鉴定，向当事人出具职业病诊断鉴定书。职业病诊断、鉴定费用由用人单位承担。故 A、B、D 项正确。根据《职业病防治法》第 54 条第 1 款规定，职业病诊断鉴定委员会组成人员应当遵守职业道德，客观、公正地进行诊断鉴定，并承担相应的责任。职业病诊断鉴定委员会组成人员不得私下接触当事人，不得收受当事人的财物或者其他好处，与当事人有利害关系的，应当回避。C 项正确。

（四）填空题

1. 职业病防护用品。（《职业病防治法》第 22 条第 1 款）
2. 使用；进口；国务院卫生行政部门。（《职业病防治法》第 29 条第 2 款）
3. 职业健康监护。（《职业病防治法》第 36 条第 1 款）
4. 县级以上地方人民政府卫生行政部门。（《职业病防治法》第 51 条）
5. 用人单位。（《职业病防治法》第 55 条第 3 款）

（五）简答题

答：根据《职业病防治法》第 20 条的规定，用人单位应当采取下列职业病防治管理措施：

（1）设置或者指定职业卫生管理机构或者组织，配备专职或者兼职的职业卫生管理人员，负责本单位的职业病防治工作；

（2）制定职业病防治计划和实施方案；

（3）建立、健全职业卫生管理制度和操作规程；

（4）建立、健全职业卫生档案和劳动者健康监护档案；

（5）建立、健全工作场所职业病危害因素监测及评价制度；

（6）建立、健全职业病危害事故应急救援预案。